Chico

DO RECOMEÇO À PROJEÇÃO NACIONAL

Elifas Alves

Chico

DO RECOMEÇO À PROJEÇÃO NACIONAL

Aliança

1ª edição, Março/2019, do 1° ao 3° milheiro

TÍTULO
Chico: do recomeço à projeção nacional

AUTOR
Elifas Alves

DIAGRAMAÇÃO e CAPA
Elifas Alves

Revisão
Antônio Roberto de Carvalho

IMPRESSÃO
Mundial Gráfica Ltda.

FICHA CATALOGRÁFICA
Dados Internacionais de Catalogação na Publicação (CIP)
(Câmara Brasileira do Livro, SP, Brasil)

Alves, Elifas (1958-)
Chico: do recomeço à projeção nacional / Elifas Alves
São Paulo: Editora Aliança, 2019

ISBN 978-85-8364-076-9
1.Espíritas - Biografia 2. Médiuns - Brasil
9-23920 CDD-133.9092

ÍNDICE PARA CATÁLOGO SISTEMÁTICO
1. Brasil : Médiuns : Biografia e Obra 133.9092

EDITORA ALIANÇA
Rua Major Diogo, 511 - Bela Vista - São Paulo - SP
CEP 01324-001 | Tel.:(11) 2105-2600 | Fax: (11) 2105-2626
www.editoraalianca.com.br | editora@editoraalianca.com.br

Sumário

INTRODUÇÃO

O mundo mudou e continuará mudando, porque isso é da lei de evolução. Assim, chegará um momento em que os problemas e conflitos do tempo presente serão coisas do passado, causando estranheza aos cidadãos do futuro. Da mesma forma, tudo aquilo que Chico Xavier viveu para divulgar as realidades da vida espiritual, por meio de cartas-mensagens e mensagens esclarecedoras, com 412 obras psicografadas, poderá causar admiração, pelo esforço e dedicação despreendidos. Mas, independentemente disso, não há dúvidas de que sua fenomenal e extensa produção lítero-mediúnica é o mais importante legado de conhecimentos espirituais e de iluminação interior já elaborado, com vistas à renovação dos tempos que estão para vir. E isso é para sempre, não sofrerá mudanças.

Enquanto viveu, o médium foi verdadeiramente um apóstolo do Cristo em tempos modernos. Sofreu perseguições, incompreensões e deserções, mas nunca deixou também de ter amigos sinceros e fieis, além de ser considerado o mais fiel intérprete da espiritualidade, pela população brasileira e por todos que o conheceram, independentemente de religião. Isso sem falar que a mídia em geral o procurava insistentemente, atestando a sua superioridade moral.

Tanto assim, que ele foi elevado aos píncaros da exposição pública, a ponto de ser considerado, alguns anos após o seu desencarne (2002), "o maior brasileiro da história" (*Época*, 2006) e "o maior brasileiro de todos os tempos" (SBT, 2012), além das muitas homenagens que recebeu em vida: cerca de cem títulos de cidadania, todos no período de Uberaba, que ele sempre fez questão de dizer que era um mero cabide deles, transferindo a sua titularidade à "doutrina espírita".

Este livro, embora seja uma obra independente, com começo, meio e fim, não deixa de ser também a continuação de *Chico as Origens*, que cobre, exclusivamente, o período de Pedro Leopoldo. A diferença é que o período de Uberaba é imensamente rico de acontecimentos, sejam eles bons ou ruins, multiplicando-se o volume de trabalho, as relações de amizade e a exposição pública do médium.

Algumas vezes, no decorrer da narrativa dos fatos e acontecimentos, apresentamos mensagens, ou trechos delas, extraídos de obras que o médium disponibilizou no momento descrito – em conformidade com o artigo 46, item III, da Lei de Direitos Autorais, sempre citando a fonte e de acordo com as normas da ABNT –, a fim de que o leitor se intere do conteúdo e da grandeza moral dessas obras, e perceba, assim, como foi gigantesco o trabalho do médium em sua missão do livro, gradativamente construído com renúncia e abnegação, sob o comando de Emmanuel, o seu guia espiritual.

No período abordado por este livro, da chegada do médium a Uberaba, em 1959, até o final dos anos 1970, Chico psicografou 118 obras – que somadas às 60 produzidas em Pedro Leopoldo, totalizam 178. As obras dessa fase, e também da fase seguinte – de 1980 até o seu desencarne –, passaram a ser chamadas de "consoladoras", devido o foco maior nas mensagens consoladoras. Mas isso não é uma mera casualidade. Certamente, o guia espiritual de Chico, Emmanuel, viu a necessidade de investir maciçamente em reforma íntima ou renovação interior, como medida de urgência, em razão dos desequilíbrios e conflitos humanos então existentes – conflitos esses atinentes à transição planetária e aos processos terminais de expiação.

Para não tornar cansativo ao leitor, as demais obras recebidas pelo médium em Uberaba, relacionadas com a fase seguinte, serão apresentadas em outro livro, *Chico*: a paz do trabalho e a renovação dos novos tempos.

Quanto ao número excessivo de notas de rodapé neste trabalho, elas podem tranquilamente ser ignoradas pelo leitor, sem qualquer prejuízo à leitura corrente do texto. As mesmas foram colocadas apenas para que a fonte das informações seja preservada. O leitor é quem decide se irá consultá-las ou não.

Uma vez mais, agradecemos a todos: pessoas, instituições, autores de obras consultadas e sites, que, de forma direta ou indireta, colaboraram para que este livro se tornasse uma realidade.

Elifas Alves

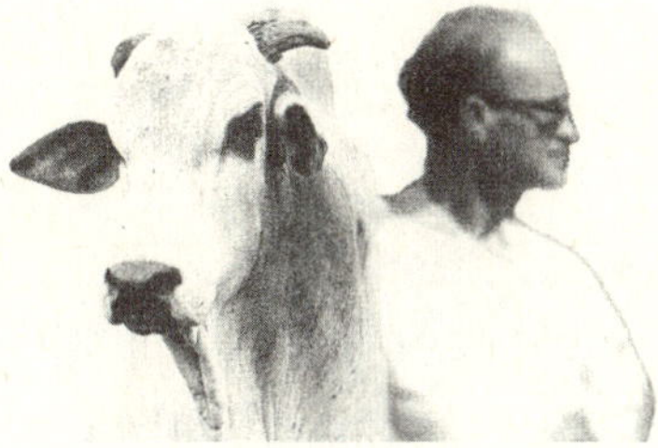

Uberaba, capital do boi Zebu e também do Espiritismo com Chico

Em 1931, Chico Xavier passou a trabalhar, como extranumerário (contratado), na Fazenda Modelo da Inspetoria Regional da Divisão de Fomento da Produção Animal, em Pedro Leopoldo (MG), vinculada ao Ministério da Agricultura. Por longo tempo, o diretor-chefe dessa repartição, e também chefe imediato de Chico, foi o zootecnista dr. Rômulo Joviano.

Em 1937, o dr. Rômulo apresentou à Sociedade Rural do Triângulo Mineiro vários planos alusivos à construção do Parque Fernando Costa, em Uberaba – que já era palco de negociações do gado bovino, da raça Zebu, abrigando importante feira pecuária. Esses planos foram aprovados pelo então ministro da agricultura, na época, Fernando Costa, sendo que o referido parque foi inaugurado no dia 10 de maio de 1941, ampliando a importância da feira, que passou a ser realizada em suas dependências, anualmente.

Dr. Rômulo era espírita e tinha, portanto, afinidades com o seu funcionário médium. Tanto assim que ele abriu a sua casa para reuniões mediúnicas semanais. Chico acompanhava também o inspetor-chefe nas exposições pecuárias anuais do Parque Fernando Costa, em Uberaba, após a sua inauguração, criando laços de amizade com os espíritas locais, especialmente a médium Maria Modesto Cravo, fundadora do Sanatório Espírita de Uberaba, e o psiquiatra dr. Inácio Ferreira.

Desse modo, quando Chico deixou Pedro Leopoldo para viver definitivamente em Uberaba, em 1959, dando continuidade ao reconhecido trabalho em Pedro Leopoldo, ele já desfrutava de ótima relação com os uberabenses espíritas.

Na Comunhão Espírita Cristã, em Uberaba, esse trabalho ganharia ainda mais força e aceitação pública, especialmente após a entrevista no programa Pinga Fogo, em 1971, quando se tornou uma unanimidade nacional.

Tudo isso fez Uberaba, então, ser considerada a capital do boi Zebu, e também a capital do espiritismo, com Chico Xavier.

Suíte fotográfica 1

1. Chico com Rômulo e a família Joviano

2. Entrada da Fazenda Modelo

3. Pq. Fernando Costa, Uberaba, 1950

4. Vista aérea de Uberaba, déc. 1950

1959: O ANO DA RECONSTRUÇÃO EM UBERABA

Sem dúvida, o acontecimento de maior repercussão em Uberaba esse ano foi a transferência do médium Chico Xavier, de Pedro Leopoldo para esta cidade, em 1959, que passou a receber gente de todo o Brasil para vê-lo. Os visitantes, curiosos e consulentes hospedavam-se em pequenos hotéis existentes e pousadas caseiras, que passaram a se multiplicar desde então.

A presença do médium fez crescer também o comércio local, especialmente o pequeno comércio ao redor da Comunhão Espírita Cristã, onde o médium passou a prestar assistência espiritual e social gratuitamente, na Vila Silva Campos (atual Parque das Américas). Aliás, a periferia de Uberaba, nessa época, além do seu isolamento físico, abrigava muita pobreza.

Antes da chegada do pedroleopoldinense à cidade, Uberaba era quase que exclusiva dos pecuaristas e boiadeiros, principalmente no mês de maio, quando ocorria a exposição pecuária no Parque Fernando Costa.

A construção de Brasília como capital federal favoreceu também o desenvolvimento desta cidade, com a implantação da lei federal nº 3.613, de 1959, no governo de Juscelino Kubitschek, que ordenava a construção, com asfalto, da rodovia Limeira-Brasília, passando por Uberaba. Na verdade, esta rodovia era uma expansão da BR 050, já pavimentada e bastante utilizada no trecho entre São Paulo e Limeira.

Suíte fotográfica 2

5. Reunião de estudo no início da CEC

6. Chico com visitantes e assistidos no início da CEC

7. Famílias assistidas no início da CEC

8. O médium, em Uberaba, com amigos paulistas

Causas da mudança e as iniciativas de Waldo

A mudança de Chico Xavier para Uberaba (MG) era um sonho bom que ele acalentava em seus projetos de vida futura, enquanto ainda cidadão pedroleopoldinense, no ano de 1958. Mas, conforme dito por ele mesmo, isso era coisa para depois de sua aposentadoria, o que deveria acontecer somente em 1961[1], ou, talvez, "*lá para as bandas de 1965*[2]", quando o jovem companheiro de atividades espirituais, Waldo Vieira, estivesse bem estabelecido como médico.

Waldo conhecera Chico Xavier em 1955, quando esteve em Pedro Leopoldo, na companhia de sua mãe, Aristina Rocha, confirmando junto ao mesmo que as mensagens que o filho vinha recebendo, através da psicografia, eram sim de André Luiz, o autor de *Nosso Lar* e de tantas outras obras importantes através de Chico. De família espírita, seu pai fundara um centro quando tinha seis anos de idade e aos nove já via Espíritos[3].

Em agosto de 1957, em carta dirigida ao amigo Wantuil de Freitas, presidente da FEB, Chico disse a seu respeito: "*Apesar de moço ainda* (25 anos de idade), *revela-se um companheiro muito abnegado e senhor de um caráter honesto e limpo. Estudioso, amigo* e *trabalhador*[4]", por isso tinha muitas esperanças nele, como pessoa e como médium[5].

Além disso, Chico tinha a lembrança de, quando criança, ver não apenas a sua mãe, como é do conhecimento de muitos[6]. Ele via também "*Waldo Vieira, que o protegia indicando, inclusive, quais coleguinhas terrenos com os quais deveria brincar para não ser machucado. Combinou que ele um dia viria buscá-lo em Pedro Leopoldo, e que Chico o reconhece-*

---

[1]Entrevista com Chico Xavier. *A Flama Espírita*, 20 de setembro de 1958. In: GENTILE, Salvador; ARANTES, Hércio M. C. (Orgs.). *A Terra e o Semeador*. Araras (SP): IDE, 1975. Novos rumos, p. 17.

[2]HARLEY, Jhon. *O Voo da Garça*: Chico Xavier em Pedro Leopoldo. Belo Horizonte: Vinha de Luz, 2010. A saída de Pedro Leopoldo, p. 244.

[3]SOUTO MAIOR, Marcel. *As Vidas de Chico Xavier*. São Paulo: Planeta, 1994. Chuva de pétalas, p. 135.

[4]SCHUBERT, Suely Caldas. *Testemunhos de Chico Xavier*. 4ª ed. Brasília (DF): FEB, 2010. Primeira referência a Waldo Vieira. Médiuns para o trabalho, 28/8/1957.

[5]Ibidem, Esperança no novo companheiro, 16/9/1957.

[6]GENTILE, Salvador; ARANTES, Hércio M. C. (Orgs.). *A Terra e o Semeador*. Araras (SP): IDE, 1975. Temas da atualidade, item 23.

ria porque seria parecido com Emmanuel. Chico viu-o até 1930, quando veio se despedir porque iria reencarnar. Depois desse ano, Chico nada mais soube de Waldo, até que, um dia, ele apareceu em Pedro Leopoldo[7]".

No ano de 1958, a relação entre os dois se estreitou ainda mais com as visitas do afamado médium pedroleopoldinense às atividades embrionárias da Comunhão Espírita Cristã – CEC –, recém-fundada nesse ano, por iniciativa do próprio Waldo[8]. Nessa época, as instalações se restringiam a um galpão improvisado na virginal e isolada Vila Silva Campos, local pouco habitado e sem iluminação pública[9], com gramíneas crescendo à solta nas ruas de terra pisoteada[10], a cerca de oito quilômetros do centro.

A Comunhão, portanto, não era ainda um centro com reuniões públicas, mas uma instituição com práticas assistenciais e de caridade. Tanto assim que, na época, Waldo frequentava o Centro Espírita Uberabense – CEU –, sendo também presidente da União da Mocidade Espírita de Uberaba – Umeu[11].

Embora a Umeu fosse bastante influente, conduzindo os principais eventos espíritas da cidade, a partir da década de 1940, manteria independência em relação ao CEU, apesar de ter nascido e funcionado dentro de sua sede.

O CEU foi o primeiro grupo espírita da cidade, fundado em 1911, e publicava um influente jornal, *A Flama* (atual *A Flama Espírita*, órgão de difusão doutrinária da Aliança Espírita Municipal de Uberaba – Ame), que

[7]NOBRE, Marlene Rossi Severino. *Chico Xavier*: meus pedaços de espelho. 2ª ed. São Paulo: Fe, 2015. cap. 27, p. 224.

[8]ALVES, Elifas. *Chico, as origens*. São Paulo: Aliança, 2015. Novos companheiros e medianeiros, p. 405-407; O caso Amaury Pena e o adeus a Pedro Leopoldo..., p. 419-423.

[9]GRISI, Romeu; SESTINI, Gerson. *Inesquecível Chico*. 3ª ed. São Bernardo do Campo: Geem, 2009. cap. 8, p. 52.

[10]CUIN, João. *Chico Xavier*: amor e sabedoria. São Paulo: DPL, 2006. Primeira parte, cap. 1, p. 16-18; GRISI, Romeu; SESTINI, Gerson. *Inesquecível Chico*. 3ª ed. São Bernardo do Campo: Geem, 2009. cap. 6, p. 46-47.

[11]DA SILVA, Raquel Marta. *Chico Xavier*: imaginário religioso e representações simbólicas no interior das Gerais - Uberaba, 1959/2001. 2002. Dissertação (Mestrado de Pós-graduação em História). Universidade Federal de Uberlândia, Uberlândia (MG). cap. 2 - 2.3, p. 120-121,149.

já existia desde 1899[12]. A Umeu assumiu a direção do *A Flama* em 1942[13] e fundou, em 1947, o Lar Espírita[14], ao lado do Sanatório Espírita de Uberaba.

Além disso, Waldo havia assumido, nesse ano de 1958, a responsabilidade de um programa de rádio, o *Ondas de Luz*, pela Rádio Difusora de Uberaba, destinado a divulgar a doutrina e eventos espíritas. O programa ia ao ar aos domingos sob a sua responsabilidade e também de Marlene Rossi Severino e Lygia Alonso Andrade[15].

Mas um acontecimento grave e inesperado fez com que Chico apressasse o seu plano de transferência para Uberaba: a acusação indébita e caluniosa, movida por um sobrinho seu, Amaury Pena, de 25 anos de idade, em junho de 1958, divulgando a importantes jornais, do Rio de Janeiro e de Belo Horizonte (*O Globo*, *Diário da Tarde* e o *Diário de Minas*), que Chico Xavier era o verdadeiro autor dos livros que ele dizia ser dos Espíritos. Ou seja, acusava o próprio tio de charlatanismo.

Amaury Pena era filho de Maria da Conceição Pena, a Tiquinha, e sobrinho de Chico Xavier. Em 1927, Tiquinha fora terrivelmente subjugada por Espíritos, levando o irmão a se interessar pelo espiritismo e pela mediunidade, logo após sua cura pelo médium José Hermínio Perácio. Em razão disso, acredita-se que Amaury era nesse tempo um dos principais obsessores de Tiquinha, tendo ele, depois, reencarnado como filho seu, para processo reeducativo[16].

---

[12]Disponível em: <http://www.jornalespiritadeuberaba.com.br/edicoes/3.pdf> Acessado em: 15/1/2018.

[13]Ibidem, p. 100-102.

[14]DA SILVA, Raquel Marta. *Chico Xavier*: imaginário religioso e representações simbólicas no interior das Gerais - Uberaba, 1959/2001. 2002. Dissertação (Mestrado de Pós-graduação em História). Universidade Federal de Uberlândia, Uberlândia (MG). cap. 2 - 2.3, p. 96.

[15]Entrevista com Chico Xavier. *A Flama Espírita*, 20 de setembro de 1958. In: GENTILE, Salvador; ARANTES, Hércio M. C. (Orgs.). *A Terra e o Semeador*. Araras (SP): IDE, 1975. Novos rumos, p. 13-23; NOBRE, NOBRE, Marlene Rossi Severino. Não sei quando o admiro mais, se como Kardec ou Chico. *Folha Espírita*, junho de 1998, p. 3; NOBRE, Marlene Rossi Severino. *Chico Xavier*: meus pedaços de espelho. 2ª ed. São Paulo: Fe, 2015. Primeiros tempos da CEC, p. 37.

[16]BACCELLI, Carlos A. *100 Anos de Chico Xavier*. Uberaba: Leepp, 2010. As perseguições espirituais, p. 218.

Ainda jovem, Amaury tornou-se médium versejador como o tio, recebendo belos poemas de Camões, um dos expoentes da literatura portuguesa no renascimento. De uma hora para a outra, porém, ele resolveu negar tudo isso, declarando que os versos que compunha eram de sua própria cabeça, e não dos Espíritos. Aproveitou, assim, para acusar igualmente o tio, afirmando que ele agia da mesma forma.

Ironicamente, Amaury vivia em Belo Horizonte sob os cuidados do professor Rubens Romanelli e da comunidade espírita local. Mas era Romanelli quem lhe dava guarida, apoio material e educacional, em retribuição à amizade e ao carinho que tinha por Chico Xavier[17].

Conforme Rafael Ranieri, que acompanhou esse caso de perto e desfrutava da amizade do médium desde 1946, a desdenhosa atitude de Amaury aconteceu devido a uma desilusão amorosa que ele teve: uma moça, vizinha sua, fora impedida de se relacionar com ele, por questão racial – Amaury era mulato – e de diferença social. Desnorteado, então, o jovem acabou descambando para o alcoolismo. Depois disso, e já espiritualmente perturbado, ele resolveu negar a própria mediunidade, mas com o objetivo de chamar a atenção para si e buscar, num ato de desespero, a admiração da família e da moça que tanto amava[18].

Dessa forma, Chico voltava a ser difamado publicamente, assim como aconteceu nas reportagens de David Nasser em *O Cruzeiro*, nos idos de 1944/45[19]. Só que dessa vez a dor foi um tanto mais profunda, porque a acusação partia de um sobrinho seu, filho de uma irmã muito querida. Maria da Conceição Xavier Pena, a mãe de Amaury, por sua vez, vivia com o marido e outros três filhos na cidade de Sabará (MG), atuando também na causa espírita[20].

Em carta a uma amiga sua, Hermelina Horta Soares, de Matozinhos (MG), datada de 5/3/1959, assim Chico explicou essa reviravolta na

---

[17] HARLEY, Jhon. *O Voo da Garça*: Chico Xavier em Pedro Leopoldo (1910-1959). Belo Horizonte: Vinha de Luz, 2010. , 2015. A saída de Pedro Leopoldo, p. 244.

[18] ALVES, Elifas. *Chico, as origens*. São Paulo: Aliança, 2015. O caso Amaury Pena e o adeus a Pedro Leopoldo..., p. 416-417.

[19] Ibidem, O caso Humberto de Campos, o escândalo de *O Cruzeiro* e repercussões, p. 216-229

[20] Disponível em: <http://www.souleitorespirita.com.br/reformador/wp-content/themes/reformador/edicoes-anteriores/pdf/2010/10outubro.pdf > Acessado em: 15/1/2018.

vida: "*Se eu permanecesse em Pedro Leopoldo, qualquer nova declaração desse pobre rapaz* – seu sobrinho, Amaury Pena – *teria mais força de impressionar, perturbar e mentir, em nova circulação na imprensa, com mais vastos escândalos para o nosso ambiente espírita. Resolvi, assim, no silêncio de minhas orações, renunciar à felicidade de estar em minha casa e no aconchego do carinho de todos vocês para dar uma resposta sem palavras aos nossos detratores*[21]".

As consequências desse caso foram ainda um pouco mais além, na medida em que alguns companheiros de doutrina na capital mineira, influenciados e pressionados pelos noticiários sensacionalistas dos grandes jornais, também se voltaram contra o médium.

Mas quando perguntavam a ele publicamente sobre os motivos de sua saída de Pedro Leopoldo, Chico nunca citava o nome do sobrinho e dos detratores. Dizia apenas que a mudança tinha sido por motivos de saúde e pela necessidade de viver em um clima mais quente, devido a sua labirintite. A labirintite citada fora de fato diagnosticada, no ano anterior, pelo Espírito dr. Bezerra de Menezes. Depois, Chico buscara tratamento com o especialista amigo, dr. José da Costa Chiabi[22].

Entretanto, o caso Amaury Pena foi realmente a causa principal que o levou a transferir residência para Uberaba. Isso teve o efeito de uma tragédia grega, precisando renunciar a tudo que havia conquistado de mais abençoado em sua querida terra natal: família, amigos, trabalho profissional e trabalhos espirituais no Centro Espírita Luiz Gonzaga e Grupo Espírita Meimei. Calou-se diante de tudo e de todos, para não ferir ninguém, sendo igualmente obrigado a se afastar dos amados companheiros da capital mineira, alguns com os quais se relacionava desde o princípio da mediunidade[23].

Mais tarde, Chico explicaria como enfrentou tudo isso em Pedro Leopoldo: "*As calúnias foram tantas e as injúrias proliferaram em torno de meus passos de tal modo, que me tornei uma pessoa, talvez reservada em excesso, sempre com o receio de incomodar companheiros ou de ferir-*

---

[21]ALVES, Elifas. *Chico, as origens*. São Paulo: Aliança, 2015. A chegada a Uberaba, p. 430.

[22]Ibidem, O caso Amaury Pena e o adeus a Pedro Leopoldo..., p. 418-419.

[23]Vide o livro *Chico, as origens*, de Elifas Alves (Aliança, 2015).

lhes a vida sem querer". "*...por amor à obra dos Amigos Espirituais, me retirei para o fundo do meu quarto, onde continuei trabalhando com eles, diariamente, depois de meu trabalho profissional, até altas horas da noite, conquanto comparecesse igualmente às reuniões do Centro Espírita Luiz Gonzaga, nas noites de segundas e sextas-feiras. A Doutrina pedia de mim essa renunciação à qual me habituei como ocorre ao prisioneiro na cela que a vida lhe dá para viver, e prossigo parecendo o companheiro distante, que tanta gente enxerga em mim, sem que eu seja. Compreendo, porém, que devo suportar essa prova, para onde me volte, no intuito de obter forças para trabalhar, já sei que os representantes invisíveis das trevas me vigiarão e suscitarão os boatos e invencionices que me retalharam a alma em 1958*[24]".

Meses após esses acontecimentos, Amaury Pena foi internado em uma clínica de recuperação, o Sanatório Bezerra de Menezes, em São José do Pinhal (SP). A internação deveu-se ao apoio empreendido pelo movimento da Fraternidade, iniciado por Ranieri, Jair Soares e outros, e com a atuação decisiva do professor Rubens Romanelli[25].

Assim, o médium deixou a sua cidade natal para instalar-se definitivamente na cidade de Uberaba, a convite do próprio Waldo[26] e em regime de urgência[27]. Isso aconteceu na noite de 4 de janeiro de 1959, quase que em surdina, depois de cuidar de sua transferência na Inspetoria Regional da Divisão de Fomento da Produção Animal para o Parque Fernando Costa[28], ambos vinculados ao Ministério da Agricultura – até então, tinham sido 28 anos como servidor público na Fazenda Modelo[29].

---

[24]BACCELLI, Carlos A. *Na Oficina da Fé*. Uberaba: Leep, 2016. Uberaba, 19-11-86, p. 209-210.

[25]RANIERI, R. A. *O Santo dos Nossos Dias*. Rio de Janeiro: Eco, s/d (197?). Testemunho da verdade, p. 133-134.

[26]BARBOSA, Elias. *No Mundo de Chico Xavier*. Araras (SP): IDE, 1967. cap. 13, p. 133. In: SILVA SOBRINHO, J. T. Chico Xavier: 40 anos de mediunidade. *Lavoura e Comércio,* Uberaba, 8 jul. 1967, p. 1.

[27]DE CARVALHO, Antonio Cesar Perri; DE MELO, Oceano Vieira (Orgs.). *Depoimentos sobre Chico Xavier*. Brasília (DF): FEB, 2010. 3.1 D. Dalva Borges, p. 65.

[28]NOBRE, Marlene Rossi Severino. *Chico Xavier*: meus pedaços de espelho. 2ª Ed. São Paulo: Fe, 2015. Capítulo 4, Um Grande Trabalhador, p. 53.

[29]ALVES, Elifas. *Chico, as origens*. São Paulo: Aliança, 2015. O Início da produção mediúnica na Fazenda Modelo, p. 134.

Na coluna "Atos, Fatos e Boatos", do centenário jornal *Lavoura e Comércio*, de Uberaba foi anunciada "*a chegada e a decisão do médium em morar na cidade*[30]". E, dada a fama e o prestígio dele, em nível nacional[31], esse jornal abriria também espaço para uma coluna, que viria se chamar "Nota Espírita", com o objetivo de divulgar as atividades do médium na CEC[32].

Evidentemente que Chico deixou Pedro Leopoldo pesaroso por ter de se afastar de seus familiares e dos amigos queridos, além dos compromissos espirituais no Centro Espírita Luiz Gonzaga e no Grupo Espírita Meimei, a que tanto se dedicara, com responsabilidade ímpar. Todavia, fez isso amparado nas orações e fortalecido na sua fé, buscando proteger esses mesmos de seus detratores e também "*demonstrar que... o Espiritismo com Jesus* era *a força central de sua vida,* servindo *à doutrina espírita* como *primeira obrigação neste mundo*[33]".

Mas como Chico lidaria com essas adversidades todas em Uberaba? Como veremos mais adiante, com a mesma dedicação e trabalho aos compromissos espirituais e à assistência aos pobres e necessitados de sempre, por meio da assistência fraterna gratuita, e sua férrea disciplina, que o tornou conhecido nacionalmente.

Entretanto, disporia ele agora de um jovem parceiro nas atividades mediúnicas, Waldo Vieira. O único livro que estes tinham recebido até então, foi *Evolução em Dois Mundos*, de André Luiz, finalizado em julho do ano anterior (1958), com programação de vir a público nesse ano de sua transferência para Uberaba[34].

Uma particularidade desta obra deu-se com o chamado fenômeno da

---

[30]DA SILVA, Raquel Marta. *Chico Xavier*: imaginário religioso e representações simbólicas no interior das Gerais - Uberaba, 1959/2001. 2002. Dissertação (Mestrado de Pós-graduação em História). Universidade Federal de Uberlândia, Uberlândia (MG). cap. 2 - 2.3, p. 126.

[31]Vide o livro *Chico, as origens*, de Elifas Alves (Aliança, 2015).

[32]DA SILVA, Raquel Marta. *Chico Xavier*: imaginário religioso e representações simbólicas no interior das Gerais - Uberaba, 1959/2001. 2002. Dissertação (Mestrado de Pós-graduação em História). Universidade Federal de Uberlândia, Uberlândia (MG). cap. 2 - 2.3, p. 126.

[33]HARLEY, Jhon. *O Voo da Garça*: Chico Xavier em Pedro Leopoldo (1910-1959). Belo Horizonte: Vinha de Luz, 2010. A saída de Pedro Leopoldo, p. 244.

[34]Vide Prefácio e ano de sua publicação na obra citada.

"correspondência cruzada[35]". No caso, Chico recebera, em Pedro Leopoldo, os capítulos pares e Waldo Vieira os capítulos ímpares, em Uberaba, sem que um soubesse o que o outro estava escrevendo. Juntando-se os capítulos, nasceu o citado livro, que trata da formação e evolução do princípio inteligente na Terra até aquele presente momento[36], apresentando "*um resumo da história da alma humana, à luz do Espiritismo, utilizando os conhecimentos e registros já feitos pela ciência da Humanidade*[37]".

Além disso, esse era o primeiro livro em que André Luiz conseguia efetivamente provar a sua divulgada formação de médico sanitarista que foi, enquanto encarnado[38], utilizando-se de muitos termos técnicos, no campo da biomedicina, muito além do entendimento comum. E foi justamente devido a isso, a falta desse conhecimento técnico, anteriormente, que Chico Xavier passou a receber "*muitas cartas insultuosas*" de médicos ateus perguntando-lhe "*por que motivo André Luiz não expunha ideias espíritas em termos médicos que pudessem eles, os médicos, entender*[39]".

Por outro lado, Wantuil de Freitas, presidente da FEB, com quem Chico se correspondia desde 1932[40], havia estranhado esse "*palavratório todo*" do livro, "*científico demais*[41]", o que poderia prejudicar o seu lado editorial, isto é, o interesse do público leitor.

A chegada, os novos companheiros e os trabalhos

Chico chegou a Uberaba na manhã do dia 5 de janeiro de 1959[42],

---

[35]"correspondência cruzada", termo utilizado por Ernesto Bozzano (1862-1943) em seu livro Xenoglossia (FEB, 1949), caso 25.

[36]Vide a nota de rodapé nº 1, em "Nota ao Leitor", no livro *Evolução em Dois Mundos* (FEB, 1959).

[37]SCHUBERT, Suely Caldas. *Testemunhos de Chico Xavier*. 4ª ed. Brasília (DF): FEB, 2010. Evolução em Dois Mundos, 10/12/1958.

[38]BACCELLI, C. A. *Chico Xavier*: a reencarnação de Allan Kardec. Uberaba: Leep, 2005. Quem foi André Luiz? Após 50 anos, o esclarecimento de Chico Xavier, p. 72, 73.

[39]SCHUBERT, Suely Caldas. *Testemunhos de Chico Xavier*. 4ª ed. Brasília (DF): FEB, 2010. Evolução em Dois Mundos, 10/12/1958.

[40]BARBOSA, Elias. *No Mundo de Chico Xavier*. Araras (SP): IDE, 1967. cap. 8, p. 87.

[41]SOUTO MAIOR, Marcel. *As Vidas de Chico Xavier*. São Paulo: Planeta, 1994. A nova atração de Uberaba, p. 153.

[42]ALVES, Elifas. *Chico, as origens*. São Paulo: Aliança, 2015. A chegada a Uberaba, p. 426.

sendo recepcionado pelo jovem médium e dentista, Waldo Vieira. Juntos passariam, assim, a dividir o espaço de uma pequena casa com sala, cozinha, quarto, banheiro e o chão de cimento, construída nos fundos do terreno pertencente à Comunhão Espírita Cristã[43]. Formado em odontologia desde 1956[44], Waldo fazia extensão em medicina na mesma faculdade[45]. Em 1959, completaria o último ano. Já Marlene Rossi e Elias Barbosa eram companheiros de turma e estavam no terceiro ano do mesmo curso[46].

Elias Barbosa frequentava o Centro Espírita Uberabense assim como Waldo[47], sendo ambos naturais de Monte Carmelo (MG). Elias conhecia Chico desde 1955. Já Marlene Rossi, foi Chico quem solicitou a Waldo, no ano anterior, para que ela participasse das atividades da CEC[48], marcando um encontro.

"*Neste encontro, em 1958* – relatou Marlene –, *ele me deu detalhes de um trabalho assistencial que fazíamos, às quartas-feiras, nos arredores do bairro da Abadia em Uberaba. Éramos um pequeno grupo – Ligia Alonso Andrade, `seu´ Lázaro, ...que segurava o lampião no ombro para nos iluminar, porque na parte do bairro que visitávamos não havia luz elétrica, e mais um ou dois companheiros esporádicos. Como não conhecia bem de perto a mediunidade de Chico, fiquei espantada com os detalhes que ele me deu da nossa peregrinação das quartas-feiras. Ele só podia ter acompanhado em espírito para saber de tanta coisa*[49]."

---

[43]ALVES, Elifas. *Chico, as origens*. São Paulo: Aliança, 2015. A chegada a Uberaba, p. 426-427.

[44]HAYGERT, Aroldo Murá G. *Vozes do Paraná*: retrato de paranaenses 2. Curitiba (PR): Convivium, 2009. Waldo Vieira, p. 7.

[45]Faculdade de Medicina de Uberaba, atual curso de Medicina da Uniube.

[46]NOBRE, Marlene Rossi Severino. *Chico Xavier*: meus pedaços de espelho. 2ª Ed. São Paulo: Fe, 2015. Prólogo, Razões deste livro, p. 8.

[47]DA SILVA, Raquel Marta. *Chico Xavier*: imaginário religioso e representações simbólicas no interior das Gerais - Uberaba, 1959/2001. 2002. Dissertação (Mestrado de Pós-graduação em História). Universidade Federal de Uberlândia, Uberlândia (MG). cap. 2 - 2.3, p. 132, nr. 126.

[48]Disponível em: <http://ismaelgobbo.blogspot.com.br/2010/04/focalizando-o-trabalhador-espirita_12.html> Acessado em: 1/2/2018.

[49]Idem.

"*Em seguida... fez-me o convite para trabalhar com ele nas sessões públicas da Comunhão Espírita Cristã*[50]*...*". Mais adiante, Marlene também viria psicografar com os dois medianeiros nas reuniões públicas da CEC, a convite do próprio Chico[51].

Quando Chico se transferiu para Uberaba, aos 49 anos de idade, sua aparência era a de um homem magro e doente[52], em razão dos tantos problemas que enfrentara no último ano, relativamente a sua saúde e com o sobrinho Amaury Pena. Apresentava ainda sinais de calvície frontal, diferente da farta cabeleira que teve nos tempos de jovem[53].

Já Waldo, vinte e dois anos mais jovem do que Chico[54], aproveitou a transferência do médium pedroleopoldinense e amigo para desligar-se do Centro Espírita Uberabense e da direção da Umeu[55], voltando-se exclusivamente às obras sociais e espirituais da CEC, bem como à organização de novos e futuros trabalhos nesta instituição.

Com o seu desligamento do CEU, Waldo levaria ainda outros companheiros, certamente motivados pela transferência de Chico Xavier à CEC. Entre estes estavam Dalva Rodrigues Borges, Hélia Borges, Dina Borges, Jair Arantes, Neusa Barsanulfo Arantes, Gabriel Palis, Antônio Borges da Silva, Antônio Corrêa de Paiva e Elias Barbosa, entre outros[56].

Esse acontecimento possivelmente teria causado algum mal-estar entre a direção dessas duas casas, mas nada que causasse cicatrizes. Talvez houvesse o receio de que a presença de Chico na cidade reduzisse a importância da chamada "casa-máter" da cidade – o CEU. Diferentemente da CEC, o CEU ficava em local mais central da cidade, no bairro Abadia.

---

[50]Nobre, Marlene. *Chico Xavier*: meus pedaços de espelho. São Paulo: Fe. cap. 1, p. 20.

[51]Idem. p. 21; Disponível em: <http://diariodonordeste.verdesmares.com.br/se-o-aborto-for-legalizado-brasil-vivera-ciclo-de-guerras-1.737059> Acessado em: 1/2/2018;

[52]SCHUBERT, Suely Caldas. *Testemunhos de Chico Xavier*. 4ª ed. Brasília (DF): FEB, 2010. Evolução em Dois Mundos, 10/12/1958.

[53]Vide diversas fotos de época, na Suíte fotográfica 3, p. 68 à 72.

[54]Chico Xavier (1910-2002) - Waldo Vieira (1932-2015).

[55]DA SILVA, Raquel Marta. *Chico Xavier*: imaginário religioso e representações simbólicas no interior das Gerais - Uberaba, 1959/2001. 2002. Dissertação (Mestrado de Pós-graduação em História). Universidade Federal de Uberlândia, Uberlândia (MG). cap. 2 - 2.3, p. 131-132.

[56]Ibidem, cap. 1 - 2.3, p. 132, nr. 126.

Quanto ao vínculo empregatício de Chico junto ao Ministério da Agricultura, este órgão comunicou o seu afastamento dos serviços profissionais na Fazenda Modelo, em Pedro Leopoldo, um mês antes de ele deixar a cidade[57]. Em Uberaba, continuaria ele vinculado ao citado órgão federal por mais dois anos, prestando serviços no Parque Fernando Costa[58]. Na verdade, desde a fundação desse parque, em 10 de maio de 1941, Chico acompanhava seu ex-chefe, Rômulo Joviano, participando das exposições de gado que aí se realiza anualmente, todo mês de maio. Aliás, diga-se, de passagem, que os planos alusivos à construção desse parque foram de autoria do próprio Rômulo[59].

Nesse sentido, em termos profissionais, a sua transferência para Uberaba não foi nem um pouco traumática, considerando ainda que o seu novo local de trabalho, o Parque Fernando Costa, distava apenas um quilômetro da sua moradia. O mesmo pode-se dizer de sua relação com os companheiros da comunidade espírita local, que conhecera ainda em 1941, especialmente Maria Modesto Cravo, fundadora e diretora do Sanatório Espírita de Uberaba, e do conceituado médico desta instituição, dr. Inácio Ferreira[60], além de outras instituições como a Casa do Cinza, o Centro Espírita Uberabense, o Henrique Kruger, o Vicente de Paulo e o Batuíra[61].

O despertar da produção literária mediúnica em Uberaba

Na noite do dia 5 de janeiro, ocorreu então a primeira reunião Evan-

---

[57]SCHUBERT, Suely Caldas. *Testemunhos de Chico Xavier*. 4ª ed. Brasília (DF): FEB, 2010. Evolução em Dois Mundos, 10/12/1958.

[58]NOBRE, Marlene Rossi Severino. *Chico Xavier*: meus pedaços de espelho. 2ª Ed. São Paulo: Fe, 2015. Capítulo 4, Um Grande Trabalhador, p. 53; BACCELLI, C. A. Na Oficina da Fé. Uberaba: Leep, 2016. 18-9-86, p. 191.

[59]BARBOSA, Elias. *No Mundo de Chico Xavier*. Araras (SP): IDE, 1967. cap. 10, p. 110.

[60]Ibidem, cap. 10, p. 112-114; Disponível em: <http://www.amebrasil.org.br/html/hosp_ub_sana.htm> Acessado em: 4/2/2018.

[61]Entrevista com Chico Xavier. *A Flama Espírita*, 20 de setembro de 1958. In: XAVIER, F. C./Emmanuel. GENTILE, Salvador; ARANTES, Hércio M. C. (Orgs.). *A Terra e o Semeador*. Araras (SP): IDE, 1975. Novos rumos, p. 14-15.

gélica na nova moradia de Chico, recebendo ele a primeira mensagem de Emmanuel. Mensagem que também era um verdadeiro convite para que ignorasse as adversidades sofridas e seguisse adiante o seu trabalho no bem. Eis um trecho dessa mensagem:

> "*Se tiveres amor, caminharás no mundo como alguém que transformou o próprio coração em chama divina a dissipar as trevas...*
>
> (...)
>
> *Se tiveres amor saberás, assim, cultivar o bem, a cada instante, para vencer o mal a cada hora...*
>
> *E perceberás, então, como o Cristo fustigado na cruz, que os teus mais acirrados perseguidores são apenas crianças de curto entendimento e de sensibilidade enfermiça, que é preciso compreender e ajudar, perdoar e servir sempre, para que a glória do amor puro, ainda mesmo nos suplícios da morte, nos erga o espírito imperecível à bênção da vida eterna*[62]."

Essa mensagem foi arquivada para ser inserida no próximo livro de Emmanuel[63]. Antes, porém, de dar continuidade aos esforços voltados à literatura mediúnica, e prestes ainda a deixar Pedro Leopoldo, Chico perguntou a Emmanuel se seu compromisso com o livro havia terminado. Isto porque, em 1931, o mentor havia lhe dito que os dois deveriam produzir, sob sua supervisão, trinta livros; depois, em 1946, mudou para sessenta livros[64] – encerrado com a recepção do *Evolução em Dois Mundos*, já citado. E agora, o que deveria ele fazer?

Emmanuel respondeu-lhe, pacientemente: — "*Você perguntou, em Pedro Leopoldo, se a nossa tarefa estava completa e quero informar a você que os mentores da Vida Maior, perante os quais devo também estar*

---

[62]XAVIER, F. C./Emmanuel. *Religião dos Espíritos*. Rio de Janeiro: FEB, 1960. item 1, Se tiveres amor.

[63]No livro *Religião dos Espíritos* (FEB, 1960).

[64]LEMOS NETO, Geraldo. *Chico Xavier*: mandato de amor. 5ª ed. Belo Horizonte: UEM, 2007. p. 252-253.

disciplinado, me advertiram que nos cabe chegar aos 100 livros[65]". Depois disso, sua vida, do ponto de vista físico, seria desapropriada "*em benefício da divulgação dos princípios espíritas cristãos*", e colocada "*à disposição das entidades espirituais que possam colaborar na execução das mensagens e livros*[66]".

Chico ficou admirado, então, com a mudança de planos da espiritualidade e perguntou a Emmanuel se ele iria trabalhar na recepção de mensagens até o final de sua vida. O mentor respondeu: "*Sim, não temos outra alternativa*". "*E se eu não quiser*", retrucou o médium, lembrando que a doutrina espírita ensina que todos somos portadores de livre-arbítrio.

"*— A instrução a que me refiro é semelhante a um mandato de desapropriação, quando lançado por autoridade na Terra* – explicou Emmanuel. *Se você recusar o serviço a que me reporto, segundo creio, os orientadores dessa obra de nos dedicarmos ao Cristianismo Redivivo, de certo que eles terão autoridade bastante para retirar você de seu atual corpo físico*[67]*!*"

Quando ouviu isso de Emmanuel, Chico silenciou, e, compreendeu a "*gravidade do assunto,* continuando a trabalhar, *sem a menor expectativa de interromper ou dificultar o que* passou *a chamar de `Designios de Cima*[68]*'*".

Compreende-se ainda desse diálogo, que as respostas de Emmanuel evidenciavam ser ele subordinado a outros Espíritos, que lhe são superiores, seguindo o planejamento deles à risca.

E dá-lhe mais trabalho! Nas noites de terça e quinta-feira, por exemplo, Chico e Waldo se dedicavam a receber, de forma intercalada e em parceria, um novo livro de André Luiz, cujo objetivo dizia era esclarecer o que é mediunidade e como ela se dá do ponto de vista físico e científico.

Organização e início das atividades

Em seguida a transferência do médium pedroleopoldinense para Ubera-

[65]Ibidem,. p. 253.

[66]Idem.

[67]Idem.

[68]Idem.

ba, crescia o número de frequentadores e assistidos na CEC, tornando rapidamente as suas instalações limitadas demais. E a notícia de Chico na cidade se espalhou rapidamente.

O jovem Celso de Almeira Afonso, por exemplo, que conheceu o médium em 1956, e recém-chegado à terra do boi Zebu, assim como ele, soube da notícia tomando um cafezinho em um bar. Foi quando ouviu um senhor dizer ao outro:

— Sabe, tão construindo um centro espírita lá no Parque das Américas, é um tal de Chico Xavier...

Com 18 anos de idade, e abismado com o que acabara de ouvir, o jovem Celso lembrou-se imediatamente do que o médium lhe havia dito, três anos antes, na cidade de Sacramento (MG), quando então passava alguns dias na companhia de familiares: que iria psicografar como ele e Waldo em Uberaba. O jovem estranhou muito essa predição, porque morava em São Paulo e não tinha a menor ideia de deixar um dia a capital paulista para viver em Uberaba. Acontece, porém, que, dois anos depois, um problema de angina da mãe se agravou e o médico aconselhou que buscasse um lugar mais quente para morar. Uma irmã de Celso, que morava em Uberaba e casada com um uberabense, resolveu, assim, trazer sua mãe e o irmão para essa cidade, por ser de clima quente e seco.

Mas, enquanto muitos tinham o desejo de conhecer Chico Xavier, Celso, por sua vez, amedrontado com o que o médium lhe dissera em Sacramento, que também iria psicografar como ele em Uberaba, buscou se afastar do mesmo. Já Waldo, preocupado com o número crescente de frequentadores e assistidos que procuravam a CEC, decidiu expandir a área da instituição com urgência. Por sorte, um dos lotes da divisa pertencia ao primo de uma amiga e ativa colaboradora do grupo, Dalva Rodrigues Borges. E, conversando com esse primo, ele acabou por doar o terreno ao grupo. Assim prosseguiram entusiasmados adquirindo outros lotes, mais a batalha de obter recursos por meio de campanhas, para fins diversos[69].

"*Então começaram as reuniões semanais* – explicou Dalva.

---

[69] DE CARVALHO, Antonio Cesar Perri; DE MELO, Oceano Vieira (Orgs.). *Depoimentos sobre Chico Xavier.* Brasília (DF): FEB, 2010. 3.1 - D. Dalva Borges, p. 65-66.

Chico muito alegre, satisfeito; de vez em quando ele e Waldo iam a Pedro Leopoldo, as pessoas vinham de lá visitá-lo também, e foi assim que começou o trabalho, sempre aumentando. ...E depois, encontrando com o Chico, ele comentou que havia `um barulho estranho na casa´. Eles conversaram e resolveram fazer uma casa maior. Veio um senhor de São Paulo, ele tinha uma construtora grande, e fez a planta do local, planejou e as coisas foram acontecendo[70]."

No dia 18 de abril, a Comunhão Espírita Cristã foi de fato inaugurada, tendo a companheira Dalva Borges sido conduzida a sua presidência, aos 32 anos de idade – entretanto, somente em novembro de 1959 ela teria existência juridica[71]. Chico e Waldo permaneceriam no lugar que melhor lhes dizia respeito, ou seja, como médiuns e servidores da casa[72].

"*Sob a presidência de Dalva Borges..., explicou Marlene Rossi, iniciaram-se as atividades da CEC, com os dois médiuns em plena atividade.*

Durante sete ou oito meses desse primeiro ano, desde 5 de janeiro de 1959, as sessões eram realizadas ao ar livre, porque a sede da CEC ainda estava em construção.

As cadeiras dos palestrantes eram realizadas em círculo, em torno de um poço que havia no fundo do quintal onde Chico e Waldo moravam.

Na tarefa de comentaristas, também estava Lygia Alonso Andrade, Dora Vilela Terezinha e Antônio Correa de Paiva, Izabel Bueno, Jarbas Leone Varanda, Olavo Escobar, Antônio Fonseca e demais confrades de Uberaba, bem como visitantes de outras cidades. Para o trabalho de psicografia, Chico e Waldo dirigiam-se a um pequeno quarto, que ficava próximo ao poço, onde dispunham de duas pequenas mesas toscas que serviam de apoio para as respostas dos mentores às centenas de consultas.

(...)

---

[70]Ibidem, p. 66.

[71]DA SILVA, Raquel Marta. *Chico Xavier*: imaginário religioso e representações simbólicas no interior das Gerais - Uberaba, 1959/2001. Dissertação (Mestrado de Pós-graduação em História). Universidade Federal de Uberlândia, Uberlândia (MG). cap. 2 - 2.3, p. 133, nr. 128.

[72]SOUTO MAIOR, Marcel. *As Vidas de Chico Xavier*. São Paulo: Planeta, 1994. A nova atração de Uberaba, p. 153-154.

Alguns meses depois do início do ano, as reuniões em torno do poço passaram a ser realizadas na primeira sede da CEC. Era tudo muito simples, como Chico sempre quis. Teto de telhas, sem forro, bancos de madeira; no centro do salão, havia uma mesa retangular com 12 cadeiras ao redor, paredes limpas sem quadros ou gravuras; uma sala dedicada aos passes e uma livraria.

No lado de fora uma construção também simples, com sala e cozinha, onde era servido o cafezinho, junto dela, um pequeno galpão para a distribuição de sopa e armazenagem de roupas e peças de costura. Nos primeiros meses, as reuniões de desobsessão eram realizadas na Casa do Cinza[73]."

Antes da transferência definitiva de Chico para Uberaba, o mesmo prestigiara muitas casas espíritas da cidade, psicografando inclusive mensagens em algumas delas. Agora, todavia, que a CEC se organizava, com reuniões e responsabilidades diversas, voltava-se inteiramente a elas[74].

As reuniões públicas na CEC eram às segundas, sexta-feiras e aos sábados[75]. Aos domingos, após o encerramento do programa radiofônico *Ondas de Luz,* o médium ia à companhia telefônica, ladeado dos companheiros de programa, para se comunicar com sua irmã Luiza em Pedro Leopoldo. Naquela época, era necessário aguardar a ligação completar, o que demorava uns quarenta minutos[76].

"*Chico conversava demoradamente com sua irmã..., para amenizar as saudades*[77] (da família) – disse a companheira Marlene Rossi." Quanto aos inúmeros dissabores na vida, Emmanuel ensinava-o a superá-los todos da mesma forma: com cristandade, "*amando os inimigos, fazendo o bem àqueles que fazem mal e orando por aqueles que perseguem e caluniam*[78]".

---

[73]Nobre, Marlene. *Chico Xavier*: meus pedaços de espelho. São Paulo: Fe. cap. 2, p. 35-37.

[74]DA SILVA, Raquel Marta. Chico Xavier: imaginário religioso e representações simbólicas no interior das Gerais - Uberaba, 1959/2001. Dissertação (Mestrado de Pós-graduação em História). Universidade Federal de Uberlândia, Uberlândia (MG). cap. 2 - 2.3, p. 128.

[75]NOBRE, Marlene Rossi Severino. Não sei quando o admiro mais, se como Kardec ou Chico. *Folha Espírita*, junho de 1998, p. 3.

[76]Idem.

[77]Idem.

[78]Mateus 5:44.

Seu alardeante bom humor e fé também faziam com que superasse os revezes com grandeza de espírito.

Marlene Rossi considera a convivência com Chico nessa época o equivalente a "*um curso de extensão universitária, no campo do Espírito*[79]". E completou:

"*Foram noites inesquecíveis! Sentávamos em cadeiras de madeira, ao redor do poço e tecíamos comentários de* O Evangelho segundo o Espiritismo *e o* Livro dos Espíritos, *escolhidos pelo benfeitor Emmanuel, enquanto os médiuns psicografavam em mesa tosca, situada em um pequeno cômodo, junto ao nosso improvisado círculo de estudos. Nessas noites, tínhamos por teto a abóbada celeste e, à exceção dos dias chuvosos e nevoentos, podíamos contemplar, bem perto de nós, o magnífico manto constelado de estrelas, verdadeiro convite da Espiritualidade Superior à escalada rumo aos Céus. (...) ...nenhuma força poderá apagar de nossa memória as lembranças desse período, quando vivemos uma nesga do Céu na Terra, sentindo as emoções indescritíveis da fraternidade legítima. Foram momentos singulares de nossa vida, de difícil repetição. Era como se Chico nos devolvesse o clima dos primeiros tempos do Cristianismo na Galileia distante*[80]..."

Romeu Grisi, de Votuporanga (SP), que conheceu o médium em Pedro Leopoldo, no ano de 1948, diz que a "*mediunidade de Chico aliada a sua bondade e sabedoria,* encantava *as criaturas*[81]". Nesse ano de 1959, ele tornou a visitá-lo e comentou também como foi a sua participação na reunião em que esteve:

"*O expositor, convidado para fazer comentários, enquanto Chico psicografava, permanecia dentro da sala, em frente à janela, a fim de se dirigir ao público, que se comprimia diante da construção.*

Nosso irmão Joaquim Alves, da Federação Espírita de São Paulo, então, também em visita, como nós, dirigiu-se ao nosso grupo e observou alegremente:

---

[79]NOBRE, Marlene Rossi Severino. Não sei quando o admiro mais, se como Kardec ou Chico. *Folha Espírita*, junho de 1998, p. 3.

[80]Idem.

[81]GERMINHASI, Rubens Silvio. *Luz Bendita*. São Paulo: Ideal, 1977. Romeu Grisi, p. 42.

— Este local está tão impregnado de vibrações evangélicas que até o barulho da bomba d'água parece dizer: 'Jesus! Jesus!'

A reunião a que assistimos constou de comentários feitos pelos amigos espíritas da cidade e visitantes. Fui também convidado.

As ponderações versavam sobre O Evangelho segundo o Espiritismo *e* O livro dos Espíritos, *ao mesmo tempo em que o médium cuidava do receituário, sob a assistência do dr. Bezerra de Menezes.*

No final daquele primeiro encontro em terra uberabense, pairavam no ambiente os suaves eflúvios da Espiritualidade, vindos de Planos Mais Altos[82]."

Aos sábados, Chico dava sequência à chamada "peregrinação", um tipo de assistência de campo, onde ele visitava criaturas muito carentes, diretamente em seus casebres e na companhia de grupo de tarefeiros, amigos e confrades caravaneiros, deixando-lhes o exemplo da verdadeira caridade cristã. Esse tipo de assistência ele iniciou em 1927 em sua terra natal, e nunca mais parou. Em Uberaba, ela só crescia, face ao número elevado de pessoas pobres que vivia nas imediações da Vila Silva Campos, onde havia três favelas[83].

"*Desde a mudança de Chico para Uberaba, todos os sábados ele se reunia com elementos de seu grupo e os amigos espíritas, para realizar a caminhada em visita aos lares carentes na área onde hoje se estende a maior parte do Parque das Américas.*

O pessoal se postava diante do centro espírita, em que Chico atuava, localizado no loteamento ainda pouco habitado, com casas espalhadas e sem iluminação pública.

O médium chegava, detinha-se alguns minutos para os cumprimentos, em seguida fazia-se uma prece e iniciava-se a caminhada para as primeiras visitas.

---

[82]GRISI, Romeu; SESTINI, Gerson. *Inesquecível Chico*. 3ª ed. São Bernardo do Campo: Geem, 2009. cap. 6, p. 47-48.

[83]MONTEIRO, Eduardo Carvalho. *Chico Xavier e Isabel, a Rainha Santa de Portugal*. São Paulo: Madras, 2001. p. 53.

Em uma das vezes que estivemos na "peregrinação" – disse Romeu Grisi –*... soubemos que, no sábado anterior, alguns meninos das cercanias também acompanhavam o grupo.*

Entre as traquinagens com seus coleguinhas, um deles acabou por cair num poço que estava sendo aberto.

Em meio à consternação causada, Chico logo soube e pediu que se providenciasse uma corda. Enquanto esperavam por ela, ficaram em prece.

O local estava escuro, mal se via o buraco do poço. Quando a corda chegou, foi lançada ao fundo e o menino, agarrando-se a ela, foi retirado são e salvo. Aparentemente tudo acontecera de forma natural.

No dia seguinte, contudo, alguém, para tirar dúvidas quanto ao que presenciara, conseguiu ter em mãos a mesma corda usada na véspera e repetiu seu lançamento à luz do sol, a fim de verificar até onde ela chegava.

Qual não foi sua surpresa ao constatar que sua extensão alcançava um pouco mais da metade da profundidade do poço, vista ser esta bem maior do que se pensara na véspera.

E o garoto não sofreu nenhum dano!...

A testemunha que nos contava a extraordinária ocorrência pediu-nos discrição, pois o médium não queria que se divulgasse o fato.

É fácil entender o cuidado de Chico ante o fenômeno que ocorrera, pois se divulgado, seria considerado como miraculoso pela população das cercanias, dando uma conotação que não interessava ao trabalho junto às famílias carentes.

E, para os amigos espíritas, vindos dos mais distantes pontos do país, a "peregrinação" era também uma aula ao vivo de como praticar a caridade, enfatizando o contato direto com os necessitados. O médium sempre insistia no mister de estarmos próximos dos desfavorecidos da vida, para melhorarmos na vivência do Evangelho do Cristo.

(...)

Parecia-nos estarmos nos tempos apostólicos, descritos por Emmanuel, ...pelas altas e indescritíveis vibrações que sentíamos, caminhando ao lado do missionário, com sua simplicidade, sempre jovial e amorável, dando o ensejo de nos aproximarmos mais dele, a envolver-nos em sua aura.

Sabíamos, no entanto, que Chico, naqueles momentos, como que procurava apagar a grandiosidade de seu espírito, ligado às Esferas Superiores, para estar fisicamente mais próximo de todos nós, em nome do amor cristão, coroando suas amizades.

A caminhada consistia em singelos procedimentos à porta das casas a serem atendidas.

Lia-se um trecho do Evangelho segundo o Espiritismo, *iluminado por um lampião do tipo `Petromax', geralmente equilibrado na cabeça de um jovem da equipe formada para esse mister.*

Depois da leitura, entremeada de ligeiros comentários, e dos diálogos do médium com elementos da família visitada, procedia-se a entrega de um farnel contendo gêneros alimentícios[84]."

Marlene Rossi também comenta sua participação semanal nessas "peregrinações": "*...distribuições de gêneros e roupas, aos mais necessitados, promovidas pela CEC,* que *se prolongavam por muitas horas, acompanhando de perto o carinho que o medianeiro dispensava aos irmãos em penúria, atendendo a todos com a mesma solicitude. Era de se ver o Chico com um chapelão de palha, percorrendo as filas imensas, distribuindo pão e conversando com os irmãos assistidos*[85]".

"*Havia um ponto de parada um pouco mais demorado, para um momento de confraternização, quando juntos entoávamos o Hino à Alegria Cristã*[86]. *As caravanas que vinham de todas as regiões do Brasil e, às vezes do exterior, juntavam-se a nós, irmãos de Uberaba, na peregrinação, e o clima era de intenso júbilo, como se estivéssemos em uma reunião festiva do mundo espiritual.*

[84]GRISI, Romeu; SESTINI, Gerson. *Inesquecível Chico*. 3ª ed. São Bernardo do Campo: Geem, 2009. cap. 6, p. 52-55.

[85]NOBRE, Marlene Rossi Severino. Não sei quando o admiro mais, se como Kardec ou Chico. *Folha Espírita*, São Paulo, junho de 1998, p. 3.

[86]Vide letra desse hino em: GALVES, Nena. *Chico Xavier*: luz em nossas vidas, de. São Paulo: CEU, 2012. Noite memorável – 18 de outubro de 1976, p. 178-179; e suas autorias em: BACCELLI, Carlos A. *100 Anos de Chico Xavier*. Uberaba: Leepp, 2010. Fenômeno Humano, p. 232.

Os irmãos de ideal de Uberaba cooperavam nas tarefas dos vários departamentos: a sopa fraterna, o enxovalzinho, a distribuição de gêneros alimentícios, roupas etc."

(...)

Por ordem de Emmanuel, tudo quanto sobrasse do caixa da CEC deveria ser distribuído aos mais carentes[87]". Em razão disso foram criados os festivais de benemerência, que ocorriam de quatro em quatro meses. Primeiro o "Festival do Livro Espírita", realizado em abril, depois o "Festival Bezerra de Menezes", em junho, e, finalmente o "Festival de Natal", no mês de dezembro[88].

O resultado disso tudo? "*Afluíam milhares de irmãos necessitados de várias regiões, que formavam numerosas e extensas filas ao redor da CEC*[89]". Além disso, cada vez mais apareciam pessoas e caravanas querendo ver ou falar com o médium, tal qual ocorria em Pedro Leopoldo, a partir dos anos 1950.

Pessoas mais próximas ao médium levavam comidas gostosas[90] e doces[91], que ele muito apreciava. Aceitava com muito carinho e gratidão todas as ofertas, considerando ainda que na infância e juventude chegou a passar fome[92]. Mas também gostava de cozinhar[93] e de servir às pessoas[94], sendo isso próprio de sua natureza. Após o desencarne de Cidália Batista, a madrasta e sua segunda mãe, tornou-se responsável pela educação de

---

[87]NOBRE, Marlene. *Chico Xavier*: meus pedaços de espelho. São Paulo: Fe. cap. 2, p. 37.

[88]Idem.

[89]Idem.

[90]DA SILVA, Raquel Marta. *Chico Xavier*: imaginário religioso e representações simbólicas no interior das Gerais - Uberaba, 1959/2001. 2002. Dissertação (Mestrado de Pós-graduação em História). Universidade Federal de Uberlândia, Uberlândia (MG). cap. 2 - 2.3, p. 134.

[91]BORGES, Renato. Chico Xavier - um homem chamado amor. *O Popular*, Goiânia, 28/3/10. Disponível em: <http://aprendizesdocaminho.blogspot.com.br/2010/03/chico-um-homem-chamado-amor.html> Acessado em: 7/1/2016.

[92]BACCELLI, Carlos A. *O Evangelho de Chico Xavier*. Votuporanga (SP): Didier, 2000. Item 7.

[93]Entrevista de Elias Barbosa a Nena Galvez. Disponível em: <http://www.youtube.com/watch?v=s44sElr0Nu4> Acesso em: 16/2/2018.

[94]MATOS, Marival Veloso. *Chico no Monte Carmelo*. Belo Horizonte: UEM, 2004. 2ª parte, A lição dos pães de queijo.

outros seis irmãos menores, com precupação ainda de prepará-los para a vida, com zelo aos deveres casa, respeito aos deveres sociais e formação moral[95].

Em determinada reunião do mês de abril, por exemplo, havia cerca de duzentas pessoas na reunião evangélica, dentre os quais "*vários confrades paulistas*[96]", alguns dos quais passaram a colaborar decisivamente com a expansão da CEC[97] – empresários e comerciantes, Entretanto, a maioria dos que o procurava era gente curiosa e necessitada, sem qualquer vínculo com o espiritismo.

Amizades extraordinárias

Logo que Chico chegou a Uberaba, a notícia se espalhou rapidamente, especialmente através do programa *Ondas de Luz*, pela Rádio Difusora e também pelo boca a boca.

Afinal de contas, o médium pedroleopoldinense era o autor de inúmeros livros recebidos pelos Espíritos, todos com enorme aceitação pelo público, como os romances e ensaios históricos de Emmanuel e os detalhes inéditos e esclarecedores sobre as realidades espirituais fornecidos por André Luiz[98], isto sem falar das obras do notável acadêmico Humberto de Campos e dos renomados poetas da literatura brasileira e portuguesa, quais Casimiro de Abreu, Castro Alves, Guerra Junqueiro, João de Deus etc.

Mas não era somente por isso que as pessoas tinham interesse e admiração por Chico Xavier. Na verdade, o que mais chamava atenção nele era a sua faculdade de ver e conversar com os Espíritos, com clareza e o

---

[95]DE CARVALHO, Antonio Cesar Perri; DE MELO; Oceano Vieira (Orgs.). *Depoimentos sobre Chico Xavier*. Brasília (DF): FEB, 2010. 2.1 - D. Cidália Xavier de Carvalho, p. 24; Depoimento de Florisbela Pereira à Folha Espírita (1977). In: HARLEY, Jhon. O Voo da Garça: Chico Xavier em Pedro Leopoldo (1910-1959). Belo Horizonte: Vinha de Luz. O nome, p. 57-58.

[96]SCHUBERT, Suely Caldas. *Testemunhos de Chico Xavier*. 4ª ed. Brasília (DF): FEB, 2010. Mudança para Uberaba, 22/4/1959.

[97]Ibidem, p. 135, nr. 135.

[98]Vide relação das obras mediúnicas de Chico Xavier. Disponível em: <http://www.vinhadeluz.com.br/site/pagina.php?id=6> Acessado em: 10/1/2016.

tempo todo, deles recebendo informações e orientações seguras e precisas sobre qualquer coisa – faculdade incomum em outros médiuns. E foi justamente em razão disso que uma viúva de poucos recursos, chamada Carmen Higino dos Reis, o procurou nos primeiros tempos da CEC. Todavia, Carmem precisou enfrentar uma fila de umas duzentas pessoas[99], levando consigo conflitos interiores e uma enorme preocupação com seu filho mais novo, Eurípedes Humberto Higino dos Reis[100], diagnosticado com meningite desde o primeiro ano de vida e necessitado de tratamento medicamentoso permanente[101].

Outro detalhe na vida desse filho, é que seu pai, José da Cruz, no ano seguinte ao nascimento dele, 1951, havia enviado uma carta a Chico Xavier contando que o nome do filho era uma homenagem ao médium curador e educador Eurípedes Barsanulfo, de Sacramento (MG), cognominado o "apóstolo da caridade", por ele ter sobrevivido, apesar das sequelas da meningite. Quanto ao sobrenome, era uma homenagem a Humberto de Campos, jornalista, escritor e acadêmico, que atuava através da mediunidade de Chico, sob o pseudônimo de Irmão X[102].

Disse ainda José da Cruz nessa carta, que ele não tinha condições de conhecer o médium, mas que a sua esposa, Carmen Higino, um dia levaria o menino até ele. Quatro anos se passaram e o esposo de Carmen acabou desencarnando, sem que a promessa tivesse sido cumprida[103]. Agora lá estava ela em Uberaba, em condições aflitivas, desejando falar com o médium, a fim de consultá-lo sobre uma possível mudança para

---

[99] HIGINO DOS REIS, Eurípedes Humberto. *Chico Xavier*: o empresário de Deus. Uberaba: Livraria FCX, 2008. Disponível em: <http://dec.org.br/documents/3_Folheto_DEC_JulSet_2009.pdf> Acessado em: 10/1/2016.

[100] Eurípedes Humberto Higino dos Reis (19/3/1950-). In: Disponível em: <http://www.andancaespirita.com/2015/06/entrevistado-do-mes-euripedes-higino.html> Acessado em 18/2/2018.

[101] HIGINO DOS REIS, Eurípedes Humberto. Uma Vida com Chico Xavier. Uberaba: Livraria FCX, 2010. p. 28.

[102] HIGINO DOS REIS, Eurípedes Humberto. *Chico Xavier*: o empresário de Deus. Uberaba: Livraria FCX, 2008. Disponível em: <http://dec.org.br/documents/3_Folheto_DEC_JulSet_2009.pdf> Acessado em: 10/1/2016.

[103] Idem.

Uberaba, cidade onde viveu no início do casamento[104]. Ela tinha dúvidas se a mudança seria ou não benéfica, para ela e para os filhos.

Carmen aguardava sua vez na fila, quando, de repente, com cerca de vinte pessoas ainda a sua frente, ouviu Chico chamá-la pelo nome, mesmo sem conhecê-la:

— *A nossa irmã de ltuiutaba, dona Carmem, faz o favor de se aproximar.*

Um tanto surpresa, Carmen obedeceu ao chamado do médium, sentindo-se então encorajada a consultá-lo sobre a mudança de cidade[105].

Mas, antes que ela dissesse alguma coisa, o médium lhe falou:

— *Eu vim* para Uberaba*, a senhora virá trabalhar conosco, nós temos uma história muito grande juntos.*

Em seguida, Chico pediu que ela não fosse embora e o aguardasse no final da reunião. Findo os trabalhos, foi logo perguntando o nome de seus filhos. Carmen citou o nome do primeiro, do segundo, até chegar o de Eurípedes, quando o médium a interrompeu:

— *Esse! Eu estava procurando há muitos anos, porque nós já tivemos muitas vidas juntos*[106]*...*

Dentre essas vidas em comum, é provável que Eurípedes tivesse sido a reencarnação de um irmão seu, falecido em 1939[107]. Esse irmão era José Xavier, braço direito do médium nos primeiros tempos de Pedro Leopoldo[108]. Depois, colocou um livro infantil nas mãos de Carmen, para que ela o entregasse a Eurípedes – na época, com oito para nove anos –, com a seguinte dedicatória: "*O Senhor é o meu Pastor, nada lhe fal-*

---

[104]Disponível em: <https://www.youtube.com/watch?v=3OqwtjlYFfc> Acessado em: 20/2/2018.

[105]Idem.

[106]Disponível em: <http://www.terra.com.br/istoegente/204/reportagens/capa_sempre_fui_para choque_chico_03.htm> Acessado em: 20/2/2018.

[107]HIGINO DOS REIS, Eurípedes Humberto. *Uma Vida com Chico Xavier*. Uberaba: Livraria FCX, 2010. p. 30.

[108]ALVES, Elifas. *Chico, as origens*. São Paulo: Aliança, 2015. O passamentodoloroso de um irmão e as recordações de Emmanuel, p. 159-162.

tará[109]*!*". A surpresa maior, no entanto, foi quando o médium convidou-a para morar em Uberaba com os filhos, prometendo dar-lhe todo o apoio.

— *Mude para Uberaba, assim como eu fiz, porque, juntos, temos muito a fazer*[110] – disse-lhe o médium.

Quanto ao menino com sequelas da meningite, Chico fez um pedido um tanto inusitado à mãe: gostaria de adotar Eurípedes como filho do coração. Ademais, ele tinha a certeza de que, com o tempo, Carmen permitiria isso, que Eurípedes fosse morar com ele[111]. Carmen concordou com tudo e o médium passou então a cuidar do menino com muito carinho e como um pai zeloso e amoroso: "*Esquentava leite, passava manteiga no pão e levava todos os dias antes* dele *dormir*[112]". De início, porém, Eurípedes viveria entre a mãe e os cuidados paternais do médium, adaptando-se todos à essa nova realidade. Enquanto trabalhava, Carmen deixava o filho com o médium[113].

Feita a mudança para Uberaba, a primeira providência de Chico foi arrumar uma atividade remunerada para Carmen, inicialmente trabalhando em sua casa[114], e com toda a família reunida sob "*seu aconchego e paz*[115]" nas dependências da CEC. Quanto a Eurípedes, embora muito criança, arrumou para ele também uma ocupação: anotar a venda de livros na livraria da CEC[116].

Assim como muitos curiosos, desejosos de conhecer a "*nova atração*

---

[109]HIGINO DOS REIS, Eurípedes Humberto. *Chico Xavier*: o empresário de Deus. Uberaba: Livraria FCX, 2008. Disponível em: <http://dec.org.br/documents/3_Folheto_DEC_JulSet_2009.pdf> Acessado em: 10/1/2016.

[110]DE CARVALHO, Antonio Cesar Perri; DE MELO; Oceano Vieira (Orgs.). *Depoimentos sobre Chico Xavier*. Brasília (DF): FEB, 2010. 3.6 - Eurípedes Higino dos Reis, p. 100.

[111]Idem.

[112]JULIANA, Lopes. Reportagem: Sempre fui o para-choque de Chico. Revista IstoÉ Gente, 30/6/2003. Disponível em: <http://www.terra.com.br/istoegente/204/reportagens/capa_sempre_fui_parachoque_chico_03.htm> Acessado em: 24/1/2016.

[113]DE CARVALHO, Antonio Cesar Perri; DE MELO; Oceano Vieira (Orgs.). *Depoimentos sobre Chico Xavier*. Brasília (DF): FEB, 2010. 3.6 - Eurípedes Higino dos Reis, p. 100.

[114]Disponível em: <http://www terra.com.br/istoegente/204/reportagens/capa_sempre_fui_para-choque_chico_03.htm> Acessado em: 22/2/2018.

[115]HIGINO DOS REIS, Eurípedes Humberto. *Uma Vida com Chico Xavier*. Uberaba: Livraria FCX, 2010. p. 30.

[116]Idem.

de Uberaba", ou o médium que "*falava com os mortos, curava doentes e adivinhava pensamentos*", duas senhoras uberabenses se dirigiram também à isolada Vila Silva Campos com o propósito de conhecê-lo. Atravessaram terrenos baldios, enfrentando mato por todo lado, pularam cercas de arame farpado e toparam com vacas soltas pelo caminho. Na época, não havia ônibus que chegasse até lá, portanto, parte do trajeto fizeram a pé[117].

A ideia de enfrentar tudo isso foi de Joventina Lourenço, que convenceu sua amiga e vizinha, Maria Olina, a fazer-lhe companhia nessa aventura. Olina aceitou, embora o assunto de receber ou contatar Espíritos fosse ainda um tabu em sua religião, o catolicismo. Além disso, Olina era uma mulher muito devota, frequentava a missa todos os dias e colaborava com as obras sociais da igreja. Em resumo, quiseram conhecer o médium por curiosidade e não por necessidade[118].

Quando lá chegaram, Chico as recebeu tão bem e com tanta naturalidade que as diferenças religiosas sequer foram percebidas. Pelo contrário, a dedicação e renúncia do médium no atendimento aos consulentes, psicografando mensagens públicas juntamente com Waldo, de elevado teor moral e espiritual, além da prática da caridade aos menos favorecidos e dos ensinamentos cristãos que espalhava, deixaram-nas encantadas.

Após a reunião, Chico serviu ainda, a elas e outros convidados, um cafezinho, mostrando o bom anfitrião que era, sempre bem-humorado e espirituoso, um exímio contador de causos, constantemente a falar de Evangelho e de Jesus[119]. Isso tudo fazia com que as pessoas ficassem magnetizadas a sua aura, por horas a fio, como se o tempo não passasse.

Em Pedro Leopoldo essas tertúlias espirituais eram iguais, com o mesmo cafezinho na casa do irmão André Xavier[120]. Tertúlias que atravessavam a madrugada, especialmente diante de amigos e convidados com algum tipo de responsabilidade espiritual. Certamente, Joventina e Olinda deveriam ser esse tipo de pessoa, do contrário não estariam ali.

---

[117]SOUTO MAIOR, Marcel. *As Vidas de Chico Xavier*. São Paulo: Planeta, 1994. A nova atração de Uberaba, p. 150.

[118]Idem.

[119]Ibidem, p. 150-152.

[120]RANIERI, R. A. *Recordações de Chico Xavier*. 2ª ed. Guaratinguetá: Edifrater, 1986. cap. 17, p. 62-65.

Quem podia ficava e quem não podia ia para casa dormir. O impressionante é que Chico nunca se desgastava. Uma força sobre-humana o mantinha, por meio de seus guias, de tal forma que ele se refazia com pouca ou nenhuma hora de sono, indo logo em seguida trabalhar[121].

Um dia, porém, animadas com as conversas de Chico, acabaram perdendo a hora e só retornaram a seus lares quando uma kombi velha, do padeiro, chegou, às 4h30 da manhã, pegando carona com ele. A questão, porém, ao menos no caso de Olina, é que ela tinha responsabilidades com os filhos e o marido[122].

Mas, daí em diante, Joventina e Olina não mais se desgrudariam do médium e das reuniões da CEC. Esta última passaria, inicialmente, a dividir o seu tempo entre a CEC e a igreja, deixando definitivamente a igreja tempos depois. Na verdade, Olina era uma mulher simples e analfabeta, na faixa dos 40, que se encontrou totalmente no ambiente da CEC, no atendimento fraterno das "peregrinações" e no serviço cristão por meio da mediunidade de Chico[123].

Tanto isso é verdade que, vendo a CEC crescer, fisicamente e no número de pessoas, ela se animou, pensando que também poderia disseminar o *Evangelho segundo o Espiritismo* em sua casa, oferecendo curso aos irmãos da vizinhança[124]. Mas Chico advertiu-a: não era hora para isso.

Por esse tempo, esteve também à procura de Chico Xavier na CEC uma mulher muito simples, Aparecida Conceição Ferreira, de 42 anos de idade, conhecida por "Aparecidinha". O carinho e o interesse em ajudá-la, antes mesmo de conhecê-la, é mais um dos infinitos casos de antevisão do médium. Avisado por seus guias, ele sabia antecipadamente de coisas extremamente pessoais e importantes que se passavam no íntimo de cada um, tratando de renovar-lhes a fé e a esperança. É o caso de "Aparecidinha", outra amizade nascente nesse ano de 1959.

---

[121]Ibidem, cap. 62, p. 168.

[122]SOUTO MAIOR, Marcel. *As Vidas de Chico Xavier*. São Paulo: Planeta, 1994. A nova atração de Uberaba, p. 152.

[123]Ibidem, p. 150-152.

[124]Ibidem, p. 154.

"Aparecidinha" era natural de Igarapava (SP) e casada com Clarimundo Emidio Martins, desde 1934, com quem teve cinco filhos. Em 1953, deixou sua cidade natal e foi morar em Nova Ponte (MG), exercendo o magistério rural. Depois, saiu de Nova Ponte para ir morar em uma chácara, na cidade de Uberaba (MG). Aí cuidava da horta e fazia muitas coisas para manter a família, inclusive a limpeza de cisternas, descendo até o fundo dos poços.

Um dia, médicos que compravam verduras dela na chácara fez-lhe um convite para ir trabalhar no setor de isolamento da Santa Casa de Misericórdia, onde lidaria com doentes contagiosos. De princípio, Aparecidinha não aceitou, mas a oferta de salário foi crescendo até que não teve mais como negar – no novo emprego ganharia dezoito vezes mais do que o marido.

Em outubro de 1958, todavia, a diretoria da Santa Casa, recém-eleita, resolveu desativar o setor onde Aparecida trabalhava, por considerá-lo "*longo e caro demais*[125]". Inconformada, a dedicada enfermeira deixou o hospital levando consigo, para a própria casa, doze dos seus doentes, todos portadores do "fogo selvagem" ou pênfigo foliáceo – doença que deixa o corpo todo em "carne viva". Em casa, enfrentou os filhos, que não concordaram com a sua atitude, receosos de suposto risco de contágio. Mas Aparecida foi firme:

"*Hoje, fico com os doentes, porque eles têm Deus e eu por eles, vocês estão crescidos e vão se virar'. Chamei todos eles para dentro, e entraram chorando. E aí os vizinhos me davam um caixote; o outro, um colchão; outro uma tábua; e eu agasalhei os doze. Fui fazer o almoço, eram três ou quatro horas da tarde. A gente estava só com o café da manhã. Enquanto fazia comida, gritava para minhas filhas esquentarem água para eles tomarem banho na lata de querosene e assim permanecemos ali por dois dias*[126]."

---

[125]Ibidem, p. 159.

[126]Disponível em: <http://ismaelgobbo.blogspot.com.br/2014/03/entrevista-por-ismael-gobbo-aparecida.html> Acessado em: 25/2/2018; In: GOBBO, Ismael. Aparecida Conceição Ferreira (Dona Cida). *Jornal Espírita*, São Paulo, set. de 1999.

No segundo dia com os doentes em casa, Aparecida recebeu a visita de diretores da Escola de Medicina e da Saúde Pública de Uberaba, que lhe arrumaram um espaço provisório, o Asilo São Vicente de Paula, onde pôde instalar os seus doentes. Entretanto, a enfermeira precisou ir morar com eles, mesmo em condições precárias; e, para isso, precisou mendigar nas ruas de Uberaba a fim de mantê-los.

Em 1959, o número de doentes sob os seus cuidados já havia quadruplicado – 43[127], no total –, assim como as necessidades de mantê-los. Viviam improvisadamente em colchões pelo chão, faltando roupas e alimentos.

Um dia, uma de suas pacientes apresentou um quadro obsessivo-espiritual que ela não sabia como lidar, uma vez que nada sabia de espiritismo, além da rejeição que tinha pelo mesmo. Já "*fazia quinze dias que ela* – a paciente – *não dormia e nem deixava ninguém dormir*[128]". Foi quando ouviu falar de Chico Xavier.

"*Um acadêmico de Medicina, Aldroaldo, me convidou para levar a doente ao Chico. Eu disse* (Aparecida)*: `Sou católica, não queria ser espírita, porque tinha comigo que para servir a Deus não precisava mudar de seita, em qualquer delas se pode servir´. Então, o Aldroaldo apareceu com uma `chimbica´ junto com outro estudante. A doente queria saltar pela janela, a colocamos no meio. Chegamos lá no Chico, o quarto era pequeno e estava repleto de gente. O Chico estava de pé, escrevendo. Mas eu não vi o Chico, eu vi o Castro Alves*[129]*. Nem me lembrei que Castro Alves tinha morrido. Falei: `Que Chico, que nada, é Castro Alves, com cabelo `à la garçon´, grisalho´. Por fim, eu disse: `Vamos embora, vamos embora´. Na volta, a doente veio moderada, entrou* no *carro sozinha e dormiu a noite toda*[130]*...*"

A enfermeira voltou para os seus doentes sem ter conhecido ou falado

[127]BUENO, Izabel. *Uma Vida de Amor e Caridade*. Belo Horizonte: Fonte Viva. cap. 5.

[128]Idem.

[129]Poeta baiano, parnasiano e abolicionista, de expressão nacional, que viveu de 1847 a 1871.

[130]Disponível em: <http://ismaelgobbo.blogspot.com.br/2014/03/entrevista-por-ismael-gobbo-aparecida.html> Acessado em: 26/2/2018; In: GOBBO, Ismael. Aparecida Conceição Ferreira (Dona Cida). *Jornal Espírita*, São Paulo, set. de 1999.

com o médium. Mas, no dia seguinte, ela teve uma enorme surpresa: recebeu, por intérmedio de Chico, no Asilo, "*lençóis, fronhas, pijamas, toalhas de rosto e de banho*[131]", para todos os seus pacientes, mais "*três vestidos e um par de sapatos*[132]", para ela mesma. Ficou perplexa. Como ele teria feito isso, e nem sequer a conhecia ou tinham se visto na reunião do dia anterior? Como teria advinhado que ela não tinha trocas de roupa e andava descalça? E como teria adivinhado o número do seu sapato?

A surpresa, todavia, não ficou apenas aí. Na mesma semana, Chico esteve pessoalmente no Asilo, em visita a Aparecida e seus pacientes. Nesse dia, ela matutava como haveria de ajuntar um dinheirinho para pagar doze cruzeiros do óleo de cozinha, quando o médium pôs em suas mãos um envelope com trezentos cruzeiros[133]. Não sabia o que dizer nem explicar tudo aquilo que estava acontecendo. Chico era uma "bênção dos céus", disso não tinha dúvidas, ainda que rejeitasse o espiritismo.

Desde então, passou a receber dele todo o amparo possível. Sempre, nas horas mais difíceis, Chico aparecia, de surpresa, levando à enfermeira missionária recursos inesperados, obtidos por meio de benfeitores, a fim de ajudá-la a suprir suas carências e amparar seus doentes[134].

Em maio, uma caravana paulista com aproximadamente vinte pessoas, conduzidas por Spartaco Ghilardi, médium e amigo de Chico Xavier desde 1954, e Américo Montagnini, presidente da Feesp, chegou a Uberaba em visita ao médium. Entre os seus integrantes havia um casal, Encarnação Blasquez (a Nena) e Francisco Galves[135], felizes e emocionados de estarem ali, frente a frente, com o médium dos livros de "*páginas tão belas*[136]" e cheias de ensinamentos, que lhes vinha causando vivo interesse.

---

[131]SOUTO MAIOR, Marcel. *As Vidas de Chico Xavier*. São Paulo: Planeta, 1994. A nova Atração de Uberaba, p. 159.

[132]Idem.

[133]Disponível em: <http://ismaelgobbo.blogspot.com.br/2014/03/entrevista-por-ismael-gobbo-aparecida.html> Acessado em: 26/2/2018; In: GOBBO, Ismael. Aparecida Conceição Ferreira (Dona Cida). *Jornal Espírita*, São Paulo, set. de 1999.

[134]Vide o livro *Uma Vida de Amor e Caridade* (Fonte Viva, 1992), de Izabel Bueno.

[135]GALVES, Nena. *Chico Xavier*: luz em nossas vidas. São Paulo: CEU, 2010. Noite memorável – 18 de outubro de 1976, p. 178-179.

[136]GERMINHASI, Rubens Silvio. *Luz Bendita*. São Paulo: Ideal, 1977. Encarnação Blasquez Galves, p. 112.

Para os Galves, a curiosidade de conhecer o médium era muito grande, porém uma coisa deixava-os intrigados: a familiaridade com que Chico os tratava. Francisco, por exemplo, chegou a pensar que ia morrer, falando à esposa: "*Nena, acho que vou morrer muito em breve, pois Chico dispensou-me tanto carinho, carinho esse que eu nada fiz por merecer*".

Mas durante a peregrinação, o primeiro contato que tiveram com a mediunidade de efeitos físicos do médium fez com que compreendessem que estavam mesmo "*diante de... um homem* que, embora com a *visão* comprometida, mostrava *as belezas de um mundo melhor, um homem que sem ter a beleza de um Apolo, parecia belo, muito belo, porque fez com que* eles passassem *a ver as belezas do mundo terrestre, aquelas que quando se sofre não se consegue vislumbrar.*

Nena conta como foi essa experiência: "Eu *vinha de uma vida diferente* (de festas, compromissos sociais...)... *E o Chico sempre quando chegava a essas casas* (de assistidos, na peregrinação)*, ele oferecia um copo de água, um café, pra amenizar e fazer o ambiente, pra que as pessoas pudessem sentir o... sofrimento e dor* que as acometia.

Numa..., assim que... adentrei... nela, vi que a higiene não era lá aquilo que eu conhecia. Então, a dona da casa trouxe uma bandeja com vários copinhos de água. Aí imediatamente o meu pensamento voou: De onde será que provinha essa água? Será que o copo está limpo? Chico não disse nada. Felizmente não recusei a água. Mas ao ele me oferecer o copo... borbulhou e ficou leitoso. A água ficou borbulhando e com um perfume que a casa, o casebre ficou todo perfumado e eu também.

Eu bebi aquela água e o milagre aconteceu. Foi realmente da fonte viva... Eu buscava, naquele tempo, um *milagre, mas não daquela maneira...* E ele realmente *foi grande..., para que eu sentisse o que é o milagre da fé*[137]".

Nena sentiu-se "*nesse dia, mais esposa, mais mãe, mais filha. Um ser que renascia diante de um pai espiritual que* acabou *de reencontrar, enfim*[138]".

---

[137] Entrevista de Nena Galves no programa Variedades (TV Mundial de Espiritismo). In: https://www.youtube.com/watch?v=wdoi0c59n6Y. Acessado em: 27/2/2018.

[138] GALVES, Nena. *Até sempre Chico Xavier*. São Paulo: CEU, 2009. cap. 2, p. 20.

Houve *uma atração imensa, uma afeição mútua, e quando Chico Xavier tomou as mãos de Galves e as* de Nena *e as beijou,* tiveram então *a certeza de que estas mãos já deveriam ter estado unidas num passado distante; foi como uma volta a tempos longínquos e um despertar* no *presente.*

O casal voltou *para São Paulo transbordando de alegria e, desde essa data,* acrescentaram a seu *álbum de família mais uma fotografia,* a de Chico Xavier, *pois a família Galves sentia-se enriquecida com este espírito de escol que a ela se* integrara *de forma tão sutil*[139]". Após isso, passaram também a visitar o médium regularmente em Uberaba[140].

O "insight" de Marlene

Em razão disso tudo, o que Chico representava como pessoa e como médium, a quem o conheceu, no passado e no presente, e os que o viriam ainda a conhecê-lo, no futuro, em razão de suas obras mediúnicas (de Emmanuel, André Luiz, Irmão X, Irmão Jacó etc, obras verdadeiramente revolucionárias, instrutivas e complementares às da codificação kardequiana), em razão da constância do seu trabalho espiritual incansável e de sua dedicação amorosa aos mais necessitados e menos favorecidos, eram unânimes em afirmar que ele era uma pessoa humilde e pura, uma boa alma de atitudes genuinamente cristãs.

Além disso, revelou Marlene Rossi que "*muitos dos companheiros de Uberaba e de outras regiões, que conviviam conosco tomando parte* dessas *reuniões dos primeiros tempos da CEC, tinham certeza de que* ele *era Allan Kardec* (reencarnado). E citou alguns nomes desses companheiros que assim pensava: *Corina Novelino, Maria da Cruz e Heigorina Cunha,* de Sacramento, *Isabel Bueno, Dora Vilela, Lygia Alonso Andrade, Cleuza e Weimar Muniz de Oliveira, Gabriel, Jarbas Leone Varanda, Eurípedes Tahan Vieira e eu mesma, da turma de Uberaba.*

---

139 GERMINHASI, Rubens Silvio. *Luz Bendita*. São Paulo: Ideal, 1977. Encarnação Blasquez Galves, p. 113.

140 GALVES, Nena. *Até sempre Chico Xavier*. São Paulo: CEU, 2009. cap. 2, p. 20.

"Vou descrever o fato que vivi e que não posso transferir a ninguém – continuou Marlene. *Além de tecer comentários no transcorrer das reuniões da Comunhão Espírita Cristã, eu tinha a função de permanecer ao lado do Chico, enquanto ele atendia à enorme fila de consulentes, antes do início, às 20 horas, das tarefas psicográficas, com a finalidade de intervir, toda vez que um e outro irmão demorava-se mais tempo, dificultando o andamento das tarefas. Certa vez, em uma noite de 1959, nós estávamos na sede da CEC, já construída àquela época, a fila prosseguia, normalmente, quando Chico me chamou. Nesse momento tive um `insight´, algo inexplicável pelos sentidos comuns: voltei-me para responder-lhe e não o vi. Era Allan Kardec que eu via e, com naturalidade, respondi-lhe: — Professor! — O que o senhor deseja?! Se não disse exatamente isso, foi algo assim. Em questão de segundos o ambiente de Uberaba havia desaparecido e eu parecia reviver uma cena do século passado. Fiquei encabulada, ao despertar daquele estado alterado de consciência, que durou alguns segundos. Chico não me disse nada, sorriu muito, vendo meu embaraço. Também nada comentei, lembro-me apenas que repeti a palavra professor.*

...Certa vez, após os trabalhos da CEC, estávamos no cafezinho, alguns companheiros de Uberaba e visitantes de outras cidades, quando o Chico contou-nos detalhes acerca do período de obsessão vivido por sua irmã, Maria Pena Xavier, e que o levou ao Espiritismo, aos 17 anos. Disse o médium que o Espírito obsessor afirmava categoricamente: `Eu odeio a família de Allan Kardec´, repetindo a frase muitas vezes. Ora, nesta existência, o estudo da obra de Allan Kardec nunca fez parte da vida da família de Chico, muito pelo contrário, todos eram muito católicos, sendo a primeira vez que tomavam conhecimento dela. Tudo indica que esse Espírito acompanhava a vida da família há muito tempo[141]."

Naturalmente que ninguém ousaria dizer isto naquela época, sobretudo por que o movimento espírita brasileiro estava ainda em formação, a formação de uma cultura kardecista e cristã, e das próprias obras psicografadas por meio do médium pedroleopoldinense. Qualquer atitude

[141]NOBRE, Marlene Rossi Severino. Não sei quando o admiro mais, se como Kardec ou Chico. *Folha Espírita*, junho de 1998, p. 3.

nesse sentido equivaleria criar uma verdadeira guerra religiosa no meio espírita, comprometendo assim todo o trabalho espiritual do medianeiro e de Emmanuel, que estava em escalada ascendente e conduzida com muita sabedoria e cautela. Marlene e as pessoas que assim pensavam, portanto, permaneceram caladas.

Embora Marlene Rossi tenha mencionado anteriormente que a sede CEC estava construída, a verdade é que a mesma permaneceria crescendo, tanto fisicamente quanto ao seu número de assistidos e frequentadores.

Questões a serem enfrentadas

Porém, se tudo ia bem no trabalho espiritual e assistencial em Uberaba, intimamente o médium atravessava um dilema: a moradia dividida com Waldo, em propriedade da CEC. Sua preocupação era a de não pensarem que o fato dele aí estar instalado representasse qualquer dependência sua em relação à instituição. O próprio médium explica isso com suas palavras:

"*(...) Restituo-te a nota do nosso Indalício*[142]*. Não verdade que eu pretenda morar em qualquer de nossas Instituições doutrinárias. Isso equivaleria dizer que eu, junto delas, iria prestar serviço o que, no momento presente de minhas forças, não poderia prometer, de vez que enquanto for essa a vontade do Alto, não pretendo afastar-me da tarefa mediúnica e, devendo essa ser livre, é justo que eu viva fora de nossas instituições beneficentes. Tudo estou fazendo para fixar-me aqui em definitivo e espero que o Senhor me atenda a esse desejo e necessidade. Desse modo, se souberes que me recolhi a essa ou aquela casa espírita de socorro, podes estar certo de que estarei me sentindo extremamente mal de saúde e com perspectiva de desencarnação. E digo-te isso porque sei que há pessoas pagas ou com promessas de pagamento para me responsabilizarem por falsas declarações contra a obra de Emmanuel e de nossos demais Benfeitores Espirituais, em meu provável leito de morte. Não podendo me sufocar em meu estado de lucidez, certos setores de*

[142]Indalício Mendes (1901-1987) – secretário de *Reformador*, órgão de divulgação da FEB.

nossos adversários vigiam meus passos e preciso precaver-me contra qualquer intromissão deles, no caso de cair em enfermidade grave. Nessa hipótese, já me entendi com o nosso caro Waldo e com outros confrades uberabenses, no sentido de me internarem nalgum instituto espírita de confiança, se eu tombar fisicamente de um instante para outro, de modo a manter-me a salvo dos que, nos últimos anos, me movem silenciosa perseguição, sem tréguas. Até que isso aconteça, se for essa a Vontade do Senhor, pretendo continuar, como até aqui, em liberdade para atender aos nossos Benfeitores Espirituais, vivendo de meu salário que, graças a Deus, dá para as minhas necessidades naturais[143]."

Outro acontecimento que deixou o médium bastante preocupado também esse ano foi com o jovem e entusiasta orador espírita baiano, Divaldo Pereira Franco, cuja amizade vinha desde 1948, quando esteve em Pedro Leopoldo a fim de conhecê-lo. Pelo menos duas vezes no ano ele aí retornava, hospedando-se na casa de Chico e compartilhando de sua amizade. Um ano depois, evidentemente inspirado em seu trabalho espiritual, começou a exercitar também a psicografia[144].

A admiração de Chico por Divaldo era permanente, especialmente devido a sua perseverança no bem[145]. A obra social que fundara em Salvador (BA), em 1952, juntamente com seu primo Nilson de Souza Pereira, a Mansão do Caminho, era o maior exemplo disso[146]. Essa obra atendia inicialmente crianças carentes; depois, passou a atender também adolescentes e adultos da comunidade local. Metade da área para a edificação da mesma, de 55.000 m², Divaldo conseguia por meio de doações dos irmãos

---

[143]SCHUBERT, Suely Caldas. *Testemunhos de Chico Xavier*. 4ª ed. Brasília (DF): FEB, 2010. Mudança para Uberaba, 22/4/1959.

[144]ALVES, Elifas. *Chico, as origens*. São Paulo: Aliança, 2015. Materializações com Peixotinho, irmão Jacob, unificação espírita e pe. Manuel da Nóbrega, p. 286; Novas amizades, novos trabalhos e materializações com Chico, p. 343.

[145]XAVIER, F. C./Espíritos diversos. *Encontros no Tempo*. Araras (SP): IDE, 1979. Deus, Evolução e Vida, item 18. In: ELIZABETH, Márcia. Entrevista com Chico Xavier. Jornal *Goiás Espírita*, Goiania, março de 1979.

[146]Disponível em: <https://pt.wikipedia.org/wiki/Mans%C3%A3o_do_Caminho> Acessado em: 4/3/2018.

paulistas, especialmente quando realizava palestras na Feesp, desde os anos 1950, ajudando também a manter os serviços prestados pela instituição[147].

Confirmando, então, essa estima por ele, Chico recebeu "*um prefácio para o* seu *primeiro livro mediúnico, que* Divaldo *propunha lançar, através da FEB. O prefácio veio da parte do nosso André Luiz* – disse Chico –, *estimulando-o ao trabalho, naturalmente. De minha parte* – continuou –, *agi tão confiante, que não cheguei a conhecer o texto, texto esse que não hesitava endossar com todo o meu coração.*

Chegado o livro à FEB, sei que amigos da nossa mais alta instituição espírita do Brasil o aconselharam a desistir da publicação, até que a mediunidade dele produzisse algo mais original, de acordo com a elevada posição de orador espírita que ele desfruta, com merecimento justificado, em nosso meio. Alegavam nossos amigos no Rio e isso com ele próprio, Divaldo, que o livro recebido por ele era profundamente semelhante aos de André Luiz[148]".

Naturalmente, a atitude tomada pela FEB foi um tanto judiciosa, e buscava proteger tanto Chico quanto as obras de André Luiz. Chico, por sua vez, compreendeu e concordou com os amigos da FEB que o ensaio editorial do amigo baiano – de autor desconhecido, mas com linguagem semelhante à de André Luiz – poderia sim causar cismas na cabeça das pessoas e eventualmente estimular críticas dos persistentes detratores do espiritismo, mesmo tendo recebido ele o prefácio de André Luiz. Aliás, o próprio Chico, tão logo se deu conta da gravidade do caso, esteve com Waldo no Rio de Janeiro, na sede da FEB, para tratar do caso e impedir que o livro de Divaldo ganhasse impressão[149].

Depois desse ocorrido, Waldo, Dalva Borges e o pessoal da CEC, visivelmente contrariados, não mais permitiram que Divaldo se aproximasse de Chico, e vice-versa. Até que o tribuno baiano tentou fazê-lo, visitando o médium na CEC, mas foi barrado[150].

---

[147]Disponível em: <https://www.youtube.com/watch?v=xVL8wuxzjzQ> Acessado em: 4/3/2018.

[148]BACCELLI, Carlos A. *100 Anos de Chico Xavier*. Uberaba: Leepp, 2010. A carta de 1962, p. 273.

[149]DA SILVA, Raquel Marta. *Chico Xavier*: imaginário religioso e representações simbólicas no interior das Gerais - Uberaba, 1959/2001. 2002. Dissertação (Mestrado de Pós-graduação em História). Universidade Federal de Uberlândia, Uberlândia (MG). cap. 2 - 2.3, p. 147.

[150]Ibidem, p. 146-148.

O médium pedroleopoldinense, todavia, não se pronunciou publicamente a respeito do caso, certamente para não botar mais lenha na fogueira e causar problemas entre os companheiros da CEC. A própria FEB rejeitara, em 1937, uma obra mediúnica de Chico, *Emmanuel*, tendo depois voltado atrás[151], assim como Emmanuel excluíra mensagem do irmão X, no passado, considerando-a inadequada para publicação[152]. Segurou também por cinco anos o lançamento de *Reportagens de Além-túmulo*, do mesmo autor, até que o seu conteúdo se ajustasse aos fins da espiritualidade superior[153]. São os ossos do ofício.

O prof. Fausto de Vitto, frequentador da CEC, foi um dos únicos a discordar da maneira com que o caso de Divaldo se tornou público. Defendia que os dois médiuns poderiam sim ter uma espécie de sintonia, produzindo obras semelhantes. Além disso, ambos eram profundamente dedicados à doutrina e realizavam trabalho social de grande porte. A opinião do prof. De Vitto, no entanto, provocou profundo mal-estar a Waldo, Dalva e outros companheiros, a ponto de ele precisar deixar a CEC[154].

Para Chico, entretanto, independentemente de qualquer coisa, sua maior alegria era servir a todos, seguindo o enunciado de Jesus: "*O filho do homem não veio ao mundo para ser servido e sim para servir*[155]". Quanto ao resultado esperado pelos consulentes, resposta a seus questionamentos, isso não dependia dele. Certa feita, um pai aflito lhe perguntou por que não recebia notícias de sua filha. O médium respondeu: "Não depende de mim, meu irmão; *o telefone toca de lá pra cá e não daqui pra lá*[156]".

---

[151] ALVES, Elifas. *Chico, as origens*. São Paulo: Aliança, 2015. A disciplina dos livros na Fazenda Modelo e o caso do livro Emmanuel, p. 155-157.

[152] RANIERI, R. A. *Recordações de Chico Xavier*. Guaratinguetá: Edifrater, 1976. cap. 65, p. 178.

[153] XAVIER, F. C./Emmanuel; JOVIANO, Wanda Amorim (Org.). *Deus Conosco*. Belo Horizonte: Vinha de Luz, 2007. A revelação espiritual é como uma fonte, p. 138-139.

[154] DA SILVA, Raquel Marta. *Chico Xavier*: imaginário religioso e representações simbólicas no interior das Gerais - Uberaba, 1959/2001. 2002. Dissertação (Mestrado de Pós-graduação em História). Universidade Federal de Uberlândia, Uberlândia (MG). cap. 2 - 2.3, p. 146-148.

[155] MATOS, Marival Veloso. *Chico no Monte Carmelo*. Belo Horizonte: UEM, 2004. 2ª parte, A lição dos pães de queijo.

[156] GERMINHASI, Rubens Silvio. *Luz Bendita*. São Paulo: Ideal, 1977. Daisy Andrade Pastor Almeida, p. 79.

Sim, a doutrina dos Espíritos ensina que o contato com os entes queridos depende de elementos diversos: buscas ao desencarnado, saber onde se encontra e em que condições se está no mundo espiritual; questões emocionais, doenças espirituais, demora em adaptar-se à nova realidade e outras coisas mais, que impedem o intercâmbio. É necessário ainda a autorização dos tutores espirituais, que zelam pelo equilíbrio e a segurança do tutelado, levando em consideração o mérito da questão.

De qualquer forma, existem pessoas que não se conformam com negativas ou demoras, tanto na vida como nas comunicações do além. A esse respeito, Chico desabafou com o amigo Wantuil de Freitas, então presidente da FEB, em novembro de 1957, dizendo ter sofrido agressões em razão disso:

"*Muitos amigos nossos têm trazido aqui pessoas de alta condição social como se eu as tivesse convidado para receber mensagens desse ou daquele parente desencarnado e como as mensagens não vêm com facilidade, na maioria das vezes, o resultado para todos nós é o desapontamento e a mágoa maior. De semelhantes iniciativas, que nunca promovi, tenho colhido lições amargas, inclusive a de ter apanhado bofetões no rosto, por quatro vezes diversas, nestes meus trinta anos de mediunidade ativa, agressões essas que partem de pessoas naturalmente obsidiadas ou enfermas, para as quais não pude receber a palavra de afeições queridas do Além. Assim julgo, de vez que, se não estivessem doentes, teriam tido outro procedimento, porquanto nunca chamei qualquer pessoa a* Pedro Leopoldo *e de todas as que já vieram nunca pedi favor algum, nem mesmo o da compreensão.*

Creio seja melhor aconselharmos ao... entregar o amigo a que ele se refere a Nosso Senhor Jesus Cristo, por intermédio da oração silenciosa, pois só Jesus pode interferir num caso assim em que o enfermo espiritual está premiado por tantos dotes de inteligência e recursos materiais.

Que Deus nos proteja e abençoe a todos e nos ajude a ver o nosso irmão de São Paulo procurando a Doutrina Espírita, como qualquer um de nós, sem ser por ela cortejado, o que lhe agravaria os problemas de ordem moral[157]*.*"

---

[157]SCHUBERT, Suely Caldas. *Testemunhos de Chico Xavier*. 4ª ed. Brasília (DF): FEB, 2010. Bofetões no rosto, 25/11/1957.

Diferenças que não atrapalham

Apesar dos trabalhos públicos de Chico na CEC serem praticamente os mesmos de Pedro Leopoldo, havia a perspectiva de eles crescerem amplamente. Aliás, mesmo com o reinício de trabalho na terra do boi Zebu, de certa forma isso já vinha acontecendo. Era só ver a enorme demanda da população local à procura do médium e também visitantes de outras localidades, especialmente cidades do estado de São Paulo, que tinham facilidade de deslocamento rodoviário na época.

Isso exigia naturalmente mais apoio e proteção a Chico, como cita Marlene Rossi, que tinha a tarefa de intervir junto aos consulentes, a fim de que eles não atrapalhassem o andamento da fila:

"*Instruiu-me para que eu solicitasse aos consulentes, que porventura se demorassem na conversa com ele, para que se apressassem um pouco mais, tendo em vista a exiguidade do tempo e a quantidade de pessoas a serem atendidas. Para isso, eu deveria chegar antes das 19 horas, justamente no início do atendimento, e não deveria me esquecer de tocar sutilmente as pessoas, quando precisava dar o alerta... A nossa querida amiga, Sônia Vilela, irmã de Dora e filha de tia Elith Vilela, sobrinha de Euripedes Barsanulfo, ficava também do meu lado, auxiliando-nos quando necessário*[158]".

As entrevistas aos consulentes eram realizadas nas reuniões públicas. Excepcionalmente, o médium atendia amigos e convidados em qualquer lugar no interior de sua residência, inclusive no próprio quarto de dormir, onde havia duas camas, a dele e a de Waldo[159]. Em Pedro Leopoldo, as coisas também eram assim: Chico sempre procurado, até mesmo caçado, dentro e fora de casa, no trabalho e onde estivesse[160].

Quanto a Waldo, ele atendia mediunicamente nos receituários e

---

[158]NOBRE, Marlene Rossi Severino. *Chico Xavier*: meus pedaços de espelho. 2ª ed. São Paulo: Fe, 2015. cap. 1, p. 20.

[159]DA SILVA, Raquel Marta. *Chico Xavier*: imaginário religioso e representações simbólicas no interior das Gerais - Uberaba, 1959/2001. 2002. Dissertação (Mestrado de Pós-graduação em História). Universidade Federal de Uberlândia, Uberlândia (MG). cap. 2 - 2.3, p. 133, nr. 130; Também conforme depoimento do casal Cláudio e Tereza Camargo Pinto, na época.

[160]RANIERI, R. A. *Recordações de Chico Xavier*. 2ª ed. Guaratinguetá: Edifrater, 1986. cap. 38, p. 101-103.

também no atendimento a consulentes. Evidentemente, não com a mesma intensidade de Chico, porque ainda estudava e cursava medicina, mas com a mesma dedicação. Apesar de muito jovem – tinha então 27 anos –, suas responsabilidades eram enormes, e cumpria ainda o papel de líder nas atividades da CEC, mesmo Dalva sendo a presidente.

Entre Chico e Waldo, além da diferença de idade, havia diferenças de personalidade e de pensamento, mas nada que atrapalhasse a amizade entre ambos e o andamento dos trabalhos. Por exemplo, como médico Waldo defendia veementemente a alimentação carnívora, enquanto que Chico não era tão fanático assim por carne. Em Pedro Leopoldo, Ranieri já o tinha visto "esquecer" um bife na beirada do prato, sem que ninguém percebesse. Mas, muito provavelmente, isso teria ocorrido quando ele atuava como médium de materialização, nos idos de 1952 e 1953[161], uma vez que os próprios Espíritos recomendavam abstinência de carne, tanto por parte dos médiuns quanto dos assistentes e frequentadores, pelo menos nos dias de sessão[162]. Já em Uberaba, certamente por influência de Waldo, Chico passou a defender a alimentação carnívora, devido a importância da vitamina B12 – exclusiva da carne e produtos de derivação animal[163].

Como todos sabem, Chico era uma pessoa dócil, humilde e bastante apegado aos bichos – sempre teve bichos aos seus cuidados, chegando a ponto, inclusive, de proteger formigas e insetos, para que ninguém os matasse[164]. E formigas e insetos é que não faltavam na Vila Silva Campos, por causa dos terrenos baldios e do mato. Cães e gatos, contudo, eram comumente os animais de estimação do médium[165].

Dizia-se até que ele tinha a capacidade de "falar" ou se corresponder vibratoriamente com os animais, de modo que os mesmos pareciam

---

[161] RANIERI, R. A. *Recordações de Chico Xavier*. Guaratinguetá: Edifrater, 1976. cap. 74, p. 192-193.

[162] RANIERI, R. A. *Materializações Luminosas*. 3ª ed. São Paulo: Feesp, 1989. Última parte, cap. VI, p. 237-238.

[163] CUIN, João. *Chico Xavier*: amor e sabedoria. São Paulo: DPL, 2006. cap. 21, p. 69.

[164] DA SILVEIRA, Adelino. *Chico, de Francisco*. São Paulo: CEU, 1987. Chico Xavier e as formigas subversivas; SOUTO MAIOR, Marcel. *As Vidas de Chico Xavier*. São Paulo: Planeta, 1994. Os mortos estão vivos, p. 166-167.

[165] Vide o livro *Chico Xavier*: o amigo dos animais, de Carlos A. Baccelli (Leepp, 2008).

entendê-lo, tal qual fazem os tratadores de animais. Waldo, no entanto, considerava isso tudo uma bobagem, sentimentalismo puro, buscando dar cabo mesmo dos pequenos invasores[166].

Um acontecimento que se deu por essa época, por exemplo, foi um exército de saúvas que invadiu sua casa e começou a destruir as roseiras que havia plantado. Waldo, então, prometeu acabar com elas, utilizando veneno. Chico pediu um tempo a ele, afinal o terreno era também delas, antes mesmo de estarem ali. Um dia antes, porém, do parceiro de mediunidade e médico agir contra as saúvas, o pedroleopoldinense advertiu-as de que não voltassem mais ali, pois seriam todas dizimadas. Para surpresa geral, "*quase todas foram embora, mas as que voltaram,* falou sorrindo, essas *eram `subversivas, coitadas*[167]*!"´*. Morreram mesmo envenenadas.

Ao contrário do pedroleopoldinense, Waldo era "*extremamente detalhista*[168]" e ansioso, além de muito crítico e intelectual. Mas foi graças a essa personalidade e ao seu caráter empreendedor que a CEC nasceu. Assim como o médium pedroleopoldinense, era também bastante disciplinado e dedicado aos trabalhos espirituais. Por isso, Chico o estimava e o incentivava também a manter um bom relacionamento com a FEB, em razão dos livros que viria a produzir[169].

Em 1º de novembro de1959, Chico esteve na inauguração do Lar de Eurípedes (Barsanulfo), dirigido por Corina Novelino, em Sacramento (MG), cidade onde esse benfeitor dos necessitados, médium notável e divulgador do espiritismo no Brasil, viveu e desencarnou, em 1918[170].

---

[166]SOUTO MAIOR, Marcel. *As Vidas de Chico Xavier*. São Paulo: Planeta, 1994. Os mortos estão vivos, p. 166-167.

[167]BACCELLI, Carlos A. *Chico Xavier*: o amigo dos animais. Uberaba (MG): Leep, 2008. As Formigas `subversivas´.

[168]HAYGERT, Aroldo Murá G. *Vozes do Paraná*: retrato de paranaenses 2. Curitiba (PR): Convivium, 2009. Waldo Vieira, p. 10.

[169]SCHUBERT, Suely Caldas. *Testemunhos de Chico Xavier*. 4ª ed. Brasília (DF): FEB, 2010. Esperança no novo companheiro, 16/9/1957.

[170]NOVELINO, Corina. *Eurídepes*: o homem e a missão. Araras (SP): IDE. O Lar de Eurípedes, p. 249-254.

Corina era prima de Thomaz Novelino[171], médico, educador e empreendedor, que estudou e foi educado por Eurípedes na escola por ele fundada, o Colégio Allan Kardec[172].

Continuidade da parceria mediúnica

No capítulo "O despertar da produção literária mediúnica em Uberaba", transcrevemos a primeira mensagem de Chico por Emmanuel, no dia de sua chegada à cidade, a qual se destinava à composição do seu próximo livro. As demais mensagens viriam ao longo do ano, nas reuniões públicas da CEC, sendo que a última delas aconteceu na reunião pública do dia 21 de dezembro de 1959. O título escolhido para esse livro foi *Religião dos Espíritos*. Conforme palavras de Emmanuel, o conteúdo do mesmo resulta no "*simples comentário em torno da substância religiosa de* O Livro dos Espíritos*, em cujo texto fixou Allan Kardec a definição da Nova Luz*[173]".

Nos últimos meses do primeiro semestre desse ano, provavelmente, Chico e Waldo se colocaram à disposição para receberem mais uma obra de André Luiz, cujo título seria *Mecanismos da Mediunidade*. No início de agosto, o livro já estava pronto[174], evidenciando aspectos fenomenais da mediunidade de ambos os médiuns, apresentando abordagens científicas no campo da física e analogias entre o magnetismo de sólidos e o magnetismo mental. Assim como o livro *Evolução em Dois Mundos* exige do leitor acentuados conhecimentos de biologia, *Mecanismos da Mediunidade* pede conhecimentos elementares no campo da física quântica e do eletromagnetismo.

A recepção desse livro se deu às terças e quintas-feiras, quando Chico e Waldo se recolhiam em casa, para o serviço de psicografia com

---

[171]BACCELLI, Carlos A. *Chico Xavier*: a reencarnação de Allan Kardec. Uberaba: Leepp, 2005. Chico Xavier e Corina Novelino, p. 41.

[172]Disponível em: <https://desmanipulador.blogspot.com/2012/10/biografia-tomas-novelinoeducador.html> Acessado em: 9/3/2018.

[173]XAVIER, F. C./Emmanuel. *Religião dos Espíritos*. Rio de Janeiro: FEB, 1960. Religião dos Espíritos (mensagem de abertura).
Religião dos Espíritos (FEB).

[174]Vide introdução de André Luiz, "Ante a Mediunidade", no livro *Mecanismos da Mediunidade* (FEB)

temas específicos[175]. Em *Mecanismos* Chico recebeu o primeiro prefácio ("Mediunidade"), por Emmanuel, e os capítulos pares; Waldo recebeu o segundo prefácio ("Ante a mediunidade"), por André Luiz, e os capítulos ímpares. Nem é preciso dizer ao leitor que essas duas obras, *Evolução* e *Mecanismos*, estavam muito além da formação escolar do médium pedroleopoldinense, que só cursara o antigo primário ou até o 4º ano do ensino fundamental.

Como dissemos, Wantuil de Freitas, presidente da FEB e editor responsável, reclamara da linguagem excessivamente técnica do *Evolução em Dois Mundos*. Com *Mecanismos da Mediunidade*, a coisa não foi diferente. Chico, compreendendo as dificuldades desse seu editor, pediu então a Wantuil que ele adiasse o lançamento do *Mecanismos* para o ano seguinte (1960). Nesse meio tempo intermediaria, junto aos Espíritos, a recepção de outro livro em uma linguagem mais popular[176].

E assim foi. Num curto espaço de tempo, Chico psicografou *Evangelho em Casa*, de Meimei. Escrito numa linguagem simples, esse livro fala sobre a organização e a importância do culto do Evangelho no lar. Emmanuel assevera na introdução desse livro: "*Higiene externa pode não incluir a pureza dos pensamentos*, assim como o *estômago farto nem sempre é conforto do Espírito*. Também, *carinho, em muitas circunstâncias, exprime apego sem amor*, ao mesmo tempo que *segurança financeira não é* sinônimo *de fortaleza intrínseca*". Em resumo: "*Bem-estar, muita vez, é provisória ilusão*[177]". *Evangelho em Casa* foi finalizado em outubro de 1959.

Na sequência, Waldo e Chico psicografariam *A Vida Escreve*, igualmente escrito numa linguagem fácil, bem humorada e com pitadas de ironia, pelo novo colaborador espiritual Hilário Silva. Esta obra apresenta inúmeros causos que acontecem, corriqueiramente, nas casas espíritas e entre os espíritas. Assim se expressou Hilário no prefácio desse livro:

---

[175]BARBOSA, Elias. *No Mundo de Chico Xavier*. Araras (SP): IDE, 1967. cap. 9, p. 104.

[176]SCHUBERT, Suely Caldas. *Testemunhos de Chico Xavier*. 4ª ed. Brasília (DF): FEB, 2010. Mecanismos da Mediunidade. – O estilo de Emmanuel, 23/9/1959.

[177]XAVIER, F. C./Meimei. *Evangelho em Casa*. Rio de Janeiro: FEB, 1960. Introdução.

"*Sim, a vida escreve em toda parte aquilo que pensamos.*

O caderno em branco chama-se Tempo.

E nós somos autores de todos os capítulos que se desenrolam por fatos vivos, no livro da Eternidade.

Aqui, a tragédia assombra.

Ali, o drama chora. Além, a comédia ri.

Adiante, o poema envela.

Anota, desse modo, aquilo que desejas, de vez que a vida expressa tudo quanto queremos.

Contadora divina, soma os atos, subtrai influências, multiplica valores, divide compromissos e dá-nos a equação de tudo quanto é hoje, a fim de que saibamos o que seja Destino, para nós, amanhã[178]."

A recepção de *A Vida Escreve*, provavelmente, teria sido iniciada em novembro e finalizada no início de fevereiro do ano seguinte.

Como dissemos, a psicografia desses livros, com temas específicos, não aconteciam nas reuniões públicas, e, sim, na intimidade do lar, às terças e quintas-feiras. Além disso, Chico ia à casa de Elias Barbosa, todas as terças-feiras, para trocar ideias com ele, relacionadas aos novos livros mediúnicos e outros assuntos[179]. A simplicidade de Elias fez dele muito próximo ao médium e um amigo sincero e fiel. Chico depositava nele inteira confiança.

Também o auxiliava em sua empreitada mediúnica, dando-lhe suporte na recepção e organização das mensagens públicas, das correspondências e outras tarefas de apoio, favorecendo evidentemente a missão do livro, o casal Weaker e Zilda Batista, igualmente amigos sinceros e fiéis. Nessa época, Zilda o auxiliava pouco, por ter filhos ainda pequenos[180], mas mesmo assim era bastante dedicada, especialmente à

---

[178]XAVIER, F. C./SILVA, Hilário. *A Vida Escreve*. Rio de Janeiro: FEB, 1960. Introdução.

[179]Disponível em: <https://www.youtube.com/watch?v=ui4YUOxqjBc>; <http://radioboanova.com.br/artigos/depoimento-dr-elias-barbosa-sobre-chico-xavier/> Acessados em: 11/3/2018.

[180]NOBRE, Marlene Rossi Severino. *Chico Xavier*: meus pedaços de espelho. 2ª ed. São Paulo: Fe, 2015. cap. 37, p. 295-299.

tarefa de trocar as folhas que o médium psicografava publicamente[181]. A história desse casal é curiosa, pois vieram a Uberaba para receber orientação de Chico a respeito da mediunidade de Zilda, mas decidiram ficar e mudarem-se para Uberaba, para ficarem junto ao médium[182].

Felizes amizades e repercussão em cadeia de novos trabalhos

A mudança para Uberaba foi realmente boa para Chico, no que diz respeito a sua saúde – pelo menos não reclamava mais dela – e também no que diz respeito às amizades, que se multiplicaram. Haja vista a lista de nomes mencionados por Marlene Rossi anteriormente.

É preciso lembrar ainda que a cidade de Uberaba ficava próximo à divisa do maior e mais desenvolvido estado do país, o estado de São Paulo. Isso evidentemente passou a ser um facilitador ao deslocamento de caravanas paulistas. Tanto assim que nomes como José Gonçalves e esposa, Luiza Miranda, Joaquim Alves, Wallace Leal Rodrigues, Romeu Grisi e esposa, Hilda Sestini, mais o cunhado Gerson Sestini, Rolando Ramacciotti e o filho Caio Ramacciotti, Spartaco e Zita Ghilardi, Mario Sortino e esposa, Hercilia Gallo, mais o filho Dorival Sortino, Lauro Michielin e esposa, Aparecida Crepscki, Inayá Ferraz de Lacerda, Hernani Guimarães Andrade, e muitos outros, continuaram visitando o médium com relativa frequência. Isso sem falar de amigos de outros estados como, por exemplo, Ramiro Gama, o casal Lauro e Daisy Pastor Almeida e Suzana Mouzinho, do Rio de Janeiro. Além disso não faltava o apoio e sustentação de inúmeros companheiros da própria Uberaba, como o jovem Jarbas Leone Varanda, que tinha ideias empreendedoras em termos de divulgação doutrinária[183].

---

[181] Vide foto de Zilda auxiliando o médium em atividade pública, na Suíte fotográfica 4, ft. 64.

[182] NOBRE, Marlene Rossi Severino. *Chico Xavier*: meus pedaços de espelho. 2ª ed. São Paulo: Fe, 2015. cap. 37, p. 295.

[183] Disponível em: <http://www.ameuberaba.org.br/artigos/bibliografia/jarbas-leone-varanda> Acessado em: 13/3/2018.

As mensagens e orientações espirituais recebidas pelo médium Chico Xavier eram sempre muito específicas e transformadoras. Mas tinha uma coisa que impressionava muito também as pessoas: era o fato de ele chamá-las pelo nome ou apelido, mesmo sem conhecê-las, dizendo coisas que somente a própria pessoa era capaz de saber em sua intimidade. E, às vezes, nem ela mesma sabia; era preciso confirmar a informação depois. É o caso, por exemplo, de Romeu Grisi, que ocorreu por essa época:

"*Certa feita, ...o confrade Farid Mussi, de São José do Rio Preto (SP), encontrava-se na fila,* na *Comunhão Espírita Cristã, esperando a sua vez. E, quando esta chegou, Chico disse-lhe: `Encontra-se ao seu lado uma entidade que deseja agradecer-lhe os favores através de uma prece. Diz ela chamar-se Maura de Araujo Javarini, tendo vivido e desencarnado em São José do Rio Preto em 1932´. No momento o senhor Farid não se lembrou de ter prestado qualquer auxílio que merecesse tal agradecimento. No dia seguinte, o senhor Farid rememorando essa ocorrência, veio-lhe na lembrança de que em tempos idos, passando por uma padaria, situada nas proximidades do Tatwa – Círculo Esotérico da Comunhão do Pensamento –, ...teve notícia de que a esposa do padeiro se suicidara. Nessa ocasião não era espírita, mas sim secretário do referido Tatwa, e, condoído da infelicidade dessa senhora, tirou do bolso um caderninho de anotações e nele anotou o nome de Maura Araujo Javarini, dirigindo-se ao Círculo Esotérico do Pensamento, uma vez que a reunião da noite estava prestes a se realizar*[184]."

Também deixando as pessoas surpresas e extasiadas o súbito cheiro de perfume, misturado com éter, que exalava da água fluidificada, do café e do próprio ar na presença de Chico, durante as atividades espirituais e assistenciais. Além do caso de Encarnação Galves (Nena Galves), já citado, não seria demais afirmar que praticamente todos que o conheceram ou tiveram acesso mais de perto a ele apreciaram esse tipo de fenômeno, extremamente comum a sua mediunidade.

Daisy Pastor Almeida, que o conheceu em 1952, na companhia do esposo, Lauro Pastor, conta o seguinte:

---

[184]GERMINHASI, Rubens Silvio. *Luz Bendita*. São Paulo: Ideal, 1977. Romeu Grisi, p. 42-43.

"*Assisti em Uberaba, na Comunhão Espírita Cristã, uma senhora pedir ao Chico que fluidificasse a sua garrafa com água. Ele observou que ela poderia levar sua garrafa à sala de passes, onde irmãos nossos estavam realizando esse trabalho. Ela, porém, informou que já haviam terminados os trabalhos e insistiu, delicadamente, que ele o fizesse. Chico colocou as mãos sobre a garrafa aberta e todos nós assistimos a água tomar uma coloração leitosa e, no mesmo instante, suave perfume de rosas invadiu o ambiente e foi sentido por todos os presentes, extasiados.*"

Eu e meu esposo, ...por várias vezes, fomos agraciados em receber do médium lenços ensopados de perfume, que perduravam por muito tempo. A água fluída a mesma coisa, seu perfume modificava-se dentro das necessidades de cada um.

Lembro-me de uma reunião em Pedro Leopoldo onde todos nós recebemos uma espécie de "chuvinha miuda" de perfume, para tratamentos de irmãos presentes, e, no final, fortíssimo cheiro de éter. Maravilhoso[185]."

A experiência de Inayá de Lacerda com a mediunidade de efeitos físicos de Chico é ainda mais impressionante:

"*Os encontros de Pedro Leopoldo e* também *de Uberaba... terminavam no avançar da noite, em reunião íntima com outros médiuns, nas quais nossa amada Scheilla (incorporada em Chico), materializava flores como biscuit, cruzes com dizeres, colares e mantilhas de renda finíssimas, todos esses objetos iluminados e transparentes, impregnados de substâncias curadoras, com finalidade de tratamento, razão pela qual o grupo era bastante reduzido. No final recebíamos presentes de flores, conchas e pedras transportadas de longe. Carlos Augusto* (seu filho desencarnado) *perfumava, encharcando-os, os lenços de todos os presentes e falava com cada um. O encerramento, pela nossa Scheilla, era sempre uma prece linda e comovedora que nos emocionava até as lágrimas*[186]."

Mas, o fenômeno mais comum mesmo, que causava admiração e emocionava a todos, eram as cartas-mensagens de entes queridos desencarnados, recebidas pelo médium Chico Xavier nas reuniões públicas, e

[185]Ibidem, Daisy Andrade Pastor Almeida, p. 79.

[186]Ibidem, Inayá Ferraz de Lacerda, p. 121-122.

dirigidas aos que aqui ficaram, sofrendo e lamentando a dor da partida desses. Essas cartas-mensagens eram recebidas espontaneamente e à vista do público.

Embora Chico fosse muito conhecido, tendo já psicografado inúmeros livros e mensagens de figuras públicas famosas – poetas, escritores, historiadores, homens de ciência, políticos etc –, desde a publicação de *Parnaso de Além Túmulo* (1932), somente em 1951 veio a lume *Páginas do Coração*[187], o primeiro livro que reunia cartas de um ente querido desencarnado, no caso o Espírito Candoca, dirigidas a seu esposo Ricardo Knrich (encarnado).

Daisy Pastor Almeida conta sua experiênciada dessa época:

"*Ainda em Pedro Leopoldo, em casa de André, irmão de Chico, recebíamos pela sua abençoadas mãos, uma linda e comovente carta de meu pai, onde confirmava nas suas primeiras linhas a caligrafia dele*[188]."

E fala também da expectiva de as pessoas ouvirem o médium falar:

"*Sempre que tenho a feliz oportunidade de estar junto ao Chico, observo que, enquanto o médium palestra com alguns irmãos, outros ficam a escutá-lo atentamente, bebendo-lhe a palavra. É comum, então, ouvir-se dizer: `Você prestou atenção ao que ele disse?´. `Respondeu à pergunta que lhe fiz mentalmente´. Outros comentam impressionados: `A carapuça veio para mim´. Perfeita. Como pode? Ele captou meu pensamento*[189]*!...*

Finalmente,

"*As lições chegam, na conversa amiga, como mensagens diretas a quantos necessitam delas. Outras vezes, em visita ao querido amigo em Uberaba, encontrei-me com grande número de pais aflitos, desesperados, em busca de notícias dos filhos queridos, que deixaram a vida, quase todos ainda jovens. Observe-se que nem todos são espíritas. Há casos de pessoas sem crença que foram levadas por amigos e por misericórdia*

[187]ALVES, Elifas. *Chico, as origens*. São Paulo: Aliança, 2015. Primeiro livro de mensagens de entes queridos, p. 324-326.

[188]Ibidem, Inayá Ferraz de Lacerda, p. 121-122.

[189]GERMINHASI, Rubens Silvio. *Luz Bendita*. São Paulo: Ideal, 1977. Daisy Andrade Pastor Almeida, p. 78-79.

de Deus, recebem suas mensagens e saem banhadas de pranto, consoladas, impressionadas mesmo com a autenticidade dos nomes, dos fatos relatados pelos comunicantes. É a prova da sobrevivência do Espírito e de sua comunicação com os encarnados[190]."

Outra coisa importante, que não deve ser esquecida, é o fato de que todos que o conheciam acabavam nele se inspirando para fundar novas instituições espíritas com serviços espirituais e de assistência social, ou, pelo menos, tornarem-se colaboradores em alguma delas. Isso evidentemente era o efeito multiplicador de sua obra. Além disso, muitos caravaneiros passavam a ser ponte de contato a fim de que outras pessoas também pudessem conhecê-lo.

Por exemplo, Romeu Grisi tornara-se ponte de contato entre Chico e moradores de Votuporanga e região[191]. Isso sem falar das tantas caravanas, que, aliás, o próprio Romeo fora integrante de uma delas, quando visitara o médium em Pedro Leopoldo, pela primeira vez, em 1948 – a caravana do prof. Romeu de Campos Vergal[192].

Chico era assim um bem, sustentado pelos Espíritos superiores, que atraía pessoas voltadas ao bem, para fazer e espalharem somente o bem. Não havia sequer um amigo dele que não participasse, dirigisse ou houvesse fundado um trabalho espiritual e assistencial parecido ao seu, fosse onde fosse.

Falando ainda desses amigos, normalmente os mesmos recebiam mensagens de incentivo e orientações regulares do médium, na condução de suas obras e centros espíritas fundados, aqui e ali – orientações de como geri-las, quem era o mentor espiritual delas e outros tipos de instruções.

Entre tantos casos assim, destacamos aqui a do então diretor do departamento de assistência social da Feesp, José Gonçalves, para a melhoraria dos serviços assistenciais dessa instituição, no ano de 1959:

José Gonçalves conhecera Chico Xavier em 1951, quando da visita

---

[190]Idem.

[191]Ibidem, Romeu Grisi, p. 42.

[192]Ibidem, Romeu Grisi, p. 40.

de Pietro Ubaldi ao médium, na cidade de Pedro Leopoldo[193]. Desde então, nunca mais deixou de visitá-lo, recebendo, por meio de seus guias, inúmeras orientações e incentivo para prosseguir com firmeza e determinação nas tarefas assumidas.

Exemplos dessas orientações são as campanhas "Auta de Souza", que arrecadava alimentos nos bairros paulistas (extensão da "campanha do quilo", de iniciativa de Ninpho Correa, na Feesp), para distribuição posterior à população carente, e a campanha "Os Mensageiros", que distribuía mensagens mediúnicas recebidas pelo médium, em conjunto com a campanha "Auta de Souza" – ambas iniciadas em abril de 1953[194].

José Gonçalves participou também de sessões de materialização, na companhia do colega de Gessy Lever[195] e de trabalhos espirituais e assistenciais na Feesp, Joaquim Alves, onde chegou a falar com a sua falecida mãe (materializada),[196] através da mediunidade de Chico Xavier. Isso aconteceu em 1952. No ano seguinte, Emmanuel resolveu extinguir essa atividade mediúnica na vida de Chico, para priorizar a sua "missão do livro[197]". De fato, as materializações, apesar de serem uma prova inequívoca da sobrevivência do Espírito, era para poucos e deixava os médiuns extremamente extenuados fisicamente, após as sessões, devido à doação de ectoplasma[198]. Já os livros difundem ensinamentos a muitos, e são para sempre.

---

[193]ALVES, Elifas. *Chico, as origens*. São Paulo: Aliança, 2015. Visita de um missionário italiano e mudança de chefia, p. 328.

[194]Ibidem, Novas amizades, novos trabalhos e materializações com Chico, p. 354.

[195]José Gonçalves (1904-1989) foi diretor comercial da Gessy Lever do Brasil (empresa multinacional), por duas décadas, até a sua aposentadoria, em 1964; Joaquim Alves (1911-1985), o Jô, foi diretor de arte desta empresa e capista em diversas publicações espíritas.

[196]Ibidem, p. 345-346.

[197]ALVES, Elifas. *Chico, as origens*. São Paulo: Aliança, 2015. Novas amizades, novos trabalhos e materializações com Chico, p. 358-359.

[198]Ectoplasma: matéria amorfa e protoplásmica que flui pelos *"poros e, com mais abundância, pelos orifícios naturais, particularmente da boca, das narinas e dos ouvidos, com elevada percentagem a exteriorizar-se igualmente do tórax e das extremidades dos dedos"* do médium de efeitos físicos, durante a materialização de Espíritos, coisas ou objetos. A este respeito, consultar o capítulo 28, Efeitos físicos, no livro *Nos Domínios da Mediunidade* (FEB, 1955).

Eis algumas respostas de Emmanuel dada a José Gonçalves, ainda em Pedro Leopoldo, mas durante a transição de Chico para Uberaba (perguntas referentes à falta de espaço físico e outras dificuldades na execução de suas tarefas na Feesp[199], objetivando à construção de uma Casa Transitória, onde pudesse atender um número mais elevado de famílias carentes – cerca de 700[200]):

"P — *O Departamento de Assistência Social, embora de pequena proporção, vem procurando dar desempenho ao seu programa, mas considerando as necessidades atuais, solicita de nossos Irmãos Maiores orientação e conselho:*

Deve limitar-se ao que existe, dando mais expansão?

Emmanuel — *Meu caro Gonçalves, muita paz. `Dai e dar-se-vos-á´ – este é o ensinamento. Dilatemos a caridade para com os nossos semelhantes e a caridade do Senhor acrescentar-nos-á os recursos.*

(...)

P — *Deve limitar-se ao número de assistidos atuais, melhorando a assistência individual?*

Emmanuel — *Quanto mais possamos aprimorar a qualidade individual do auxílio, mais prosperidade comparecerá ao nosso esforço, entendendo-se, porém, que devemos somar com inteligência os recursos em mãos, diminuir as dificuldades existentes e multiplicar os testemunhos de aplicação com Jesus para dividir com eficiência os talentos que o Alto nos confiou, pelo maior número dos nossos companheiros de luta e elevação.*

P — *Convém ampliar a assistência social, criando novos meios como Casa Transitória, para auxílio de urgência, escola para os menores, creches etc.?*

---

[199] Disponível em: <http://www.cairbar.com.br/grupo/pagina-15-jpereira.htm> Acessado em: 17/3/2018.

[200] PEREIRA, Miguel. *Casa Transitória "Fabiano de Cristo"*: Berço da vivência do amor ao próximo – Álbum histórico 1949-1989. São Paulo: Sedac, 2000. Apresentação, p. 2.

Emmanuel — *Uma Casa Transitória de auxílio fraternal para nós representa, acima de tudo, um templo de refazimento e uma oficina de reajuste. Não será o albergue especializado num tipo exclusivo de socorro, mas sim um lar de grandes dimensões espirituais, onde todas as dores e necessidades encontrem eco e onde cada irmão de tarefa, como peça adequada à máquina de serviço, encontre recursos de entrosamento, com a harmonia possível, na obra de assistência transitória que persistirá durante os dias indispensáveis à restauração dos companheiros necessitados de saúde, rumo ao trabalho ou recuperação íntima, seguindo os moldes evangélicos que nos recomendam `amemos aos semelhantes como o Senhor nos amou'.*

P — *Estamos pensando em criar núcleos de assistência nos bairros, buscando cooperação dos centros espíritas e filiados. É esta a melhor forma de expansão?*

Emmanuel — *Criar uma cooperação mais avançada em nossos núcleos de fé viva deve ser para nós todos sadio programa de trabalho a cumprir, sob a inspiração do Senhor. Admitimos que a colaboração fraternal é o maior fator de expansão do Infinito Bem*[201]."

Depois dessas orientações de Emmanuel, José Gonçalves foi ao encalço de ampliar o espaço físico da assistência social da Feesp, buscando um local em que pudesse materializar a sua tão sonhada Casa Transitória. Outras mensagens dos amigos espirituais, através da mediunidade de Chico, o incentivaria também a atingir esse e outros objetivos[202].

Nesse ano de 1959 ainda, ele conseguiu o desejado intento, recebendo do então governador do estado de São Paulo, Jânio Quadros, a doação de um terreno de 44.000 m^2[203]. O mesmo se localizava no bairro do Belenzinho, na capital paulista[204], atendendo os requisitos de uma grande obra em vista.

---

[201]Ibidem, década de 1950, p. 4.

[202]Vide o livro *Doações de amor*: Vida e obra de José Gonçalves Pereira, de Miguel Pereira (Geem, 1992).

[203]Disponível em: <http://wikimapia.org/7270661/pt/Casa-Transit%C3%B3ria-Fabiano-de-Cristo> Acessado em: 18/3/2018.

[204]Ibidem, Apresentação, p. 2.

Entretanto, havia muitos charcos no local, tornando a obra financeiramente inviável[205]. Enquanto pensava no que fazer, recebeu um comunicado de que o empresário Sebastião Camargo Correa já havia feito a terraplenagem e o serviço de aterro dos charcos, deixando o terreno pronto para a execução da obra. Na verdade, ele apenas havia solicitado um orçamento ao empresário, não tinha como pagar o serviço.

— *Gonçalves, quando o senhor esteve aqui pela primeira vez* – disse Sebastião Camargo Correa –, *apresentou-me o projeto de uma obra de assistência social. Eu gostei da ideia, e estou executando a minha parte, depois o senhor faça a sua*[206]... Ou seja, fez o serviço gratuitamente.

Depois disso, Gonçalves instituiu diversas campanhas para arrecadar fundos e arrebanhou mutirão de voluntários para levantar a obra. Ele próprio "carregava *carrinhos com areia ou* abria *buracos com escavadeiras, participando ativamente dos trabalhos*[207]".

---

[205]PEREIRA, Miguel. *Casa Transitória "Fabiano de Cristo"*: Berço da vivência do amor ao próximo – Álbum histórico 1949-1989. São Paulo: Sedac, 2000. Terreno doado pelo governador Jânio Quadros, p. 9.

[206]PEREIRA, Miguel. Vide o livro *Doações de amor*: Vida e obra de José Gonçalves Pereira. São Paulo: Geem, 1992. A inesperada ajuda, p. 57.

[207]Ibidem, Início da obras, p. 63.

Os anos 1960

Os anos 1960 foi uma década de muitas transformações, marcada por contrariedades e rebeldias, contrárias ao rigor das convenções sociais e ao convencionalismo, com ainda resquícios de dogmatisco religioso e científico. Essa realidade social, aliás, foi que deu origem aos movimentos de contracultura e o movimento hyppie.

O Brasil, por sua vez, atravessou momentos críticos no campo da política e das relações sociais, enquanto que no mundo crescia o consumismo e o revanchismo entre EUA e União Soviétia – a chamada "guerra fria".

Quanto à Igreja Católica Apostólica Romana, esta resolveu convocar o Concílio Vaticano II, no final de 1961, para reflexões internas. O objetivo era saber como andava a relação dessa instituição milenar com os seus fiéis, estabelecendo regras rígidas à conduta religiosa.

Indiferentemente a isso tudo, contudo, as pessoas buscavam Chico Xavier em Uberaba, a fim de resolverem seus conflitos pessoais, recebendo dele orientações e consolo através das mensagens de entes queridos desencarnados, além de ampliarem o seu conhecimento espiritual sobre a vida *pós-mortem*.

Dessa forma, a responsabilidade pública do médium pedroleopoldinense se tornava cada vez maior, assim como seus compromissos espirituais.

O médium realizou ainda, nos anos de 1965 e 1966, viagens ao estrangeiro, com a finalidade de expandir o espiritismo cristão praticado no Brasil.

Chico também foi bastante requisitado pelas diversas mídias, recebendo justas homenagens pelos seus 40 anos de mediunidade, em 1967. No final dessa década, o médium chegou ao centésimo livro, programado pela espiritualidade, e obteve seu primeiro título de cidadania, por Uberaba.

9. Eurípedes Vieira, Chico, Dalva, Waldo e Elias Barbosa

10. Assistidos da CEC

11. De boina, com visitantes

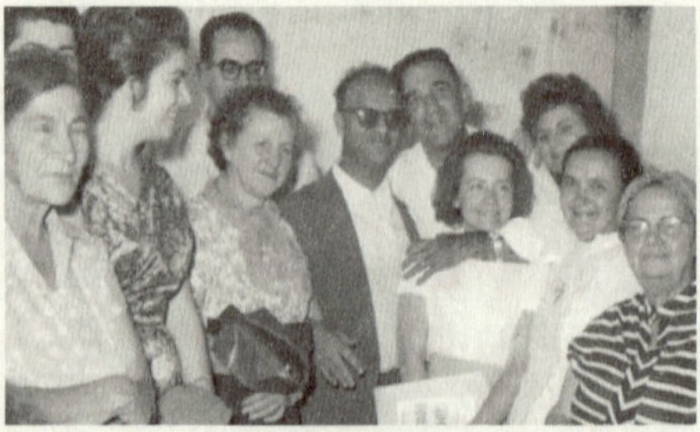

12. Recepcionando visitantes em casa

13. Na Peregrinação da CEC

14. Chico e Dalva na Peregrinação

15. Fila de atendimento em torno da CEC

16. Festival do livro na CEC

Suíte fotográfica 3

17. Frequentadores e visitantes na Peregrinação da CEC

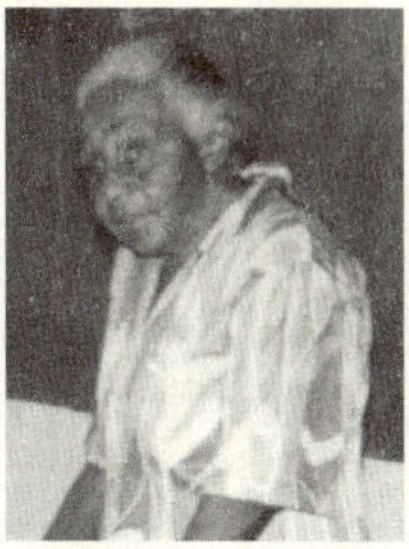

18. Aparecida do Pênfico

19. Ranieri com Chico

20. Chico, casal Galves, Waldo, Sylvio e Nair

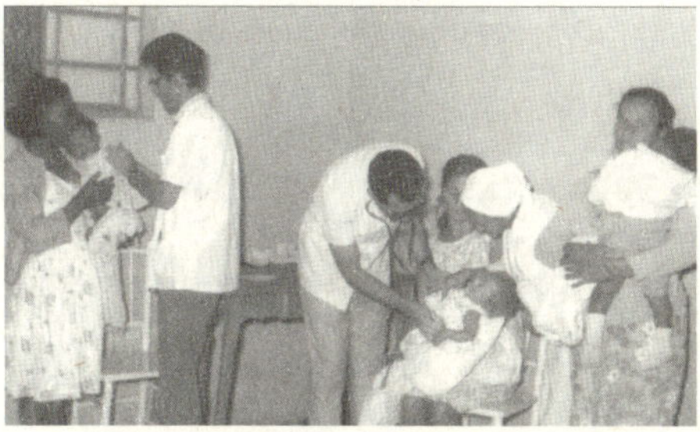

21. Dr. Madeira e dr. Waldo atendendo no ambulatório da CEC

22. José Gonçalves e Chico Xavier, em Uberaba

23. Conversando com frequentadores da CEC

24. CEC em construção

25. Chico com confrades do Ide na Cec, 1963

26.Cec em expansão.
Prédio do Lar Espírita André Luiz

27. Exposição Espírita Permanente na CEC - 1

28. Exposição Espírita Permanente na CEC - 2

29. Material de construção para obras da CEC

30. Sopa fraterna na CEC

31. Capa de *O Cruzeiro*: 1 fev. de 1964

32. Chico, irmã Josefa e Wanda Marlene

33. Waldo e irmã Josefa materializada

34. Salomão Haddad, Chico, Waldo e Lauro Michielin

35. Waldo, Salomão Haddad e Chico - Santos, 1964

36. Waldo, Jorge Rizzini e Chico, 1964

37. Chico, Nena e Francisco, 1965

38. Herculano Pires, Waldo e Chico, 1965

39. Chico, Freitas, Marlene e Waldo, 1965

40. Chico no aeroporto de Congonhas, 1965

41. Chico e Waldo, próximos do embarque

42. Waldo, Chico e Haddad - Nova Iorque, 1965

43. Jorge Rizzini e Chico Xavier no Cemitério de Nova Yorque, 1965

44. Chico e Waldo no túmulo de Kardec - Cemitério Père-Lachaise, Paris, 1965

45. Chico e Saulo Gomes, 1968

46. Lar Espírita André Luiz, 1968

A Comunhão em obras e a multiplicidade de atividades

Em Pedro Leopoldo, Chico sofrera inúmeras hostilidades e perseguições por parte de autoridades católicas, típicas em pequenas cidades do interior, que vivam sob o domínio da Igreja e o rigor do clero – apesar da amizade, compreensão e assistência bondosa que sempre recebera do padre Sebastião Scarzelli, até os 17 anos[208], quando então decidiu se tornar espírita. Haja vista, os casos do Padre Júlio Maria[209], nos anos 1930, e do padre Sinfrônio[210], nos anos 1950.

Em Uberaba, todavia, cidade de grande influência católica[211], essas hostilidades não aconteceram, por contar esta com "*uma comunidade profundamente humana e imensamente compreensiva, onde os católicos, os evangélicos, espíritas e os materialistas conseguem viver em paz uns com os outros com grande respeito mútuo e a maioria de todos eles, interessados no benefício do próximo*[212]", conforme palavras do próprio Chico.

Outra razão para isso seria o fato de Uberaba abrigar, na época, a mais famosas das exposições pecuárias da América latina, no Parque Fernando Costa, que foi inaugurado em 1941[213]. Tratava-se, portanto, de uma cidade hospitaleira, que recebia muita gente de fora, devido aos negócios da pecuária e às exposições de gado, com uma população que chegava a ser quase seis vezes superior à de Pedro Leopoldo[214].

A quantidade de centros e casas espíritas quando Chico chegou

---

[208]ALVES, Elifas. *Chico, as origens*. São Paulo: Aliança, 2015. Dos 5 aos 16 – Incompreensão e sofrimentos, p. 64-65.

[209]Ibidem, O impacto do Parnaso, p. 107-108.

[210]Ibidem, Novas amizades, novos trabalhos e materializações com Chico, p. 337.

[211]XAVIER, F. C./Emmanuel. *Encontros no Tempo*. Araras (SP): IDE, 1979. Temas palpitantes, itens 79, 80 e 81.

[212]Idem.

[213]Disponível em: <https://biblioteca.ibge.gov.br/index.php/biblioteca-catalogo?id=444299&view=detalhes> Acesso em: 21/3/2018.

[214]Valor estimativo, tomando-se por base dados populacionais do censo de 2010, segundo o IBGE.

a Uberaba eram vinte e dois. Com a fundação da CEC, no ano anterior, esse número subiu para vinte e três, com a possibilidade de crescimento devido à presença do médium pedroleopoldinense na cidade[215].

No ano de 1960, as obras na CEC iam sendo finalizadas: a cozinha social[216]; o galpão onde se realizava a sopa fraterna, diariamente[217], e o atendimento (assistência) aos mais necessitados – em sua maioria gente pobre da região –, com o armazenamento de gêneros alimentícios, roupas, material escolar de crianças e enxovais de bebês, tudo doado por irmãos de ideal, locais e visitantes. A distribuição de gêneros alimentícios, como já foi dito, se realizava durante as peregrinações; o salão de reuniões; a sala de passes e a livraria[218], além do consultório para atendimento médico gratuito[219].

A sopa fraterna ficara ao encargo de dona Enoy de Jesus, com o sr. Walter cuidando da disciplina[220], e o consultório médico sob o encargo do dr. Madeira (José da Silva Madeira). O grupo de desobsessão era composto pelo Chico, Elias Barbosa, Dalva Borges, o casal Weaker e Zilda Batista, Otoniel Fontoura e Elza, Hélia Borges Nery e dr. Hernani, Lázaro Gonçalves e Diná, dr. Madeira, Agnelo e Jair Arantes, que presidia as sessões[221]. Eventualmente, era permitida a presença de visitantes na desobsessão, como é o caso do casal Galves, de São Paulo, que visitava o médium regularmente[222].

---

[215]DA SILVA, Raquel Marta. *Chico Xavier*: imaginário religioso e representações simbólicas no interior das Gerais - Uberaba , 1959/2001. Dissertação (Mestrado de Pós-graduação em História). Universidade Federal de Uberlândia, Uberlândia (MG). Anexo 03 – Localização dos Centros Espíritas de São Paulo, p. 260.

[216]Ibidem, cap. 2 - 2.3, p. 136.

[217]CUIN, João. *Chico Xavier*: amor e sabedoria. São Paulo: DPL, 2006. cap. 19, p. 64.

[218]NOBRE, Marlene Rossi Severino. *Chico Xavier*: meus pedaços de espelho. 2ª ed. São Paulo: Fe, 2015. cap. 2, p. 36-37.

[219]DA SILVA, Raquel Marta. *Chico Xavier*: imaginário religioso e representações simbólicas no interior das Gerais - Uberaba , 1959/2001. Dissertação (Mestrado de Pós-graduação em História). Universidade Federal de Uberlândia, Uberlândia (MG). cap. 2 - 2.3, p. 133-135.

[220]CUIN, João. *Chico Xavier*: amor e sabedoria. São Paulo: DPL, 2006. cap. 31, p. 92.

[221]Ibidem, A luta nos bastidores da CEC, cap. 2, p. 18.

[222]GALVES, Nena. *Até sempre Chico Xavier*. São Paulo: CEU, 2009. cap. 2, p. 20-21.

No final das reuniões de desobsessão, a exemplo do que fez Arnaldo Rocha no Grupo Espírita Meimei, em Pedro Leopoldo, nos anos 1950, resultando na publicação do livro *Instruções Psicofônicas* (FEB, 1956), eram realizadas gravações dos benfeitores espirituais, pela psicofonia de Chico[223]. "*O Chico recebia Espíritos perturbados, necessitados de esclarecimentos, nas mesmas condições dos demais médiuns, e nunca...* assumia *atitudes estranhas durante as passividades que dava, como movimentos bruscos, contorções, batimentos de mãos nas mesas, sapateamentos, altear a voz ou proferir palavras que sequer de leve ferissem o decoro e decência do ambiente*[224]." Aliás, esta era a característica de sua mediunidade, característica também dos médiuns educados e conscientes, que sabem manter "as rédeas" sobre qualquer tipo de manifestação[225].

A expansão da casa e suas edificações, ainda que muito simples e de telhado sem forro, precisou ser murada[226], para maior proteção do patrimônio e devido ao afluxo crescente de pessoas, entrando na casa do milhar. A medida, por sua vez, beneficiava Chico Xavier e impedia o livre acesso das pessoas que insistiam em querer falar com ele, em qualquer lugar e a qualquer momento[227]. Na verdade, esse tipo de assédio era comum também em Pedro Leopoldo[228].

O sr. Agnelo, por exemplo, tinha a função de "*antes de qualquer movimento adentrar o recinto dos trabalhos,* verificar *se de fato não havia pessoas por perto, esperando para* apanhar *de surpresa, entrar e ir direto em direção ao Chico, importunando-o e tumultuando as atividades... Nem conversação* podia-se *ter, porque, do contrário, ouvindo vozes, pessoas de fora começavam a chamar pelo Chico. E algumas insistiam, chamando e erguendo-se sobre o muro...*

---

[223]ALVES, Elifas. *Chico, as origens*. São Paulo: Aliança, 2015. Novas amizades, novos trabalhos e materializações com Chico, p. 363.

[224]CUIN, João. *Chico Xavier*: amor e sabedoria. São Paulo: DPL, 2006. cap. 3, p. 22.

[225]Vide o livro *Desobsessão*, de F. C. Xavier e Waldo Vieira, pelo Espírito André Luiz (FEB, 1964). caps. 42-43, Atitudes do médiuns 1-2; 45-50, Educação mediúnica 1-5.

[226]NOBRE, Marlene Rossi Severino. *Chico Xavier*: meus pedaços de espelho. 2ª ed. São Paulo: Fe, 2015. Primeiros tempos da CEC, p. 36.

[227]CUIN, João. *Chico Xavier*: amor e sabedoria. São Paulo: DPL, 2006. cap. 2, p. 19-20; GRISI, Romeu; SESTINI, Gerson. Inesquecível Chico. 3ª ed. São Bernardo do Campo: Geem, 2009. Apresentação, p. 18.

[228]Vide o livro *Chico, as origens*, de Elifas Alves (Aliança, 2015).

Na hora da saída, mantinha-se a mesma precaução, a fim de um ou outro, achando o portão destrancado, ganhasse o interior, incomodando o Chico, que, aliás, terminada a sessão e eventuais conversas, saía rápido, direto para o seu quartinho, pela porta dos fundos.

...O próprio Chico... pedia que fossem *mais enérgicos,* frustando *qualquer tentativa, não permitindo que " a bomba estourasse nas suas mãos ", porque, depois que a pessoa conseguisse ganhar o interior, chegando até ele, aí não havia mais jeito, e o tempo e sossego dele ficavam comprometidos*[229]."

Para se ter uma ideia de quão grande era esse afluxo de pessoas à CEC na época, tanto de assistidos como de visitantes, Chico e Waldo psicografavam cerca de "*seiscentas receitas a cada reunião*[230]", além das mensagens dos mentores espirituais. Enquanto entravam em atividade mediúnica pública, palestrantes convidados, locais de fora, teciam comentários em torno de "*20 a 30 minutos sobre as lições da noite*". Também, as "peregrinações" seguiam sendo a marca registrada do médium pedroleopoldinense, uma verdadeira aula de cristandade a céu aberto.

Desdobramentos naturais do crescimento

Em janeiro desse ano (1960), Waldo finalizou o livro solo *Conduta Espírita*, a ser editado pela FEB. Nessa obra, o autor espiritual André Luiz orienta o ideal do comportamento espírita, pautado na ética, no conhecimento e no equilíbrio, perante a sociedade, diante da tribuna e nos diversos canais de comunicação, conforme evidenciado na mensagem seguinte (cap. 4):

"Do médium

Esquivar-se à suposição de que detém responsabilidades ou missões de avultada transcendência, reconhecendo-se humilde portador de tarefas comuns, conquanto graves e importantes como as de qualquer outra pessoa.

---

[229]CUIN, João. *Chico Xavier*: amor e sabedoria. São Paulo: DPL, 2006. cap. 2, p. 18-19.

[230]NOBRE, Marlene Rossi Severino. *Chico Xavier*: meus pedaços de espelho. 2ª ed. São Paulo: Fe, 2015. cap. 1, p. 21.

O seareiro do Cristo é sempre servo, e servo do amor. No horário disponível entre as obrigações familiares e o trabalho que lhe garante a subsistência, vencer os imprevistos que lhe possam impedir o comparecimento às sessões, tais como visitas inesperadas, fenômenos climatéricos e outros motivos, sustentando lealdade ao próprio dever. Sem euforia íntima não há exercício mediúnico produtivo.

Preparar a própria alma em prece e meditação, antes da atividade mediúnica, evitando, porém, concentrar-se mentalmente para semelhante mister durante as explanações doutrinárias, salvo quando lhe caibam tarefas especiais concomitantes, a fim de que não se prive do ensinamento.

A oração é luz na alma refletindo a Luz Divina. Controlar as manifestações mediúnicas que veicula, reprimindo, quanto possível, respiração ofegante, gemidos, gritos e contorções, batimentos de mãos e pés ou quaisquer gestos violentos.

O medianeiro será sempre o responsável direto pela mensagem de que se faz portador. Silenciar qualquer prurido de evidência pessoal na produção desse ou daquele fenômeno.

A espontaneidade é o selo de crédito em nossas comunicações com o Reino do Espírito. Mesmo indiretamente, não retirar proveito material das produções que obtenha. Não há serviço santificante na mediunidade vinculada a interesses inferiores.

Extinguir obstáculos, preocupações e impressões negativas que se relacionem com o intercâmbio mediúnico, quais sejam, a questão da consciência vigilante ou da inconsciência sonambúlica durante o transe, os temores inúteis e as suscetibilidades doentias, guiando-se pela fé raciocinada e pelo devotamento aos semelhantes.

Quem se propõe avançar no bem, deve olvidar toda causa de perturbação. Ainda quando provenha de círculos bem-intencionados, recusar o tóxico da lisonja.

No rastro do orgulho, segue a ruína. Fugir aos perigos que ameaçam a mediunidade, como sejam a ambição, a ausência de autocrítica, a falta de perseverança no bem e a vaidade com que se julga invulnerável. O medianeiro carrega consigo os maiores inimigos de si próprio."

Em fevereiro, Chico Xavier recebeu a visita em Uberaba, pela primeira vez, do estimado amigo Clóvis Tavares[231], de tantas histórias abençoadas pela espiritualidade vividas juntos, em Pedro Leopoldo e Campos[232] (RJ), cidade natal de Clóvis.

Já o próximo livro da parceria Chico Xavier-Waldo Vieira seria *Almas em Desfile*, do Espírito Hilário Silva, finalizado em agosto, mas com lançamento marcado para o ano seguinte. Ainda nesse mês, Maria Olina, que participava da mesa nas reuniões públicas da CEC, a convite de Chico, obteve dele o "ok" para fundar um centro espírita no espaço de sua propriedade. E teve a honra de tê-lo na inauguração dessa casa, que recebeu o nome de Casa de Scheilla, que logo se transformaria também em um albergue noturno[233].

Em outubro, por iniciativa de Jarbas Leone Varanda, então membro da União da Mocidade Espírita de Uberaba – Umeu –, foi criada a Aliança Municipal Espírita – Ame –, cujo objetivo era unificar o movimento espírita na cidade, com troca de informações e festividades entre as casas locais. Essa iniciativa tinha o mérito de evitar possíveis disputas e melindres entre as casas, e recebeu o aval de Chico Xavier. Participavam também dessa iniciativa, como colaboradores, Marlene Rossi e Weimar Muniz, respectivamente na evangelização e na mocidade, sendo o responsável pela divulgação doutrinária José Thomaz da Silva Sobrinho[234].

No dia 6 de dezembro de 1960, deu-se o desencarne do pai de Chico Xavier, João Cândido Xavier, em Pedro Leopoldo, aos 92 anos[235]. Ele que não valorizara a mediunidade do filho desde a infância, chegando a atear fogo em livros e revistas suas. Também questionara a superioridade

---

[231]TAVARES, Clóvis. *Trinta Anos com Chico Xavier*. Araras (SP): IDE, 1991. cap. 19, p. 225.

[232]Vide o livro *Chico, as origens*, de Elifas Alves (Aliança, 2015).

[233]SOUTO MAIOR, Marcel. *As Vidas de Chico Xavier*. São Paulo: Planeta, 1994. A nova Atração de Uberaba, p. 156-157.

[234]DA SILVA, Raquel Marta. *Chico Xavier*: imaginário religioso e representações simbólicas no interior das Gerais - Uberaba , 1959/2001. Dissertação (Mestrado de Pós-graduação em História). Universidade Federal de Uberlândia, Uberlândia (MG). cap. 2 - 2.3, p. 121-125; Disponível em: <http://www.ameuberaba.org.br/artigos/bibliografia/ame-uberaba> Acesso em: 26/3/2018.

[235]Disponível em: <http://www.carlosfernandes.prosaeverso.net/visualizar.php?idt=3071100> Acesso em: 26/3/2018.

de seus mentores, entendendo que eles deveriam ajudar, antes de tudo, a família do médium, materialmente e financeiramente, uma vez que ela vivia na mais absoluta penúria. A atenção do médium, quase que total, para com as pessoas de fora, sem uma contrapartida material, deixava João Cândido bastante incomodado[236]. A esse respeito, Chico nada pôde fazer pelo pai, sendo fiel à instrução de Jesus: "*O que de graças recebeste, de graça haverá de passar* (Mt 10:8)". Ou seja, não mercadejava seus dons espirituais, que eram em abundância, por nada nesse mundo.

Acontece, porém, que, na véspera do desencarne do pai, Chico ouviu dele, com emoção e lágrimas nos olhos:

"*Agora compreendo que tudo que você sempre me disse é verdade... A gente poderia ter conversado tanto sobre isso!... Mas agora é tarde demais!...*[237]"

Essa mudança de pensamento teria ocorrido dois dias antes do seu desencarne, tendo confessado ao filho que vira, pela primeira vez, um Espírito, o da primeira esposa e mãe de Chico Xavier, Maria João de Deus, desencarnada em 1915. Somente após isso, passou ele então a acreditar nos Espíritos. Mas já era *tarde demais!*

Ainda no final de 1960, Waldo Vieira se formou em medicina, pela Faculdade de Medicina do Triângulo Mineiro, tendo como convidados de honra, na cerimônia de formatura, Chico Xavier e sua mãe, Aristina Rocha[238]. Em seguida, montou seu próprio consultório ao lado da CEC e da casa que dividia com o parceiro médium[239], passando também a colaborar no serviço de assistência médica da instituição[240]. Weaker Batista, que já cooperava com Chico na datilografia das mensagens e na

---

[236]RANIERI, R. A. *Recordações de Chico Xavier*. 2ª ed. Guaratinguetá: Edifrater, 1986. João Cândido, cap. 44, p. 118-121.; BACCELLI, Carlos A. *100 Anos de Chico Xavier*. Uberaba: Leepp, 2010. A mudança de nome, p. 89.

[237]BACCELLI, Carlos A. *100 Anos de Chico Xavier*. Uberaba: Leepp, 2010. A mudança de nome, p. 89.

[238]HAYGERT, Aroldo Murá G. Vozes do Paraná: Retratos de paranaenses. Curitiba: Convivium, 2009. 2, Waldo Vieira, p. 8.

[239]BACCELLI, Carlos A. *100 Anos de Chico Xavier*. Uberaba: Leepp, 2010. O episódio das materializações em Uberaba, p. 247.

[240]NOBRE, Marlene Rossi Severino. *Chico Xavier*: meus pedaços de espelho. 2ª ed. São Paulo: Fe, 2015. cap. 37, p. 298.

arrumação da farmácia, passou a colaborar também com Waldo no atendimento médico aos mais necessitados[241]. E Carmen Higino dos Reis, que Chico prometera resgatar a sua vida, no ano anterior, Waldo a contratou como sua enfermeira[242].

No decorrer das reuniões públicas, ao longo de todo o ano, Chico ainda psicografou mensagens que vieram compor o seu próximo livro: *Seara dos Médiuns*, finalizado em janeiro de 1961. O conteúdo desse livro tinha como base *O Livro dos Médiuns*, de Allan Kardec, antecipando o centenário dessa obra, que viria a ocorrer no ano que se iniciava.

Diz Emmanuel em uma das mensagens nesse livro (cap. 2, reunião pública de 8/1/1960):

"Cartão de visita

Em qualquer estudo da mediunidade, não podemos esquecer que o pensamento vige na base de todos os fenômenos de sintonia na esfera da alma.

Analisando-o, palidamente, tomemos a imagem da vela acesa, apesar de imprópria para as nossas anotações.

A vela acesa arroja de si fótons ou força luminosa.

O cérebro exterioriza princípios inteligentes ou energia mental.

Na primeira, temos a chama.

No segundo, identificamos a ideia.

Uma e outro possuem campos característicos de atuação, que é tanto mais vigorosa quanto mais se mostre perto do fulcro emissor.

No fundo, os agentes a que nos referimos são neutros em si.

Imaginemos, no entanto, o lume conduzido. Tanto pode revelar o caminho de um santuário, quanto a trilha de um pântano.

---

241 Idem.

242 DE CARVALHO, Antonio Cesar Perri; DE MELO, Oceano Vieira (Orgs.). *Depoimentos sobre Chico Xavier*. Brasília (DF): FEB, 2010. 3.6 - Eurípedes Higino dos Reis, p. 100.

Tanto ajuda os braços do malfeitor na execução de um crime, quanto auxilia as mãos do benfeitor no levantamento das boas obras.

Verificamos, no símile, que a energia mental, inelutavelmente ligada à consciência que a produz, obedece à vontade.

E, compreendendo-se no pensamento a primeira estação de abordagem magnética, em nossas relações uns com os outros, seja qual for a mediunidade de alguém, é na vida íntima que palpita a condução de todo o recurso psíquico.

Observa, pois, os próprios impulsos.

Desejando, sentes.

Sentindo, pensas.

Pensando, realizas.

Realizando, atrais.

Atraindo, refletes.

E, refletindo, estendes a própria influência, acrescida dos fatores de indução do grupo com que te afinas.

O pensamento é, portanto, nosso cartão de visita."

Mas se para Waldo a carreira de médico apenas iniciava, com a sua desincumbência dos estudos universitários, para Chico o seu ciclo como servidor público, vinculado ao Ministério da Agricultura, chegava ao fim, aposentando-se exatamente no dia 17 de janeiro de 1961[243], por tempo de serviço, no cargo de escriturário, nível 8[244].

Para Chico, a aposentadoria o colocava, enfim, diante de uma realidade que sempre desejara, mas que, devido à pobreza e carências materiais em família, jamais fora possível desfrutar de regalias e de uma inteira liberdade em sua dedicação à doutrina espírita[245]. Após a aposentadoria,

---

[243]BACCELLI, Carlos A. *100 Anos de Chico Xavier*. Uberaba: Leepp, 2010. Os empregos de Chico Xavier, p. 143.

[244]BARBOSA, Elias. *No Mundo de Chico Xavier*. Araras (SP): IDE, 1967. cap. 9, p. 95.

[245]SOUTO MAIOR, Marcel. *As Vidas de Chico Xavier*. São Paulo: Planeta, 1994. Humberto de Campos, o escândalo, p. 104-105.

passou ele então a dedicar seu tempo, pelas manhãs, "*psicografando ou revendo com* os amigos espirituais *as páginas de autoria deles mesmos, sempre com a assistência de Emmanuel*". "*Nas horas da tarde, além do tratamento ocular,* passou a se ocupar da *correspondência usual* – que eram às centenas, semanalmente, desde os tempos de Pedro Leopoldo[246] – e da *datilografia das páginas escritas pelos benfeitores espirituais*... Os *domingos*... eram dedicado *aos trabalhos de correspondência mais íntima*[247]".

Diante dessa nova realidade, então, era possível vislumbrar muito mais publicações editoriais de sua lavra. Quanto à frequência das pessoas na CEC, ela ia se tornando cada vez mais volumosa, com as pessoas em busca de mensagens, de orientações e de apoio espiritual, além dos muitos necessitados em busca de alimentos e recursos materiais doados.

O crescimento a olhos vistos, no entanto, levantaria uma voz crítica, em junho desse ano, que publicou um artigo em *A Flama Espírita*, entitulado "Romarias", no qual dizia que a CEC promovia uma espécie de romaria e santificação dos médiuns, coisa incompatível com a doutrina codificada por Allan Kardec[248].

Entretanto, a grande afluência de pessoas na instituição não era de responsabilidade dos médiuns e da instituição, e, sim, uma amostra da dura realidade social vivida no país, naquele tempo, marcada pela pobreza e pela baixa educação formal, especialmente na periferia de Uberaba. Por outro lado, é compreensível também que uma mediunidade como a de Chico Xavier, sem precedentes na história da humanidade – com excessão de Jesus –, despertasse tanta curiosidade e interesse das pessoas, dentro e fora do país.

Em março desse ano (1961), a Casa de Scheilla se transformaria também em um ambulatório, "*com a `supervisão espiritual' da enfermeira do outro mundo*", e a "*ajuda do médico Waldo Vieira, de seu colega Eurípedes Tahan Vieira e de Chico Xavier*[249]".

---

246 HARLEY, Jhon. *O Voo da Garça*: Chico Xavier em Pedro Leopoldo (1910-1959). Belo Horizonte: Vinha de Luz, 2010. Centro Espírita Luiz Gonzaga, p. 176.

247 Idem, p. 102-103.

248 Franco, R. S. Romarias. *A Flama Espírita*, Uberaba, 3 jun. 1961, p. 1.

249 SOUTO MAIOR, Marcel. *As Vidas de Chico Xavier*. São Paulo: Planeta, 1994. A nova atração de Uberaba, p. 157.

Em julho, um jovem ator uberabense de 27 anos, Augusto César Vanucci, de rádio, teatro, cinema, esteve à procura do médium na CEC. Enquanto morador de Uberaba, ele fazia parte da União da Mocidade Espírita de Uberaba[250]. Na ocasião, o seu desejo era simplesmente conhecer Chico de perto, por quem tinha enorme respeito e admiração. Tudo aconteceu numa sexta-feira, quando enfrentou uma fila de cerca de quinhentas pessoas para falar com o médium. Com paciência, o jovem ator conseguiu aproximar-se dele e esteve entre os seus convidados na cozinha, na costumeira prosa informal, pós o atendimento público.

"*Na época,* Vanucci *era mais um homem em crise.* Num determinado momento, *Chico entregou-lhe uma xícara de café*, e *viu o líquido preto assumir consistência leitosa e embranquecer. Quando bebeu, sentiu um gosto de licor. Foi tiro e queda: ficou novo*[251]."

Estiveram também em Uberaba nesse mês de julho, para falar com o médium, Gerson Simões Monteiro e sua esposa, Janet, mais o sogro, Octacílio, do Rio de Janeiro, poucos dias após o desencarne da filha do casal Alcíone. Inicialmente abalados, os mesmos obtiveram alívio com uma mensagem do dr. Bezerra de Menezes, que informou estar a menina muito bem e que, passado o período de adaptação à nova vida, seria ela o esteio e a proteção da família[252].

Nem todos, porém, tinham a mesma sorte de Vanucci, de contatar o médium logo de cara. É o caso de João Cuin, um jovem natural de São José do Rio Preto, que chegou a Uberaba nesse ano carregando o fardo pesado de influências obsessivas, que o acompanhavam desde algum tempo.

Frequentadores da CEC, porém, lhe indicaram outra médium, amiga de Chico desde 1941, que morava e atendia no Sanatório Espírita de Uberaba. Era dona Maria Modesto, que lhe prestou os primeiros socorros, voltando João Cuin, em seguida, para Poços de Caldas, cidade onde residia sozinho.

---

[250]BACCELLI, C. Homenagem a Vannucci. *A Flama Espírita*, Uberaba, jan. 1993, p. 1.

[251]SOUTO MAIOR, Marcel. *As Vidas de Chico Xavier*. São Paulo: Planeta, 1994. Os mortos estão vivos, p. 163.

[252]MONTEIRO, Gerson Simões. *Materializações de Chico Xavier e Outras Recordações*. Rio de Janeiro: Novo Ser, 2012. Minhas recordações com Chico Xavier, p. 73-74.

Entretanto, como o problema persistisse, meses depois, Cuin resolveu retornar a Uberaba, em mais uma tentativa de falar com Chico Xavier. E, novamente não conseguiu, ficando praticamente só, sem dinheiro e apenas com as roupas do corpo, foi outra vez socorrido por dona Maria Modesto. Só que, desta feita, ela lhe arrumou um cantinho para morar, nas dependências do Sanatório. Aí recebeu tratamento espiritual e medicamentoso[253], prestando também serviços internos à casa. E por aí foi ficando...

Aos poucos, Cuin passaria a frequentar as reuniões da CEC, onde conheceria Chico Xavier e, desfrutando, mais adiante, de uma amizade pura com ele[254]. O melhor, portanto, aconteceu a João Cuin, conforme as suas necessidades espirituais e materiais.

Aconteceu ainda esse ano que uma confrade goiana, Elba Consorte de M. Álvares[255], esteve em Uberaba e se tornou amiga do médium, sendo, inclusive, convidada a participar da mesa de trabalhos[256]. Como se sabe, os amigos de Chico eram pessoas que ele escolhia a dedo, no sentido de serem muito dedicadas à doutrina e à assistência dos mais necessitados, caso de Elba Consorte.

Ainda nesse ano de 1961, Chico recebeu do poeta fluminense Casimiro Cunha, desencarcado em 1914, o livrinho infantil, em forma de versos, *Juca Lambisca*. História um tanto fatalista, mas que tratatava com ineditismo a lei de causa e efeito e a reencarnação, voltadas exclusivamente para o público infantil. Um ato de coragem e desbravamento do autor espiritual, numa época em que o próprio público adulto tinha dificuldades em assimilar a realidade dessas leis.

Em continuidade também à programação catequizadora de Emmanuel, de publicar obras em conformidade com a codificação kardequiana,

[253]CUIN, João. *Chico Xavier*: amor e sabedoria. São Paulo: DPL, 2006. cap. 13, p. 49-50; cap. 14, p. 51-53.

[254]Ibidem, cap. 5, p. 25-29.

[255]Disponível em: <http://www.vinhadeluz.com.br/site/noticia.php?id=955> Acessado em:

[256]Disponível em: <http://aprendizesdocaminho.blogspot.com/2010/03/chico-um-homem-chamado-amor.html> Acessado em: 30/3/2018.

seguindo a sua sequência (como *Religião dos Espíritos*, baseada em *O Livro dos Espíritos*; *Seara dos Médiuns*, baseada *O Livro dos Médiuns*), a parceria Chico/Waldo colocou-se em ação na recepção de *O Espírito da Verdade*, por Espíritos diversos. As mensagens desse livro foram finalizadas em outubro e baseadas em *O Evangelho segundo o Espiritismo*, como esta de André Luiz (cap. XIII – Item 10):

"Excesso e você

Amigo, Espiritismo é caridade em movimento.

Não converta o próprio lar em museu.

Utensílio inútil em casa será utilidade na casa alheia.

O desapego começa das pequeninas coisas, e o objeto conservado, sem aplicação no recesso da moradia, explora os sentimentos do morador.

A verdadeira morte começa na estagnação.

Quem faz circular os empréstimos de Deus, renova o próprio caminho.

Transfigure os apetrechos, que lhes sejam inúteis, em forças vivas do bem.

Retirem da despensa os gêneros alimentícios, que descansam esquecidos, para a distribuição fraterna aos companheiros de estômago atormentado.

Reviste o guarda-roupa, libertando os cabides das vestes que você não usa, conduzindo-as aos viajores desnudos da estrada.

Estenda os pares de sapatos, que lhes sobram, aos pés descalços que transitam em derredor.

Elimine do mobiliário as peças excedentes, aumentando a alegria das habitações menos felizes.

Revolva os guardados em gavetas ou porões, dando aplicação aos objetos parados de seu uso pessoal.

Transforme em patrimônio alheio os livros empoeirados que você não consulta, endereçando-os ao leitor sem recursos.

Examine a bolsa, dando um pouco mais que os simples compromissos da fraternidade, mostrando gratidão pelos acréscimos da Divina Misericórdia que você recebe.

Ofereça ao irmão comum alguma relíquia ou lembrança afetiva de parentes e amigos, ora na Pátria Espiritual, enviando aos que partiram maior contentamento com tal gesto.

Renovemos a vida constantemente, cada ano, cada mês, cada dia...

Previna-se hoje contra o remorso de amanhã.

O excesso de nossa vida cria a necessidade do semelhante.

Ajude a casa de assistência coletiva.

Divulgue o livro nobre.

Medique os enfermos.

Aplaque a fome alheia.

Enxugue lágrimas.

Socorra feridas.

Quando buscamos a intimidade do Senhor, os valores mumificados em nossas mãos ressurgem nas mãos dos outros, em exaltação de amor e luz para todas as criaturas de Deus."

Continuando ainda essa programação, de produzir livros retomando o conteúdo das obras da codificação, o livro seguinte, *Justiça Divina*, de Emmanuel, baseado em *O Céu e o Inferno*, foi psicografada nas reuniões públicas da CEC por Chico Xavier, ao longo de 1961 e finalizado em março de 1962. A seguinte mensagem faz parte de seu conteúdo (cap. 1, reunião pública de 20/1/61 – 1ª Parte, cap. V, item 6):

"Bom combate

Voltando à Pátria Espiritual, depois da morte, estamos frequentemente na condição daquele filho pródigo da parábola, de retorno à casa paterna para a bênção do amor.

Emoção do reencontro.

Alegria redescoberta.

Entretanto, em plena festa de luz, quase sempre desempenhamos o papel do conviva do cérebro deslumbrado, trazendo espinhos no coração.

Por fora, é o carinho que nos reúne.

Por dentro, é o remorso que nos fustiga.

Vanguarda que fulgura.

Retaguarda que obscurece.

Êxtase e dor.

Esperança e arrependimento.

Reconhecidos às mãos luminosas que nos afagam, muitos de nós sentimos vergonha das mãos sombrias que oferecemos.

E porque a Lei nos infunde respeito à justiça, aspiramos a debitar a nós próprios o necessário burilamento e a suspirada felicidade.

Rogamos, dessa forma, a reencarnação, à guisa de recomeço, buscando a tarefa que interrompemos e a afeição que traímos, o dever esquecido e o compromisso menosprezado, famintos de reajuste.

Agradece, assim, o lugar de prova em que te sintas.

Corpo doente, companheiro difícil, parente complexo, chefe amargo e dificuldade constante são oportunidades que se renovam.

Todo título exterior é instrumentação de serviço.

A existência terrestre é o bom combate.

Defeito e imperfeição, débito e culpa são inimigos que nos defrontam.

Aperfeiçoamento individual é a única vitória que não se altera.

E, em toda parte, o verdadeiro campo de luta somos nós mesmos."

Ainda em março de 1962, Waldo finalizou a psicografia de *Bem-aventurados os Simples*, pelo Espírito Valerium, a ser editado pela FEB. A seguinte mensagem oferece também ao leitor uma noção de seu conteúdo (cap. 6):

"Observe os conselhos

O distinto higienista, depois de examinar pobre homem doente, falou-lhe com severidade afetuosa:

— Já sei que o senhor é pai de família. É responsável pela esposa e quatro filhos menores; entretanto, quero adverti-lo... É preciso que tome mais cuidado na defesa da própria saúde. Calafete as gretas que haja em sua moradia, contra o assalto dos "barbeiros" contaminados. Sirva água fervida às crianças. Fiscalize o banheiro, desinfetando os vasos em serviço. Noto que o senhor não tem preservado a própria residência. Basta uma observação superficial para que se veja o que fazem as amebas. Higiene, meu amigo, é preciso higiene em casa...

— Mas, doutor – replicou o enfermo, quando pôde, enfim, dizer alguma coisa –, nós não temos casa. Moramos, há quatro anos, debaixo da ponte velha...

Aproveite, enquanto é possível, os seus dotes materiais nas tarefas do bem e verifique os conselhos que você dá. Às vezes, muita gente, a quem você prega austeramente o heroísmo da virtude, está simplesmente com necessidade de pão."

Waldo cedeu à FEB também nesse ano o livro solo *De coração para coração*, do Espírito Maria Celeste. Enquanto isso, Chico, prosseguia a sua missão do livro com grande empenho, especialmente por já encontrar-se aposentado, sendo que muitas das mensagens recebidas por ambos os médiuns eram em regime de dueto: "*...quando um parava, o outro começava, e os dois produziam textos complementares assinados pelo mesmo `autor*[257]'" .

Enquanto Chico e Waldo psicografavam, eram realizados comentários evangélicos na mesa, com a finalidade de manter padrão elevado das vibrações no ambiente. Como já demonstrado, os oradores eram companheiros espíritas, locais e convidados – caravaneiros vindos de outras

[257]SOUTO MAIOR, Marcel. *As Vidas de Chico Xavier*. São Paulo: Planeta, 1994. Os mortos estão vivos, p. 169.

cidades e estados. As reuniões entravam pela madrugada adentro, até por volta das três da manhã, quando os presentes, depois, se aglomeravam ao redor de Chico, a fim de obter um autógrafo dele ou mesmo ouvir um dedo de prosa sua, além de ricas histórias em ensinamentos cristãos e seu muito bom humor[258]. E tudo acabava em cafezinho, na cozinha local.

Antes das reuniões públicas terem início, entretanto, Chico e Waldo atendiam em recinto fechado cerca de seis centenas de receituários[259]. No caso de Chico, porém, acontecia algo um tanto peculiar na época: sendo muito apegado aos animais, tinha ele um cãozinho da raça pequinês chamado Brinquinho. Assim, "*quando o médium ia receber mensagens no recinto reservado ao receituário, o Brinquinho aparecia por lá. Batia à porta, esperava Chico abrir e deitava-se quietinho, enquanto o trabalho de psicografia se processava. Assim que o Espírito comunicante se afastava, Brinquinho levantava-se e aguardava o Chico à porta, pois sabia que o trabalho tinha terminado e que o médium deixaria o recinto*[260]". Além de Brinquinho, Chico tinha ainda uma cadela da mesma raça chamada Fofa.

Outro fato curioso que aconteceu também nessa época, reafirmando o amor de Chico pelos animais, foi presenciado por Benedito Antônio Alves, que prestava serviços domésticos em sua casa. Este senhor revelou que "*num certo período, o médium passou a sair de casa todos os dias, na hora do almoço, e não informava aonde ia. Apenas dizia que ia visitar um enfermo muito necessitado de atenção*[261]", e pediu a Benedito que fizesse um franguinho bem macio para ele levar.

"*Um dia, o Benedito resolveu segui-lo pelas ruas de Uberaba. Atravessara o bairro, Chico à frente. De repente, o médium entrou num matagal. O Benedito, acompanhando-o a certa distância, Fez o mesmo. Mais à frente estacou o passo: a cena era por demais comovente e inesperada! No fundo da mata, o Chico atendia ao mais misteriorso doente: um cãozinho vira-latas machucado e faminto*[262]."

---

[258]Idem.

[259]NOBRE, Marlene Rossi Severino. *Chico Xavier*: meus pedaços de espelho. 2ª ed. São Paulo: Fe, 2015. cap. 1, p. 21.

[260]Ibidem, cap. 5, p. 67.

[261]CUIN, João. *Chico Xavier*: amor e sabedoria. São Paulo: DPL, 2006. Segunda parte, cap. 3, p. 102.

[262]Idem.

Orientações de Chico repercutindo entre amigos

O ano de 1962 iniciou também com a enfermeira Aparecida Conceição – a Cida do Pênfico, que Chico tinha sob sua proteção – em situação de desespero, devido ao acréscimo elevado de doentes sob os seus cuidados e sem a devida estrutura física para mantê-los. Para se ter uma ideia, o número de doentes que Aparecida cuidava, em dois anos, saltou de 43[263] para 363, isso até o final do ano anterior[264]. Em razão disso, pôs na cabeça que tinha mesmo que construir um hospital.

A pressa em resolver as coisas, no entanto, levou-a a ser enganada por um estelionatário na compra do terreno para a sede própria do hospital, e perdeu todo o investimento, conquistado à força de petitórios pelos seus doentes nas ruas de Uberaba. Pedindo socorro a Chico, este lhe indicou um corretor de imóveis verdadeiro, que acabou acertando para ela a compra do mesmo terreno, porém junto de seus verdadeiros donos.

Em seguida, Aparecida saiu à cata de recursos para homologar a compra do terreno, recebendo a seguinte orientação do médium pedro-leopoldinense: — "*Não espere pelos poderes públicos* – disse ele –, *São Paulo é que vai ajudar*". E Chico lhe passou o contato de um radialista paulista. Mas, quando foi ao encontro desse radialista, deu de cara com o maior empresário de comunicações do Brasil na época: Assis Chateaubriand, que se dispôs a ajudá-la, colocando à disposição suas emissoras de rádio. Ela acabou por arrecadar quase três vezes mais do que precisava[265].

O médium Chico Xavier recebeu também nesse ano mais três livros, dois deles voltados ao público infantil: *Cartilha do Bem*, de Meimei, e *Timbolão*, de Casimiro Cunha – esse último, em parceria com Waldo. No intervalo entre esses dois livros, um outro de mensagens em prosa e verso, com mensagens de apoio, fundamentadas no conhecimento espiritual e espírita: *Relicário de Luz*, por Espíritos diversos. Eis algumas das mensagens contidas nesse livro:

---

[263]BUENO, Izabel. *Uma Vida de Amor e Caridade*. Belo Horizonte: Fonte Viva. cap. 5.

[264]SOUTO MAIOR, Marcel. *As Vidas de Chico Xavier*. São Paulo: Planeta, 1994. A nova atração de Uberaba, p. 160.

[265]Ibidem, p. 160-161.

"A Criança

Ampara teu filho, ainda hoje, conduzindo-o nas veredas do bem, a fim de que não lhe chores a perda, amanhã, nas constantes arremetidas do mal.

Bezerra de Menezes"

"A Dor

A dor é a nossa companheira até o momento de nossa integração total com a Divina Lei. (...)

Meimei"

"Avancemos

Correm os dias incessantes... O nosso coração, como um relógio de Deus, vai marcando os acontecimentos e as lutas, as alegrias e as dores, as dificuldades e as recordações; mas a Providência Divina tudo renova para o bem e, com ela, nossas aspirações renascem. (...)

Carlos Augusto"

"Coragem

Conservar a coragem por luz acesa, no centro de nossa alma, é serviço que apenas a fé invencível consegue realizar. (...)

Agar"

"De retorno ao caminho

Em plena vida espiritual, antes de tornar ao terrestre sorvedouro, contemplamos a paisagem do mundo em que nos propomos realizar complicados serviços.

Lá se encontra o antigo lar que deixamos, velho ninho dourado pelo sol de nosso amor e encharcado da lama de nossos escuros débitos.

E, disputando o regresso para a obra de regeneração que nos cabe efetuar, prometemos sacrifícios mil.

(...)

Novamente na carne, deixamo-nos iludir pelas requisições do pretérito e, ao invés de procurar o conselho do amor que tudo compreende e tudo ilumina, buscamos as falaciosas opiniões do "eu" enfermiço do passado que teimamos retomar.

E o adversário continua adversário, a desarmonia prossegue desarmonia e a treva, sem alteração, tudo ensombra, mergulhando-nos em desespero cruel.

Ó vós que guardais, por sublime depósito, as verdades do Além, auxiliai-nos a sustentar o serviço do Amor!

(...)

Emmanuel"

Sucinto, porém significativo, foi também o agradecimento de Emmanuel à dona Esmeralda Bittencourt nesse livro (*Relicário de Luz*), por ela ter sido a organizadora das mensagens e poemas psicografados nele contidos – o mesmo ele fez, igualmente, nos livros *Nosso Livro* e *Cartas do Coração*, respectivamente de 1950 e 1952.

Esmeralda aproximou-se do espiritismo em 1924, quando passou a frequentar o Asilo Espírita João Evangelista, fundado por Aura Celeste, no Rio de Janeiro. Conheceu Chico Xavier em 1943, obtendo dele mensagens de sua filha recém-desencarnada, Agar. Desde então, tornou-se grande amiga sua. Antes de Agar, Esmeralda havia perdido já dois filhos. Um quarto veio a falecer, em 1953, tendo o médium avisado-a por telefone, instantes após o sucedido – o filho fora vítima de acidente automobilístico.

Em julho de 1948, ainda, numa só noite, o médium recebeu, para Esmeralda, nada mais, nada menos, do que onze mensagens de parentes e amigos dela. "*A autenticidade dessas mensagens, é que todas estão com letras e assinaturas diferentes*[266]".

Segundo Chico, todos os envolvidos no drama familiar de Esmeralda Bittencourt tiveram participação ativa na fatídica noite de São Bartolomeu, onde muitos huguenotes foram perseguidos e mortos, por questões religiosas.

Em abril de 1962, voltava novamente à tona o caso dos plágios de Divaldo, relativamente às mensagens recebidas por Chico Xavier, desta feita com a publicação de um folheto intitulado "Para onde vamos, espíritas?", pelo Movimento Universitário Espírita de São Paulo[267].

No mês seguinte, "*um pessoal de Garça*[268]" – conduzido por Rolando Ramacciotti, fundador do Orfanato Nosso Lar nessa cidade –, que imprimia mensagens do médium pedroleopoldinense, publicou 30.000 exemplares de outro folheto intitulado "Estudos de mensagens copiadas[269]", o qual relatava o problema já identificado pela FEB, em 1959.

Em carta datada de 10 de junho de 1962, Chico escreveu ao amigo paulista Joaquim Alves, como se sentia em relação a esse assunto, conteúdo que acabou também ganhando espaço na imprensa:

"*O assunto das mensagens copiadas surgiu com enorme efervescência e você me dá notícias do nosso Divaldo, abatido e compreensivelmente abalado em São Paulo.*

Entendo, sim, querido Jô, as lágrimas do nosso caro amigo e também me comovo, orando a Jesus por todos nós, a fim de que, cada um de nós se compenetre de suas responsabilidades próprias.

Entretanto, para responder à sua afetuosa consulta, peço a você

---

[266]GERMINHASI, Rubens Silvio. *Luz Bendita*. São Paulo: Ideal, 1977. Isabel Bittencourt de Souza, p. 46-56.

[267]Disponível em: <https://metropolis986.wordpress.com/2017/11/05/a-carta-em-que-chico-xavier-acusa-divaldo-pereira-franco-de-plagio/> Acessado em: 8/4/2018.

[268]DA SILVA, Raquel Marta. *Chico Xavier*: imaginário religioso e representações simbólicas no interior das Gerais - Uberaba, 1959/2001. 2002. Dissertação (Mestrado de Pós-graduação em História). Universidade Federal de Uberlândia, Uberlândia (MG). cap. 2 - 2.3, p. 146-148.

[269]Disponível em: <https://metropolis986.wordpress.com/2017/11/05/a-carta-em-que-chico-xavier-acusa-divaldo-pereira-franco-de-plagio/> Acessado em: 8/4/2018.

permissão para tratar do assunto com a gravidade de nossos compromissos sobre o impulso de nossos sentimentos.

De minha parte, estou onde sempre estive.

Comecei a lida mediúnica em 1927, quando nosso Divaldo provavelmente deveria estar no berço.

Estou aposentando-me no terceiro emprego que tive nesta vida, no qual trabalhei 30 anos sucessivos sem licença e sem férias, embora a minha moléstia nos olhos, há mais de vinte anos, me conferisse por lei o afastamento do serviço regular.

Não digo isso como quem apresenta louros, mas para lembrar que estou no meu recanto, atendendo às minhas obscuras obrigações.

Sempre respeitei o nosso caro Divaldo em sua tarefa brilhante, como sempre respeitei a todos os companheiros do Espiritismo, na posição em que o Senhor os colocou a servir.

Nunca fui a uma cidade sequer das inúmeras em que o nosso caro Divaldo é festejado e querido, com méritos justos na palavra doutrinária, a fim de subtrair o respeito devido a ele, a pretexto de ser eu insignificante médium psicógrafo. Nem por isso, no entanto, embora reconhecendo a minha total desvalia, devo esquecer que trago nos ombros o peso de uma responsabilidade mediúnica e espírita à qual, desde 1927, me rendi. Será possível que meus irmãos de Doutrina Espírita possam julgar que estou recebendo os livros dos nossos Benfeitores Espirituais sem qualquer noção de compromisso moral e de amor pela Causa? Será crível que suponham esteja eu fazendo da mediunidade um esporte de quem mais nada tem a fazer? Estarei recebendo as páginas de Emmanuel, há mais de trinta anos consecutivos para brincar? Andarei dos 17 anos de idade aos 52, na tarefa mediúnica, qual se eu fosse uma criança no parque de diversões[270]*?"*

"*Em um noticiário em maio de 1962, o jornal uberabense,* Lavoura e Comércio, *anunciava de forma reluzente que o apresentador de televisão Flávio Cavalcanti, da TV Tupi, tinha estado na cidade de Uberaba, na*

---

[270]BACCELLI, Carlos A. *100 Anos de Chico Xavier*. Uberaba: Leepp, 2010. A carta de 1962, p. 275-276.

Comunhão Espírita Cristã, para uma entrevista com Chico Xavier, que seria exibida em seu programa Noite de Gala[271]."

Ainda nesse mês, Chico recebeu a visita da caravana do médium Spartaco Ghilardi, trazendo o dr. Luiz Monteiro de Barros e Apolo Oliva filhos, todos amigos de Marlene Rossi e espíritas atuantes na capital paulista. Nesta caravana estava presente igualmente o vice-Prefeito de São Paulo, na época, o dr. Freitas Nobre, formado em direito[272].

Foi nessa ocasião que "*após os trabalhos e a leitura das mensagens recebidas, Chico conversou particularmente com Freitas, que Emmanuel dedicava a ele a mensagem da noite* ("País livre da violência")*, porque o Brasil, no ano em curso, 1962, estava passando por momentos difíceis de instabilidade política e que, em breve, a turbulência aumentaria*[273]*. Inicialmente cairia para a esquerda, depois para a direita e, finalmente, seguiria o caminho da estabilidade e do equilíbrio*[274]".

Emmanuel ressaltou ainda nessa mensagem que Freitas seria chamado, pela espiritualidade, a atuar como pacificador em meio às crises entre a esquerda e a direita, até que o país entrasse nos eixos[275].

Marlene Rossi aproveitou também para falar, uma vez mais, da importância da peregrinação, que o médium criou e mantinha em Uberaba:

"*Durante as visitas de sábado, tínhamos teatrinho infantil, ao ar*

[271] DA SILVA, Raquel Marta. *Chico Xavier*: imaginário religioso e representações simbólicas no interior das Gerais - Uberaba, 1959/2001. 2002. Dissertação (Mestrado de Pós-graduação em História). Universidade Federal de Uberlândia, Uberlândia (MG). cap. 3 – 3.1, p. 172.

[272] Disponível em: <http://ismaelgobbo.blogspot.com.br/2010/04/focalizando-o-trabalhador-espirita_12.html> Acessado em: 10/4/2018.

[273] Em 1961, Jânio Quadros, assumiu o governo, mas logo renunciou. Em seguida, assumiu seu vice, o populista João Goulart, que tinha em mente reinstituir o regime presidencialista, o que não que não era bem visto pelos militares. Disponível em: <https://dialogoshistoricos.wordpress.com/historia/brasil-anos-60-e-70/> Acessado em: 10/4/2018.

[274] Freitas Nobre foi líder do PMDB na Câmara e um dos principais articuladores da Constituição de 1988, que deu estabilidade ao Brasil, do ponto de vista das leis que passariam a vigorar no país, dando maior segurança ao estado de direito. In: LEONELLI, Domingos; DE OLIVEIRA, Dante. *Diretas Já*: 15 meses que abalaram a ditadura. São Paulo. p. 66, 69-71.

[275] Embora Emmanuel não diga nada, certamente o sentido desse "entrar nos eixos" diz respeito à Constituição de 1988, que garantiu, pelo menos no papel, direitos básicos à população, e foi liderada por Ulisses Guimarães e Tancredo Neves, mas articulada, nos bastidores, por Freitas Nobre.

livre, e cantávamos o Hino à Alegria Cristã na porta da casa de Ronan. Muitos números de canto, poesias e mesmo contos que o menino Marcomedes dizia com muita graça. Não faltavam também os versinhos de Maria: "Alecrim'verde 'panhado'; No meio tem a virtude; Eu não pude, mas mandei `sabê' de sua saúde.

Ao final do verso, ela estendia o raminho de alecrim para o Chico e todos ríamos. A alegria era contagiante. O Jardim Aeroporto deve guardar ainda as risadas cristalinas nascidas do coração, que tantas vezes pontilharam nossas caminhadas de fraternidade[276]".

Havia, porém, outra Maria que Chico e o grupo visitavam. Mas esta já estava completamente depauperada, por estar há 30 anos presa ao leito: "*Enquanto cantávamos, o pequeno quarto rescendia a perfume e éter, denotando carinho do plano espiritual no tratamento de nossa amiga. Dona Maria desencarnou em outubro de 1962*[277]". A sua memória, no entanto, permaneceria um tempo mais, devido aos crochês que ela fazia e eram ofertados como mimo aos visitantes da CEC, oriundos de várias partes do Brasil.

Em setembro, diferentemente das críticas publicadas por um articulista *em A Flama Espírita*, na metade do ano passado, esse jornal agora publicava uma matéria exaltando as peregrinações:

"*As visitas à Comunhão Espírita Cristã de Uberaba, constituem uma espécie de refrigério* (sic) *espiritual para todos nós, que nos aturdimos nas lutas cotidianas.(...). Mas talvez o momento de maior emoção seja aquele em que os vemos na Peregrinação, visitando amigos, nas casas pobres, do arrabalde, para levar-lhes ajuda material, moral e espiritual. Chico e Waldo se revezam na leitura de mensagens consoladoras, em cada lar visitado. E de porta em porta, de casa em casa, são saudados pelo júbilo dos moradores, pela alegria dos velhos e das crianças, pelos recitativos e os cânticos da inocência infantil.*

Chico nos disse que a Peregrinação produz resultados insuspeita-

---

[276]NOBRE, Marlene Rossi Severino. *Chico Xavier*: meus pedaços de espelho. 2ª ed. São Paulo: Fe, 2015. cap. 17, p. 151-152.

[277]Ibidem, p. 152.

dos e contou-nos, ao visitarmos uma casa pobre, de família numerosa, como as mensagens sobre o perdão haviam ali produzido transformações benéficas. Todos os sábados, à noitinha, com bom tempo, ou não, partem os 'peregrinos'(...) para a visita espiritual. E quando regressam, já tarde, cansados, realizam ainda uma reunião doutrinária, com preces, um breve comentário e recepção de mensagens mediúnicas[278]".

No final do ano, Marlene Rossi e Elias Barbosa se formavam médicos, pela Faculdade de Medicina do Triângulo Mineiro. Chico, no entanto, não pôde comparecer ao evento de formatura desses dois amigos e companheiros, por causa dos compromissos assumidos com o Festival de Natal na CEC, que se daria no dia seguinte, 15 de dezembro. Dias antes, porém, ele esteve na casa de Marlene parabenizando-a, na presença de familiares e amigos, como Spartaco Ghilardi e Freitas Nobre[279]. Com este último, não demoraria muito Marlene estreitaria os laços de amizade, começando um namoro[280].

Depois de formada, Marlene retornou ao núcleo familiar em São Paulo, enquanto que Elias Barbosa decidiu permanecer em Uberaba, especializando-se em Farmacologia[281]. No caso de Marlene, Chico a aconselhou fundar, na capital paulista, um centro espírita[282], informando-a de que o patrono espiritual da casa era a figura exponencial de Cairbar Schutel, desencarnado em 1938, em Matão (SP), e considerado o "bandeirante do espiritismo no Brasil"[283]. Disse-lhe ainda que Caibar acompanhava seus passos desde a meninice, e até mesmo antes de ela nascer[284].

---

[278]Importância da "Peregrinação nos trabalhos de Chico Xavier. *A Flama Espírita,* Uberaba, 29 set. 1962, p.2.

[279]NOBRE, Marlene Rossi Severino. *Chico Xavier*: meus pedaços de espelho. 2ª ed. São Paulo: Fe, 2015. cap. 22, p. 185-186.

[280]Disponível em: <http://ismaelgobbo.blogspot.com.br/2010/04/focalizando-o-trabalhador-espirita_12.html> Acessado em: 11/4/2018.

[281]Disponível em: http://www.carlosfernandes.prosaeverso.net/visualizar.php?idt=2903361. Acessado em

[282]NOBRE, Marlene Rossi Severino. *Chico Xavier*: meus pedaços de espelho. 2ª ed. São Paulo: Fe, 2015. cap. 22, p. 189.

[283]Disponível em: <https://pt.wikipedia.org/wiki/Cairbar_Schutel> Acessado em: 11/4/2018.

[284]NOBRE, Marlene Rossi Severino. *Chico Xavier*: meus pedaços de espelho. 2ª ed. São Paulo: Fe, 2015. cap. 23, p. 193-194.

Mas a relação com um "*mestre espiritual do timbre de Chico Xavier*[285], mais o elevado trabalho espiritual e extenso trabalho social que era realizado na CEC, junto de tantos companheiros queridos, marcaram tanto Marlene, que ela retornaria a Uberaba, regularmente, a cada dois ou três meses[286].

Lembra-se ainda Marlene, emocionada, a atitude generosa e paternal do médium para com ela, quando ele colocou em suas mãos, sigilosamente, um envelope com um "presentinho" para a sua formatura. Era um valor em espécie, que dava exatamente para a compra do tecido o qual ela compraria e confeccionaria o seu vestido para o memorável evento[287].

Isso sem falar que, no dia da entrega dos convites de formatura, 24 de novembro, Chico e Waldo psicografaram poesias inéditas, e "cruzadas[288]", do admirado sambista, cantor, compositor, bandolinista e violonista brasileiro Noel Rosa, cognominado "o poeta da Vila" – Vila Isabel, conhecido bairro do Rio de Janeiro.

Era essa também uma forma carinhosa e espiritual de estimular a jovem formanda a assumir responsabilidades em sua nova etapa de vida[289]. O "poeta da Vila", desencarnado em 1937, somente agora se manifestava por ambos os médiuns[290], no final de 1962, e também no início de 1963[291], chamando a atenção de quantos o admiravam.

No ano de 1963, a FEB publicaria ainda o livro *Antologia dos Imortais*, com cento e noventa e três poemas de Espíritos diversos, por meio

---

[285]Ibidem, p. 193.

[286]Ibidem, p. 195.

[287]Ibidem, p. 171.

[288]Ou seja, ambos os médiuns receberam mensagem do mesmo autor espiritual, num mesmo momento. Enquanto um recebia, o outro permanecia imóvel, e vice-versa.

[289]NOBRE, Marlene Rossi Severino. *Chico Xavier*: meus pedaços de espelho. 2ª ed. São Paulo: Fe, 2015. cap. 22, p. 185-186.

[290]Mais tarde, Noel Rosa viria também se manifestar por intermédio do jornalista e médium Jorge Rizzini (DVD: *Compositores do Além*: Festival de Música Mediúnica, Versátil, 2006) e Marta Galego (Noel: Ontem, Hoje e Sempre, Omnes Libri; Remexendo na Gaveta, pelo Espírito Noel Rosa, Grupo Noel).

[291]SOUTO MAIOR, Marcel. *As Vidas de Chico Xavier*. São Paulo: Planeta, 1994. Os mortos estão vivos, p. 171.

da parceria Chico-Waldo[292]. Esse livro teve a organização do dr. Elias Barbosa, igualmente poeta e exímio conhecedor da literatura brasileira em verso[293]. O prefácio, também escrito por ele, no dia 3 de outubro de 1962, foi em comemoração ao 30º aniversário do *Parnaso de Além-Túmulo*[294]. Como se sabe, Chico ia a sua casa todas as terça-feiras, para tratar de assuntos relativos à organização e edição dos novos livros a serem editados[295].

Provavelmente, *Antologia dos Imortais* tenha sido uma tentativa da Espiritualidade de reviver, a duas mãos, o fenômeno do *Parnaso de Além-Túmulo*, que fez de Chico Xavier um fenômeno nacional, em 1932, recebendo afamados poetas da literatura nacional e portuguesa e deixando estupefata a crítica mais severa.

Acontece, porém, que a década de 1930, considerada a Era de Ouro do rádio no Brasil, também o foi da poesia, que vinha de uma ascensão desde o movimento simbolista e parnasiano, no final do século 19, passando pela Semana de Arte Moderna, em 1922. Cantores do rádio e poetas dessa época eram considerados ídolos nacionais e fenômenos de comunicação.

Na década de 1960, entretanto, embora esses dois meios, rádio e literatura poética, estivessem consolidados, não havia o mesmo impacto de antes, devido a massificação relativa de ambas essas mídias. Quanto ao fenômeno mediúnico, *Antologia dos Imortais* é igualmente impressionante, tanto pelo número elevado de poetas que traz, como pela reconhecida autenticidade dos poemas recebidos.

Em *Antologia dos Imortais*, o número de poetas é muito superior ao da primeira edição em o *Parnaso de Além-Túmulo* – quase oito vezes mais. A primeira edição do *Parnaso* veio a lume com apenas 14 poetas notáves e badalados como Castro Alves, Casimiro de Abreu, Augusto

[292]Disponível em: <http://www.febeditora.com.br/departamentos/antologia-dos-imortais/#.WqeyjR-3wbcs> Acessado em: 12/4/2018.

[293]Disponível em: <http://www.carlosfernandes.prosaeverso.net/visualizar.php?idt=2903361> Acessado em: 12/4/2018.

[294]Vide prefácio de Elias Barbosa em *Antologia dos Imortais* (FEB).

[295]Disponível em: <https://www.youtube.com/watch?v=ui4YUOxqjBc>; <http://radioboanova.com.br/artigos/depoimento-dr-elias-barbosa-sobre-chico-xavier/> 13/4/2018.

dos Anjos etc[296]. Alguns desses nomes, e de outras edições do *Parnaso*, também aparecem em *Antologia*. Mas, em sua maioria, não eram nomes conhecidos do grande público como Júlia Cortines, Rodrigues de Abreu, Irene Souza Pinto e muitos outros – embora alguns o fossem, como o crítico Zeferino de Souza Brasil e os acadêmicos Tobias Barreto e Afonso Celso.

No Natal de 1962, Chico finalizou o texto de *Ideal Espírita*, para futura edição em formato de bolso, com múltiplas respostas com respeito a inquirições relacionadas à doutrina dos Espíritos. Em seguida, no início de 1963, Chico e Waldo receberiam *Leis de Amor*, livro em forma de perguntas e respostas, respondendo a questionamentos com respeito às dificuldades e sofrimentos nas esferas de atuação da vida social humana, à luz da doutrina espírita.

Depois disso, os dois médiuns se entregariam a outras duas obras de grande envergadura, o ensaio *Opinião Espírita*, estudo em torno dos valores morais e espirituais consagrados pelo Espiritismo, conforme a codificação kardequiana, e o romance *Sexo e Destino*, por André Luiz, que explica as realidades da sexualidade, com envolvimento do passado reencarnatório e a atuação dos Espíritos desencarnados, obsessores e benfeitores, como lições a serem apreendidas para a educação e iluminação do reencarnante. Um romance de muita intensidade e realismo. Ambas estas obras foram finalizadas em julho do ano corrente.

Dez anos se levou para que André Luiz reaparecesse com um novo romance. O último tinha sido *Ação e Reação*, em 1957. No período de Pedro Leopoldo, a mediunidade de Chico se destacou pelos muitos romances e obras de grande valor literário. Seria a forma que a espiritualidade encontrara para se comunicar e prestar informações sobre as realidades do mundo espiritual, em conexão com a nossa.

Em Uberaba, claramente Emmanuel optou por conduzir a mediunidade de Chico, desta feita em parceria com Waldo, em uma linha de ação definida: a educação do Espírito, por meio de mensagens esclarecedoras e apoiada nos exemplos de renúncia, abnegação e resignação desse medianeiro – verdadeiro discípulo do Cristo em tempos modernos, trazendo

[296]ALVES, Elifas. *Chico, as origens*. São Paulo: Aliança, 2015. O impacto do Parnaso, p. 96.

de volta as "boas novas" do mundo espiritual, ou Reino dos Céus, na linguagem evangélica.

Quanto aos livros, eles iam se destacando pela quantidade, pela diversidade e também pela qualidade de suas publicações. Aliás, desde que Chico pôs os pés em Uberaba, a personalidade dinâmica e empreendedora de Waldo Vieira e também de Dalva Borges, cobravam do medianeiro pedroleopoldinense a edição de livros em favor de um departamento editorial da CEC[297].

No ano de 1963, então, Chico cedeu à pressão dos dois companheiros da CEC, concedendo a essa instituição os direitos autorais do livro *Ideal Espírita*, para edição em português e espanhol, sem que ainda estivesse organizado o seu departamento editorial[298]. Inicialmente, o médium pedroleopoldinense se posicionou contrário a essa ideia, por achar que a CEC não necessitava de mais recursos, por receber muita doação[299]. Também, "*por ordem de Emmanuel, tudo quanto sobrasse no caixa da CEC deveria ser distribuído aos mais carentes*[300]".

Pesava ainda na cabeça do médium, certamente, o compromisso que ele havia assumido com a FEB, desde os primeiros tempos da mediunidade, de divulgar o trabalho dos Espíritos e o espiritismo em todo o território nacional. Outros títulos também foram doados à Livraria Allan Kardec – Lake –, como *Cartas de Uma Morta*, de sua mãe Maria João de Deus, em 1936.

Em março desse ano, sob a direção de Marlene Rossi e com o apoio de familiares e amigos, foi fundado, em São Paulo, o Grupo Espírita Caibar Schutel (GECS), com o compromisso de desenvolver atividades

---

[297]BACCELLI, Carlos A. *100 Anos de Chico Xavier*. Uberaba: Leepp, 2010. O episódio das materializações em Uberaba, p. 251.

[298]DA SILVA, Raquel Marta. *Chico Xavier*: imaginário religioso e representações simbólicas no interior das Gerais - Uberaba, 1959/2001. 2002. Dissertação (Mestrado de Pós-graduação em História). Universidade Federal de Uberlândia, Uberlândia (MG). cap. 2 - 2.3, p. 135; TAVARES, Clóvis. *Trinta Anos com Chico Xavier*. 5ª ed. Araras (SP): IDE, 1991. Introdução, p. 20, nr. 2.

[299]BACCELLI, Carlos A. *100 Anos de Chico Xavier*. Uberaba: Leepp, 2010. O episódio das materializações em Uberaba, p. 251.

[300]NOBRE, Marlene Rossi Severino. *Chico Xavier*: meus pedaços de espelho. 2ª ed. São Paulo: Fe, 2015. cap. 2, p. 37.

doutrinárias e ações sociais nas cidades de Santo André, São Caetano e Diadema. Essa casa nasceu pela orientação mediúnica de Chico Xavier, antes de Marlene deixar Uberaba, no final do ano passado (1962)[301].

Estiveram também visitando o médium esse ano na CEC um grupo de confrades da cidade de Araras (SP), sob a liderança do dr. Lauro Michielin. Michielin conhecia Chico desde 1950[302], mas, desta feita, vinha acompanhado de alguns companheiros, ligados ao Grupo Espírita Sayão, como Salvador Gentili, José Scanavini, Hercio Arantes e outros[303].

Na ocasião, Chico sugeriu a esse grupo a publicação de um anuário espírita, com o objetivo de noticiar "*os mais importantes acontecimentos do ano anterior, a fim de que se constituísse um registro histórico do movimento espírita nacional e internacional,* e, também, a *publicação de artigos, estudos, mensagens, enfim, tudo o que se constituísse em leitura edificante e cristã*[304]". Obviamente, essa sugestão, como quase tudo que saía da boca do médium, era, na certa, uma instrução da espiritualidade. Chico pediu ainda ao dr. Lauro Michielin que procurasse o dr. Elias Barbosa, que fazia um curso de aperfeiçoamento em São Paulo, para que ele escrevesse, regularmente, no anuário proposto, sobre literatura e mediunidade[305].

Deixando Uberaba, o grupo procurou então colocar logo em prática, entusiasticamente, a sugestão de Chico. O dr. Lauro Michielin, no entanto, propôs que a nova empreitada se desse numa instituição independente, cujo nome seria Instituto de Difusão Espírita. Todos acataram[306]. Assim,

---

[301]Ibidem. cap. 23, p. 194.

[302]ALVES, Elifas. *Chico, as origens*. São Paulo: Aliança, 2015. Novos companheiros e medianeiros, p. 387.

[303]XAVIER, F. C./Espíritos diversos; ARANTES, Hercio M. C. (Org.). *Reencontros*. Araras (SP): IDE, 1982. Item 3, Meritória e abençoada premonição; Disponível em: <https://pt.calameo.com/read/000819354b857c5d95562> Acessado em: 15/4/2018

[304]Disponível em: <http://bibliadocaminho.com/ocaminho/TXavieriano/Livros/Cae/CaeApre.htm> Acessado em: 15/4/2018.

[305]Disponível em: <https://www.youtube.com/watch?v=7YiX3F7ESfQ> Acessado em: 15/4/2018.

[306]Disponível em: <https://pt.calameo.com/read/000819354b857c5d95562> Acessado em: 15/4/2018.

no dia 29 de setembro de 1963, era fundado o IDE – Instituto de Difusão Espírita[307].

Outro que, finalmente, criou coragem e visitou o médium na CEC esse ano foi o jovem Celso de Almeida Afonso. Desde que soube da vinda de Chico para Uberaba, em 1959, tinha o pé atrás com ele, devido à previsão que fizera, em 1956, de que iria psicografar como ele em Uberaba. Por isso buscou se afastar, preventivamente. Agora, todavia, frequentando a mocidade espírita, mais por interesse em atividades artísticas, como música e teatro, pelas quais era apaixonado, resolveu ao menos cumprimentar o médium, tão respeitado e querido dentro do movimento. Celso entrou na fila e quando chegou perto de Chico, apertou a sua mão, mas ficou surpreso ao vê-lo novamente falar o seu nome: — *Como que vai Celso*[308]? Como poderia, depois de tanto tempo, ainda lembrar-se do seu nome? Impressionado, tentou então desenvolver a psicografia, mas com o cuidado de não fazê-lo na frente de muitas pessoas, como faziam Chico e Waldo, o que o levou também a não ir muito adiante nesse desenvolvimento[309].

Em outubro, desencarnava no Rio de Janeiro, aos 74 anos de idade, a querida amiga de Chico Xavier, desde os tempos de Pedro Leopoldo, dona Esmeralda Bittencourt[310]. Talvez, por saber desse acontecimento de forma antecipada, foi que Emmanuel homenageou-a no livro *Relicário de Luz*, organizado por ela no ano anterior. Mas, antes de partir, Esmeralda deixou pronto também outro livro, *Dicionário da Alma*, a ser publicado mais para a frente pela FEB, com novos agradecimentos de Emmanuel.

Dicionário da Alma é, na verdade, uma coletânea de termos extraídos de treze obras do médium pedroleopoldinense, ordenados na forma de dicionário. Por exemplo, "*ABASTANÇA: Na abastança, não te esqueças de dar (André Luiz)* (...) / *BARRO: O barro humilde, ao calor da cerâmica, se transforma em sustentáculo da habitação (Emmanuel)* (...) /

---

[307]Disponível em: <http://idelivraria.com.br/?modulo=Conteudo&id=1> Acessado em: 15/4/2018; Disponível em: <http://www.ide.org.br/> Acessado em: 16/4/2018.

[308]Disponível em: <https://www.youtube.com/watch?v=3OqwtjlYFfc> Acessado em: 16/4/2018.

[309]Disponível em: <http://www.correiodetreslagoas.com.br/noticia.php?id=2386> Acessado em: 17/4/2018.

[310]XAVIER, F. C./Espíritos diversos. *Caravana de Amor*. Brasília: FEB, 1985. cap. 9, nr. 9.

CALMA: Escuta com calma quem te procura trazendo inquietação ou veneno (Emmanuel) (...)" etc.

Ainda esse ano (1963), deixava também Pedro Leopoldo, cidade natal de Chico Xavier e de toda sua família, o seu irmão André Luiz Xavier[311], fiel companheiro de atividades mediúnicas, no período anterior a Uberaba. Na casa desse irmão, após as reuniões públicas no Centro Espírita Luiz Gonzaga, reuniam-se eles e outros convidados para um gostoso cafezinho à mineira e conversas espirituosas até alta madrugada[312]. O motivo de André ter tomado essa decisão, sem família e completamente solitário, foi que o seu comércio, do qual o irmão médium era o maior cliente[313], estava falido e ele completamente endividado[314]. Na verdade, depois que Chico deixou Pedro Leopoldo, em 1959, o movimento de visitantes e turistas na cidade caiu bruscamente, tendo prejudicado, por tabela, o comércio local[315]. Assim, André partiu rumo a São Paulo – na época, conhecida como a cidade da oportunidade e do trabalho – em busca de melhores condições de vida.

Novas da revista "O Cruzeiro" e repercussões na relação com a FEB

Logo no início de janeiro de 1964, Waldo convidou Chico, alguns amigos e mais dezoito companheiros médicos a participarem de uma sessão com a médium Otília Diogo, no seu consultório, localizado ao lado da CEC[316] (dr. Eurípedes Tahan Vieira, dr. Cleomar Borges de Oliveira, dr. Adroaldo Modesto Gil, dr. Alberto Calvo, dr. Adelor Alves Gouveia,

---

[311]Cf. depoimento de Fabiana, neta de André Luiz Xavier, à Célia Xavier, em set./2018.

[312]ALVES, Elifas. *Chico, as origens*. São Paulo: Aliança, 2015. Conflitos em família e mudança de residência, p. 279-280.

[313]DE CARVALHO, Antônio Cesar Perri; DE MELO, Oceano Vieira (Orgs.). *Depoimentos sobre Chico Xavier*. Brasília (DF): FEB, 2010. 2.2 – Sr. André Luiz Xavier, p. 27.

[314]SOUTO MAIOR, Marcel. *As Vidas de Chico Xavier*. São Paulo: Planeta, 1994. Chuva de pétalas, p. 132.

[315]HARLEY, Jhon. *O Voo da Garça*: Chico Xavier em Pedro Leopoldo (1910-1959). Belo Horizonte: Vinha de Luz, 2010. A saída de Pedro Leopoldo, p. 248-249.

[316]BACCELLI, Carlos A. *100 Anos de Chico Xavier*. Uberaba: Leepp, 2010. O episódio das materializações em Uberaba, p. 247.

dr. Oswaldo de Castro, dr. Elias Barbosa, dr. Armando Valente de Couto, dr. José Américo Junqueira de Mattos, dr. Ismael Ferreira de Rezende, dr. Milton Skaff, dr. Sebastião de Mello[317], e outros). O objetivo dessa iniciativa? Divulgar cientificamente a imortalidade da alma por meio das materializações.

Vale lembrar que a médium Otília Diogo, de Andradas (MG), foi uma descoberta do jornalista Salomão Schvartzman, que publicou farta reportagem ilustrada a respeito de seus dons na famosa revista semanal *Fatos e Fotos*, de 3 de agosto de 1963[318].

Para divulgação mais efetiva dos fenômenos a serem apresentados, Waldo contatou, então, repórteres da badalada revista de circulação nacional *O Cruzeiro*, pertencente ao Diários Associados, e também da TV Itacolomy, de Belo Horizonte, além do jornalista e escritor espírita Jorge Rizzini. A fiscalização do evento ficara a cabo dos próprios repórteres, com total liberdade de ação. No caso de Otília, por exemplo, o repórter policial Nilo Teixeira, de *O Cruzeiro*, prendeu os seus pés numa cadeira, com grossas correias e cadeados, algemando também as suas mãos[319].

Ainda, por sugestão do dr. Adelor Alves, todos os presentes foram marcados com esparadrapo fosforecente, para evitar movimentos suspeitos. Tudo e todos foram revistados, de cabo a rabo – casa, mobiliário, objetos, vestimentas etc. No final, o dr. Euripedes Tahan gravou o depoimento dos repórteres presentes, bastante impressionados com o que viram, as materializações e os fenômenos de efeitos físicos[320].

Quanto ao evento em si, Chico se pronunciou a respeito:

"*Eu tive o prazer de assistir às experiências havidas, por deferência de nossos amigos da Medicina; experiências de caráter científico. Eu creio mesmo que seria dispensável minha presença* – de fato, Chico era quem menos precisava desse tipo de comprovação, além de ser médium

[317]RIZZINI, Jorge. *Materializações de Uberaba*. São Paulo: Nova Luz, 1964. cap. IV.

[318]Ibidem, cap. I.

[319]Ibidem, cap. IV.

[320]Idem.

de efeitos físicos e já ter servido às materializações em 1952 e 1953[321], entre outras coisas –; *mas fui convidado e compareci com muito prazer. Foi para mim um conforto muito grande abraçar nossa irmã Josepha materializada em nossa reunião. Tive a felicidade de conseguir sair numa foto em que eu estava – para muita alegria minha – ao lado dela. Os nossos amigos espirituais, o nosso Emmanuel e o nosso André Luiz sempre estimam em alta conta os trabalhos de materialização no setor da comprovação científica da sobrevivência da alma, além da morte. E, sobretudo, há muitos anos, eles me ensinam, e me constrangem mesmo, a considerar a oportunidade da mediunidade de efeitos físicos no setor de alívio às dores da Humanidade. De modo que eu, desde há muito tempo, me interesso pessoalmente por esses trabalhos com o objetivo do socorro ao sofrimento humano*[322]."

Ocorre, porém, que *O Cruzeiro*, além de ser uma revista sensacionalista, tinha agora como um de seus diretores David Nasser[323], aquele mesmo que, em 1944, engendrara, como repórter, uma farsa ridicularizando Chico Xavier na mesma revista, com fotos e notícias forjadas.

Na época, David Nasser, acompanhado do fotógrafo Jean Manzon e do piloto Nestor Natividade, apresentaram-se como repórteres estrangeiros, utilizando nomes falsos. Ao deixarem a casa de Chico riam à toa de sua ingenuidade. Mas não sabiam que o autógrafo nos livros que Chico lhes ofereceu como cortesia era de Emmanuel, e não do médium. Nesses autógrafos, Emmanuel os tratava pelos nomes verdadeiros. Ou seja, desmascarou-os e deu, portanto, autenticidade à mediunidade de Chico – que Nasser não acreditava, de forma nenhuma[324].

Desta feita, porém, o escândalo de *O Cruzeiro* repetia-se de maneira muito pior, sob o título "*'A farsa da materialização': uma reportagem enorme, com catorze páginas, arrasando a médium, os médicos e as re-*

---

[321] ALVES, Elifas. *Chico, as origens*. São Paulo: Aliança, 2015. Novas amizades, novos trabalhos e materializações com Chico, p. 340,356-359.

[322] Ibidem, cap. XV.

[323] Ibidem, cap. V.

[324] ALVES, Elifas. *Chico, as origens*. São Paulo: Aliança, 2015. O caso Humberto de Campos, o escândalo de O Cruzeiro e repercussões, p. 219-226.

portagens subsequentes, os repórteres se tornaram ainda mais agressivos (para efeito de sensacionalismo) e taxaram os médicos de mistificadores, levianos, escroques, petulantes, gangsters (...) etc. Essa deprimente campanha de "O Cruzeiro" contra o Espiritismo teve a duração de quase três meses consecutivos! Ocupou onze números seguidos da revista! Nos onze números, foram gastas cerca de setenta páginas compactas... Ilustraram a campanha um total de oitenta e sete fotografias[325]!".

Detalhe: a revista chegou a adulterar inúmeras fotografias, a fim de ridicularizar a autenticidade do fenômeno e seus envolvidos na divulgação, "contratando" até um perito da polícia do Rio de Janeiro[326], atestando que elas eram verdadeiras.

Um laudo oficial da polícia de São Paulo[327], no entanto, comprovou essas adulterações, desmistificando a farsa construída pela revista. Os dezenove acadêmicos de medicina, incluindo Waldo Vieira, então, "*encomendaram a uma revista uma reportagem de defesa*[328]", com fotos e gravações originais.

O jornalista espírita Jorge Rizzini se envolveu novamente no caso, empenhando-se ao máximo em fazer valer a verdade. Apresentou-se à TV Continental, desvendando a farsa e o sensacionalismo de *O Cruzeiro*. Em seguida, publicou o livro *Materializações de Uberaba*[329] (Nova Luz, 1964), contando em detalhes tudo que aconteceu. O mesmo fez Herculano Pires na imprensa[330], ele que fundara o Clube dos Jornalistas Espíritas de São Paulo, em 1948, e era articulista e redator do jornal

[325]RIZZINI, Jorge. *Materializações de Uberaba*. São Paulo: Nova Luz, 1964. cap. V.

[326]Ibidem, cap. IX.

[327]Idem.

[328]BACCELLI, Carlos A. *100 Anos de Chico Xavier*. Uberaba: Leepp, 2010. O episódio das materializações em Uberaba, p. 250.

[329]RIZZINI, Jorge. *Materializações de Uberaba*. São Paulo: Nova Luz, 1964. cap. IX.

[330]CUIN, João. *Chico Xavier*: amor e sabedoria. São Paulo: DPL, 2006. cap. 15, p. 55; Disponível em: <http://www.autoresespiritasclassicos.com/Autores%20Espiritas%20Classicos%20%20Diversos/Herculano%20Pires/O%20Apostolo%20do%20Espiritismo/6%20-%20O%20ap%C3%B3stolo%20em%20S%C3%A3o%20Paulo.htm> Acessado em: 19/4/2018.

Diário de São Paulo – pertencente ao grupo Diários Associados –, no qual mantinha uma coluna espírita com o pseudônimo de Irmão Saulo[331].

Segundo Chico, a reportagem de defesa feita pelos acadêmicos custou oitocentos mil cruzeiros, pagos por amigos de São Paulo. Acontece, porém, que o então presidente da FEB, Wantuil de Freitas, com quem Chico tinha amizade e se correspondia regularmente por carta desde 1943, vendo a tal reportagem, mandou reproduzi-la igualmente no *Correio da Manhã*, do Rio de Janeiro, por um valor bem acima: um milhão e duzentos mil cruzeiros[332]!

O que ninguém contava, contudo, é que, após a publicação dessa reportagem paga ao *Correio da Manhã*, Chico receberia a cobrança dela, justamente por intermédio do Wantuil de Freitas, como se a mesma fosse de sua responsabilidade. Chico soube disso por intermédio de Waldo, que o auxiliava a abrir as correspondências nessa época:

"*Pois bem, o Waldo depois de abrir um telegrama, eu o vi chorando...* – relatou Chico. – *Naquele rosto tão sério, rolavam copiosas lágrimas. (...) Se estão fazendo isso com você* – desabafou Waldo –, *que tem trabalhado para eles como um empregado durante anos, o que farão comigo daqui algum tempo?! (...) O Waldo e a Dalva já haviam sido cobrados antes pela FEB, a qual exigia que, pelo menos, eles recebessem dos médicos; mas a reportagem no* Correio da Manhã *fora encomendada pelo Wantuil e eles* – a CEC – *não se viam comprometidos com dívida alguma.*"

A indignação de Waldo com Wantuil, cobrando de Chico um valor que ele nada tinha a ver, juntava-se a algo ainda mais indignante: o fato de a modernização do parque gráfico da FEB ter sido o resultado de uma doação feita por Chico, em 1947, no valor de 100 milhões de réis. Na verdade, essa era uma pequena fortuna, que o rico empresário do disco, Frederico Figner, doara em testamento ao médium, a fim de que ele pudesse ter uma vida mais tranquila e se dedicar à mediunidade, sem maiores preocupações. Chico, entretanto, negou receber esse benefício,

---

[331]Vide o livro J. *Herculano Pires, O Apóstolo de Kardec*: o Homem, a Vida, a Obra, de Jorge Rizzini (Paideia, 1984).

[332]BACCELLI, Carlos A. *100 Anos de Chico Xavier*. Uberaba: Leepp, 2010. O episódio das materializações em Uberaba, p. 250.

transferindo o valor integral da doação à FEB, para o fim já explicitado[333]. E o motivo de o médium fazer isso é bem claro, estando fundamentado na instrução de Jesus "*O que de graças recebeste, de graça haverá de passar* (Mt 10:8)". Ou seja, não se deve mercadejar com os dons espirituais.

Por causa dessa cobrança indevida, a ele e à CEC, Chico se viu obrigado a "romper" com a FEB naquele momento, mas não em definitivo. Na verdade, ele cedia aos reiterados pedidos de Waldo e Dalva para que seus livros fossem também destinados ao departamento editorial da CEC, em vias de ser fundado:

"*Foi quando eu disse ao Waldo que tínhamos ainda um caminho: — Vocês têm insistido comigo para a criação de um departamento editorial; pois bem, a "Comunhão" paga ao Wantuil e eu me rendo à ideia de vocês... Publicaremos um livro por ano! E começamos com* O Livro da Esperança... (de Emmanuel, psicografia de Chico Xavier) *Eu me vendi por um milhão e duzentos mil cruzeiros!... Mas me sentia mal, quando alguém vinha solicitar dos Espíritos um livro para a Comunhão, porque a instituição não necessitava disso para sobreviver; durante muitos anos, ela sobreviveu com o óbulo dos amigos... Foi por esse motivo que rompemos com a Federação*[334]*.*"

Na verdade, esse rompimento, como a Feb não seria definitivo, até porque ela era a única editora espírita, na época, com estrutura de divulgação em nível nacional. A CEC até poderia editar livros, como era o desejo de Waldo e Dalva, mas sem acesso à distribuição nacional como a FEB.

De qualquer maneira, Chico posicionou Wantuil, de forma um tanto amigável, que, a partir daquele momento, a CEC igualmente assumiria também responsabilidades no campo editorial – mas não apenas lançando um livro por ano, como dissera antes, no calor da emoção[335].

Outra médium que deu as caras em Uberaba esse ano, sem nenhuma característica fenomênica espetacular, mas com grande potencial

---

[333]ALVES, Elifas. *Chico, as origens*. São Paulo: Aliança, 2015. O caso Frederico Figner, p. 258-273.

[334]BACCELLI, Carlos A. *As Bênçãos de Chico Xavier*. Votuporanga: Didier, 1998. cap. 64, p. 62-64.

[335]SCHUBERT, Suely Caldas. *Testemunhos de Chico Xavier*. 4ª ed. Brasília (DF): FEB, 2010. Livros doados à CEC, 29/6/1964.

para as práticas assistenciais, foi Guiomar Albanesi[336]. Ela fundou e deu início, em 1960, a atividades espirituais em um pequeno salão cedido pelo marido, amparando pessoas carentes na região da zona leste de São Paulo[337]. Em 1963, junto de amigas, fundou o Clube de Mães Lírios do Vale, a fim de atender mães em vulnerabilidade social, as quais recebiam, gratuitamente, cursos de atendimento hospitalar, corte e costura, artesanato e culinária, além de serem preparadas para atividades laborais.

Após a costumeira peregrinação conduzida pelo médium, Chico chamou Guiomar para junto de si e disse: — *Dona Guiomar, vejo a luz do doutor Bezerra nos seus olhos*! Depois, passou a seguinte instrução, relativamente ao trabalho espiritual que ela vinha realizando em São Paulo: — "*Guiomar, minha filha. Você está aplicando passes em casa e fazendo atendimentos lá? Bezerra está pedindo para você não fazer isto na sua casa não. Atende até embaixo de uma árvore, mas, em casa não. Antes dos perturbados chegarem, chegam os perturbadores*[338]". Posteriormente, a mesma fundou o Centro Espírita Perseverança[339], desenvolvendo trabalhos crescentes e sem perder o vínculo com o médium, que passou a orientá-la e apoiá-la com certa regularidade, tanto na parte espiritual como assistencial.

Em março desse ano (1964), desencarnava, no Rio de Janeiro, a querida amiga e apoiadora de Chico Xavier, desde os tempos de Pedro Leopoldo e esposa de Jorge Manoel Gaio, Marietta Gaio, fundadores da Fundação Marietta Gaio. Com o seu desencarne, seus filhos, Jorge e Nair, assumiram a direção dessa instituição[340].

Além do *Livro da Esperança*, finalizado em abril, e *Dicionário da Alma*, já citado, organizado por Esmeralda Bittencourt, foram ainda publicados pela FEB, nesse ano de 1964, os livros *Contos desta*

---

[336]SOUTO MAIOR, Marcel. *Por Detrás do Véu de Isis*. São Paulo: Planeta, 2004. Uma senha para o abraço, p. 176.

[337]Disponível em: <http://historiaviladiva.blogspot.com/2016/07/serafim-antonio-albanesi-fundador-do.html> Acessado em:

[338]SOUTO MAIOR, Marcel. *Por Detrás do Véu de Isis*. São Paulo: Planeta, 2004. Uma senha para o abraço, p 176.

[339]Disponível em: <http://perseveranca.org.br/2015/historia/> Acessado em: 21/4/2018.

[340]XAVIER, F. C./Emmanuel. *Amor e Luz*. São Paulo: Ideal, 1977. 2ª. parte, cap. 20.

e Doutra Vida, pelo Espírito Irmão X, e *Desobsessão* – esse último, em parceria com Waldo Vieira. O último livro do Irmão X, *Contos e Apólogos*, foi ainda em Pedro Leopoldo, em 1958. Quanto ao *Desobsessão*, esse era um livro realmente especial, tanto que Chico e Waldo pediram empenho da FEB, no que diz respeito ao seu projeto gráfico, incluindo nele fotografias ilustrativas, com o propósito de evitar distorções generalizadas, comuns a essa prática dos espíritas:

"*Será preferível para nós* – relatou Chico a Wantuil, em carta datada de 18/4/1964 –, *os servidores da Doutrina Espírita, na hora atual, que o livro fique mais caro do ponto de vista financeiro e pouco acessível à bolsa pública, no momento que passa, porquanto precisamos de um trabalho que auxilie a desobsessão, sem os prejuízos do misticismo, como sejam rituais, defumações, figurações cabalísticas, ídolos diversos e fórmulas outras do magismo, respeitáveis naqueles que os aceitam de intenção pura, mas incompatíveis com os princípios libertadores da Doutrina Espírita, e tão-só com as ilustrações pelas fotos conseguirá o livro* Desobsessão *apresentar ao povo uma ideia indeformável das tarefas de desobsessão, partindo do ponto de vista científico popular, sem as interferências negativas do sincretismo religioso*[341]."

Curiosamente, dois grandes amigos e companheiros de Chico Xavier na CEC, os drs. Elias Barbosa e Marlene Rossi, colegas de turma e formados no mesmo ano (1962), na Faculdade de Medicina do Triângulo Mineiro – FMTM, também se casaram nesse ano de 1964, respectivamente com Cândida Flávia e Freitas Nobre. Como se sabe, o dr. Elias permaneceu em Uberaba, tornando-se, ainda nesse ano, professor de Farmacologia na FMTM[342]; já Marlene retornou a sua cidade natal, São Paulo.

Devido à grandeza do trabalho espiritual e assistencial de Chico como um todo, o pedroleopoldinense sempre teve grande zelo na proteção espiritual junto aos companheiros com os quais conduzia suas tarefas missionárias. Mesmo quando ocorria o afastamento necessário de algum

[341] Ibidem, Desobsessão, 4/8/1964.

[342] Disponível em: <https://www.recantodasletras.com.br/homenagens/2903361>. Acessado em: 22/4/2018.

desses companheiros, como é o caso de Marlene Rossi, ele continuava lhes dando o suporte espiritual necessário a distância.

No caso do dr. Elias Barbosa, sabe-se que o médium ia todas as terças-feiras em sua casa, para tratar de assuntos relativos aos livros em execução[343]. Muitas vezes, ele levava também à casa dele, nos finais de semana, visitas que estavam em trânsito por Uberaba, como o casal Galves e outros[344]. Elias recebeu também do médium a orientação para fazer leituras evangélicas diárias, em torno de dez minutos, e um culto doméstico semanal, de meia hora, como medida de proteção. O motivo era que ele se envolvia com casos complicados no trabalho, do ponto de vista espiritual, e acabava levando obsessores para casa[345]. Sua esposa, Cândida, era de família espírita, tendo-a conhecido em Sacramento, terra de Eurípedes Barsanulfo, em 1955. Mas logo a família dela se mudou para Uberaba, quando foi estudar justamente no colégio onde Elias trabalhava[346], o Colégio Triângulo, de Mário Palmério. O curioso é que, algumas vezes, Chico ia com Cândida à cozinha e lhe ensinava receitas caseiras de doces e salgados, algumas delas fornecidas por Espíritos desencarnados[347].

A propósito, Chico realizava diariamente em sua casa um culto evangélico, às 11 horas da manhã. Quando podia, o dr. Elias participava desse culto. No final, o médium dava passe em todos os presentes e, depois, pedia a Weaker Batista que desse passe nele[348].

No caso de Marlene, mesmo ela vivendo em São Paulo, continuou visitando o médium pedroleopoldinense em Uberaba, com regularidade e juntamente com o marido. "*O fato de ter me casado com alguém que amava Chico tão profundamente como eu,* disse ela, *favoreceu-me o propósito de visitá-lo a cada dois ou três meses em Uberaba*", acompanhando, "*dentro*

---

[343]Disponível em: <https://www.youtube.com/watch?v=ui4YUOxqjBc>; <http://radioboanova.com.br/artigos/depoimento-dr- -barbosa-sobre-chico-xavier/> Acessados em: 22/4/2018.

[344]Disponível em: <https://www.youtube.com/watch?v=I1dWMNidJXI> Acessado em: 22/4/2018.

[345]Disponível em: <https://www.youtube.com/watch?v=RMy7SwEGNZc> Acessado em: 22/4/2018.

[346]Disponível em: <https://www.youtube.com/watch?v=I1dWMNidJXI> Acessado em: 22/4/2018.

[347]Idem.

[348]Disponível em: <https://www.youtube.com/watch?v=ui4YUOxqjBc&+http%3A%2F%2Fradioboanova.com.br%2Fartigos%2Fdepoimento-dr-elias-barbosa-sobre-chico-xavier%2F=> Acessado em: 23/4/2018.

do possível, lances de sua vida exemplar"[349]. Numa dessas visitas, ocorrida ainda esse ano, Freitas recebeu uma mensagem do dr. Bezerra de Menezes, por meio de Chico avisando-o de "*que a espiritualidade iria preservá-lo, afastando-o do quadro político do país*[350]". Ele, então, ficou de sobreaviso, até sentir que era chegada a hora de fazer alguma coisa. Ocorre que no dia 31 de março fora instalada a ditadura militar no Brasil, por meio de golpe.

Em julho de 1964, Waldo finalizou a psicografia de *Sol nas Almas*, de André Luiz, para edição da CEC. Esse livro recebeu as seguintes palavras de Emmanuel na introdução:

> "*No sol, a base da existência. À face disso, todas as construções terrestres lhe reservam lugar. Cidades rasgam-lhe avenidas e logradouros, edifícios abrem-lhe átrios e janelas, para que lhes não falte euforia ao arejamento.*
>
> *Pensando nisso, André Luiz, com muita felicidade, compara a Doutrina Espírita — Cristianismo Redivivo — a sol nas almas. Se o Sol é vida e luz, o Espiritismo é amor e verdade, ambos vertendo a jorros de vitalidade e calor das Esferas Maiores.*
>
> *Na Terra, criatura alguma logra respirar e desenvolver-se, fora da constante solar, e espírito nenhum consegue renovar-se e purificar-se sem a influência do Cristo de Deus, que podemos considerar como sendo a constante divina.*
>
> (...)"

A persistência de Aparecida e a visita de Clóvis Tavares à CEC

No desenrolar de 1964, também, a protegida de Chico, Aparecida

---

[349]NOBRE, Marlene Rossi Severino. *Chico Xavier*: meus pedaços de espelho. 2ª ed. São Paulo: Fe, 2015. p. 195.

[350]Ibidem, cap. 29, p. 241.

Conceição, ou a Cida do Pênfico, decidiu retornar novamente a São Paulo, acompanhada de alguns doentes, a fim de arrecadar fundos para a construção do seu almejado hospital.

Lá chegando, em pleno viaduto do Chá, instalou sua campanha, pedindo donativos, junto aos transeuntes, para compra de materiais de construção e gastos de rotina do serviço assistencial que prestava. Mas, como ninguém a conhecia na capital paulista, acabou sendo denunciada sob o argumento de que estaria mendigando em favor de entidade fictícia.

Resultado: apesar de todas as explicações, acabou sendo presa por oito dias. E só ganhou a soltura com a condição de apresentar provas da veracidade de sua campanha. Em Uberaba, providenciou as provas necessárias, além de inúmeras menções de apoio ao seu trabalho – do Prefeito, da Câmara Municipal, de associações de classe e de diversas autoridades locais –, entregando-as às autoridades paulista[351].

A repercussão do caso sensibilizou outras pessoas, inclusive a autoridade paulista que cuidava do caso, levando Aparecida a receber muitas e inesperadas contribuições. O casal Galves, da estima pessoal de Chico, foi um desses colaboradores, arrecadando fundos por meio de um bazar e aproximando outros benfeitores, que permitiram a Aparecida levantar as bases do Hospital do Pênfico, ainda naquele ano, em Uberaba.

Aparecida voltou ainda outra vez a São Paulo, percorrendo vários centros espíritas da capital paulista e levando a sua Campanha do Tijolo. Em um desses centros, no bairro do Brás, o dirigente da sessão convidou-a a dar um passe na presidente da casa, que se encontrava enferma e com os movimentos paralisados. Aparecida estranhou o pedido, pois nunca havia dado passe antes, mas acabou cedendo. E foi as sensações elevadas durante a aplicação do passe que a fez perceber a seriedade desse tipo de assistência espiritual.

No dia seguinte, a presidente enferma melhorou, chegando, inclusive, a andar. Depois disso, tornou-se uma colaboradora assídua das campanhas

---

[351]BUENO, Izabel. *Uma Vida de Amor e Caridade*. BH: Fonte Viva, 1988. cap. 7.

do Hospital do Pênfico[352]. Quanto à Aparecida, que tinha em Chico ser ele uma "bênção dos céus", embora não compreendesse e rejeitasse o espiritismo, após esse acontecido, virou espírita e descobriu que era médium de cura também.

Em agosto de 1964, desencarnava em Belo Horizonte, aos 64 anos, dona Maria Modesto Cravo, fundadora do Sanatório Espírita de Uberaba e muito amiga de Chico. Em julho de 1963, ela deixou Uberaba para tratar de um câncer na capital mineira, mas não conseguiu resistir[353]. No mês seguinte, o médium terminou outro livro: *Palavras de Vida Eterna*, de Emmanuel. Nele, Emmanuel desenvolve notáveis instruções, a partir de frases extraídas dos Evangelhos, relacionando-as com diferentes aspectos do comportamento humano. Dentre as cento e oitenta mensagens desse livro, destacamos uma dessas instruções (cap. 7):

"Melhorar para progredir

`E a um deu cinco talentos e a outro dois e a outro um, a cada um segundo a sua capacidade...' – Jesus (Mt, 25:15)

Melhorar para progredir - eis a senha da evolução.

Passa o rio dos dons divinos em todos os continentes da vida, contudo, cada ser lhe recolhe as águas, segundo o recipiente de que se faz portador. Não olvides que os talentos de Deus são iguais para todos, competindo a nós outros a solução do problema alusivo à capacidade de recebê-los.

Não te percas, desse modo, na lamentação indébita. Uma hora anulada na queixa é vasto patrimônio perdido no preparo da justa habilitação para a meta a alcançar.

Muitos suspiram por tarefas de amor, confiando-se à aversão e à discórdia, enquanto que muitos outros sonham servir à luz, sustentando-se nas trevas da ociosidade e da ignorância.

---

[352] Ibidem, cap. 28.

[353] Disponível em: <http://www.correiofraterno.com.br/index.php?option=com_content&task=view&id=94&Itemid=37> Acessado em: 24/4/2018.

A alegria e o fulgor dos cimos jazem abertos a todos aqueles que se disponham à jornada da ascensão. Se te afeiçoas, assim, aos ideais de aprimoramento e progresso, não te afastes do trabalho que renova, do estudo que aperfeiçoa, do perdão que ilumina, do sacrifício que enobrece e da bondade que santifica...

Lembra-te de que o Senhor nos concede tudo aquilo de que necessitamos para comungar-Lhe a glória divina, entretanto, não te esqueças de que as dádivas do Criador se fixam, nos seres da Criação, conforme a capacidade de cada um."

No feriado de finados desse ano (1964), o confrade uberabense, Jarbas Leone Varanda, fundador da Aliança Espírita Municipal de Uberaba, em estreita relação com Chico Xavier, realiza o primeiro Commetrim[354] (Confraternização de Mocidades Espíritas do Triângulo Mineiro).

No início de dezembro, Chico recebeu nova visita do querido amigo campista Clóvis Tavares[355], com o qual havia estado também em outubro[356]. Desta feita, no entanto, Clóvis vinha acompanhado de um confrade e companheiro da Escola Jesus Cristo, em Campos (RJ) – escola essa que o médium já havia visitado em julho de 1940[357].

E, mais uma vez, Clóvis se encanta com o clima cristão da CEC:

"*A CEC é uma construção simples. Modesto portão dá ingresso a uma varanda que, todas as tardes, é transformada em cenáculo de fraternidade: o refeitório dos pobres...*

Singelas mesas desmontáveis são rapidamente dispostas em ordem e centenas de irmãos necessitados recebem substancioso prato de sopa, equivalente a um jantar, tão apreciável e abundante é. Nos bancos humildes, revivendo naquele ambiente de bondade fraterna a "Casa do Caminho" do Cristianismo Apostólico, sentam-se mães sofredoras, acompanhadas de seus filhinhos; acomodam-se velhinhos trôpegos, de

[354]Disponível em: <http://www.pontalespirita.com.br/index/index.php/commetrim/76-historiada-commetrim> Acesso em: 25/4/2018.

[355]TAVARES, Clóvis. *Trinta Anos com Chico Xavier.* 5ª Ed. Araras (SP): IDE, 1991. cap. 19, p. 226.

[356]Ibidem, cap. 20, p. 241.

[357]Ibidem, cap. 9, p. 77.

fisionomia deprimida, transfigurados pelo sofrimento; jovens e adultos, pobremente vestidos, se aconchegam...

(...)

...O quadro é comovedor. A modesta cozinha, que funciona ao lado do pequeno pátio, fornece atualmente, em média diária, mais de seis centenas de pratos de sopa.

(...)

O templo, que se segue logo à modesta varanda, é uma sala ampla, onde se realizam os estudos e as sessões mediúnicas. Ao centro, uma grande mesa, cercada de várias cadeiras. Diversos bancos completam o mobiliário modesto. À entrada do templo, à esquerda, uma pequena sala destinada aos passes magnéticos. Do lado oposto, a livraria espírita.

(...)

A sessão, que é pública, consta de estudos doutrinários de O Livro dos Espíritos *e de* O Evangelho segundo o Espiristismo, *simultaneamente, em trechos escolhidos ao acaso pela presidente da CEC, Dalva Rodrigues Borges. É a diretora dos estudos que vai designando os confrades presentes que devem dissertar sobre os temas da noite, enquanto os médiuns se retiram para um pequeno aposento contíguo do templo, a fim de atender ao serviço de orientação espiritual para enfermos e sofredores.*

(...)

Terminada a reunião, novamente se repetem as cenas de fraternal aproximação com os médiuns dedicados e atenciosos. São solicitações de preces, são despedidas, são pedidos de autógrafos em livros espíritas, são explicações requeridas, são relatos dolorosos que anseiam por orientação espiritual... Chico e Waldo, sempre obsequiosos, invariavelmente incansáveis, atendem a todos.

(...)

Terminada a reunião, é costume todos, ou quase todos, se dirigirem à cozinha do Culto da Assistência para o Lanche Fraternidade da madrugada. Generosas cooperadoras da CEC a todos oferecem uma saborosa média de café, bolos, doces e brioches, que elas mesmas trouxeram para o repasto da despedida.

(...)

Foi nessa noite que fomos informados do projeto de viagem de ambos aos Estados Unidos. O caro médico nos relatou episódios interessantes a respeito da facilidade admirável com que o Chico se iniciara nos estudos da língua inglesa, visando facilitar aos Mensageiros Espirituais os ditados que, porventura, viesse a psicografar nesse idioma, bem como a convivência com nossos confrades ianques.

Minha memória retrocedeu ao passado, recordando que o Chico já recebera páginas mediúnicas em inglês, espanhol, em italiano e outras línguas, desde o início da sua mediunidade, sem haver jamais se dado a estudos de idiomas estrangeiros...

Foi ainda nessa noite de 4 de dezembro que fiquei sabendo da desencarnação do velho amigo de Pedro Leopoldo, o confrade Zeca Machado[358] *(José Flaviano Machado), saudosamente recordado, então.*

(...)

...Nosso querido amigo nos falou sobre a expansão de nossa Doutrina, irradiando entusiasmo. Mostrou-nos afetuosa carta, em inglês, de um espiritualista da Índia, que expressava sua satisfação pela leitura do livro Ideal Espírita, *que ficara conhecendo em sua versão em castelhano. Ansiava por livros espíritas em inglês e, com ele, outros estudiosos indianos*[359]*."*

Projetos de divulgação doutrinária e primeiras evidências de mudanças no comportamento de Waldo

Na ocasião dessa visita, Waldo comunicou também a Clóvis que tinha acabado de psicografar, de maneira solo, o romance *Cristo Espera por Ti*, pelo Espírito Honoré De Balzac[360], notável escritor francês do século 19,

[358]José Flaviano Machado (o Zeca Machado): Filhos de José Sérgio Machado, gerente da Cia. Têxtil de Pedro Leopoldo, que Chico, seu pai e suas irmãs trabalharam. Fundou o Centro Espírita Scheilla, em 1958, por orientação de Chico Xavier, e trabalhou com este no Centro Espírita Luiz Gonzaga por mais de trinta anos, até sua saída de Pedro Leopoldo, em 1959.

[359]TAVARES, Clóvis. *Trinta Anos com Chico Xavier*. 5ª Ed. Araras (SP): IDE, 1991.. cap. 19, p. 227-233.

[360]Ibidem, p. 237.

muito conhecido pelas agudas observações psicológicas sobre a natureza humana. O livro seria entregue para publicação, no ano seguinte, ao IDE.

Com respeito aos contatos em solo americano, Chico tinha amigos espíritas lá radicados, como Maria Aparecida Pimentel[361], em Washington, e o casal Salomão e Phillys Haddad, em Elon College[362], na Carolina do Norte. Salomão Haddad, por exemplo, conhecia Chico desde os anos 1950[363], tendo, inclusive, empreendido viagem com o médium à capital paulista e à cidade de Santos[364]. A propósito dessa viagem aos Estados Unidos pelos dois médiuns, Chico vinha até tomando aulas de inglês[365].

Passado pouco mais de um ano da visita do pessoal do Grupo Espírita Sayão ao Chico, a instrução que o médium lhes passara, de publicar um *Anuário Espírita*, tornava-se finalmente uma realidade, no final desse ano. Entre outras coisas, esta edição trouxe uma questão relacionada com uma das maiores curiosidades que se passava no meio espírita naquele tempo: qual a verdadeira identidade de André Luiz, um dos autores mais lidos de todas as obras do médium. Chico, porém, esclareceria mais adiante a Hércio Arantes, que estava à frente dessa pesquisa, que não perdesse tempo com isso, uma vez que a biografia desse autor espiritual, no livro *Nosso Lar*, estava toda truncada[366].

Com a proposta concretizada, o Grupo Espírita Sayão e o IDE acabaram se fundindo em um só grupo, permanecendo apenas o nome desse último. Mas, ainda que o foco do IDE fosse a divulgação doutrinária, havia nos estatutos também objetivo de ações sociais[367].

---

361 ALVES, Irineu. Chico Xavier e Waldo Vieira nos Estados Unidos e Europa. In: *Anuário Espírita*, 1966. Araras (SP): IDE. Disponível em: <http://www.noticiasespiritas.com.br/2016/JUNHO/30-06-2016.htm > Acessado em: 30/4/2018.

362 NOBRE, Marlene Rossi Severino. *Chico Xavier*: meus pedaços de espelho. 2ª ed. São Paulo: Fe, 2015. cap. 26, p. 215.

363 SCHUBERT, Suely Caldas. *Testemunhos de Chico Xavier*. 4ª ed. Brasília (DF): FEB, 2010. Yvonne Pereira, 5/12/1955.

364 Vide Suíte fotográfica 3, ft 35.

365 TAVARES, Clóvis. *Trinta Anos com Chico Xavier*. 5ª Ed. Araras (SP): IDE, 1991.. cap. 19, p. 231.

366 BACCELLI, Carlos A. *Chico Xavier*: a reencarnação de Allan Kardec. Uberaba: Leep, 2005. Quem foi André Luiz? Após 50 anos, o esclarecimento de Chico Xavier, p. 71.

367 Disponível em: <https://pt.calameo.com/read/000819354b857c5d95562> Acessado em: 1/5/2018.

Em 1965, João Cuin, que vinha morando no Sanatório Espírita de Uberaba, e prestava também serviços a ela, desde 1961, aos poucos ia se aproximando também das atividades assistenciais da CEC e de seus colaboradores, como dona Enoy e o sr. Walter da sopa fraterna, entre outros[368]. Também, passou a ajudar o próprio Chico, colaborando com ele na "*cabina de passes, depois na mesa dos trabalhos públicos, como comentarista dos textos doutrinários das noites de segundas e sextas-feiras*". Acredita ainda Cuin que foi por influência do dr. Madeira que o incluíram nos trabalhos de desobsessão da CEC nesse ano, às quartas-feiras[369].

Dona Enoy gozava de grande intimidade do Chico, indo todos os dias a sua casa para arrumar, lavar e passar roupas. Às vezes, o médium ficava com os pés muito doloridos, devido às fadigas do dia, e dona Enoy os banhava. Com lágrimas nos olhos, um dia ela revelou a Cuin que os pés do médium tinham "*as chagas do Cristo*". E, como se desculpando por isso, Chico lhe perguntou: — "*Enoy, que será isso, Enoy? Essas marcas que aparecem em meus pés*[370]?".

Assim, Cuin se aproximava cada vez mais de Chico, aumentando a sua admiração e respeito por ele. Tanto assim, que passou a acompanhar também o médium em suas andanças noturnas, quando ele transmitia passes pré-programados em pessoas necessitadas[371]. E mais, recebeu além disso a função de observador, impedindo que pessoas invadissem a CEC e o médium fosse importunado por estranhos, que insistiam em ter com ele a qualquer hora[372]. Como já se disse, o sr. Agnelo é quem tinha a incumbência de afastar essas pessoas, muitas vezes com dureza.

Chico chegava no ambiente de trabalhos da desobsessão "*minutos antes do horário previsto*". "*Vinha pela pela porta dos fundos, que comunicava sua moradia com o templo da CEC.*

Algumas vezes, antecedendo a sua chegada, ou como que vindo

---

[368]CUIN, João. *Chico Xavier*: amor e sabedoria. São Paulo: DPL, 2006. cap. 19, p. 64-65.

[369]Ibidem, cap. 6, p. 25-29.

[370]Ibidem, cap 18, p.64-65.

[371]Ibidem, cap. 9, p. 38.

[372]Ibidem, cap. 2, p. 18-19.

aureolando sua presença, num círculo de enorme proporção, uma onda olente invadia o recinto, que aspirávamos à gosto, impregnando de doce fragância as nossas próprias roupas. Mas permanecíamos todos discretos, calados, pois notávamos que ele parecia esforçar-se para dissimular o fenômeno, como se não quisesse que lhe atribuísse qualquer participação no acontecimento ou que aquilo não fosse devido à sua presença. Evidente, porém que era por causa dele, senão que ele era a própria causa[373]".

Cuin acredita que esse tipo de fenômeno que ocorria com o médium, "*momentos antes* de *adentrar o recinto*[374]", era devido ele permanecer em oração com intenso fervor.

No final das sessões, os benfeitores espirituais se manifestavam pela psicofonia, com gravação em fita K-7. Em seguida, as mesmas eram transcritas no papel por Weaker Batista e João Cuin [375], para serem inseridas, posteriormente, em livros.

Com o tempo, Cuin foi incorporando em si as muitas instruções transmitidas pelo querido Chico e guardando-as em sua memória, em definitivo.

"*Assim que se encerrava a sessão de desobsessão, às quartas-feiras, em torno de nove e meia da noite, tinha o Chico encontro marcado na casa de dona Aristina, mãe do dr. Waldo. É que lá sempre aguardavam o Chico alguns amigos mais íntimos, para receber-lhe os benefícios do passe e um dedinho de prosa*[376]."

Entretanto, diferentemente da visão de Clóvis Tavares, quando visitou o médium no final do ano passado, Cuin observou que Waldo estava um tanto estranho, diferente da pessoa amável e querida por todos. Tanto assim que, em algumas oportunidades, presenciou "*advertências delicadas*" feitas por Chico apontando-lhe o calcanhar de Aquiles[377]. Mas a

---

[373]Ibidem, cap. 8, p.35-36.

[374]Ibidem, cap. 8, p. 36

[375]Ibidem, cap. 3, p. 23.

[376]Ibidem, cap. 23, p. 73.

[377]Ibidem, cap. 13, p. 45-46.

respeito do que seriam essas advertências? Que estaria acontecendo com o jovem médico e parceiro de Chico na mediunidade?

Uma coisa, por exemplo, é a sensação de profundo bem-estar que a mediunidade promove no médium, durante e após as manifestações dos benfeitores espirituais, por um breve período de tempo; outra é a manifestação da personalidade do médium, no dia a dia e no conjunto da obra. Estaria acontecendo alguma coisa nesse sentido com Waldo, que motivou Chico a fazer-lhe essas advertências?

Estaria Waldo causando algum tipo de mal-estar, a ele e aos outros, com seu conhecido pensamento crítico? Por que teria ele realizado sessão de materialização com a médium Otília Diogo em seu consultório, e não nas dependências da CEC, o que seria mais razoável? Estaria ele realmente interessado em divulgar a imortalidade da alma ou estaria mais preocupado com questões científicas? Estaria ele também incomodado com o intenso movimento de gente pobre nos descampados da Vila Silva Campos, que comprometia a sua clínica e cheirava a assistencialismo, para alguns mais radicais[378]?

Ou seria algo estritamente pessoal, o fato, por exemplo, de ser muito jovem e ter ainda uma vida pela frente, o que poderia conflitar com o compromisso da psicografia? Essas são algumas das questões aqui levantadas, mas que ninguém saberia dizer ao certo se eram válidas ou não.

Afora essas advertências, contudo, Chico tinha por Waldo muito afeto e consideração, tanto assim que ele chegou a dizer a João Cuin, um dia, que "*não havia no mundo, encarnado, naquela época, mais preparado para a mediunidade que Waldo Vieira*[379]".

Quanto a Waldo, embora seguisse, rigorosamente, os passos de Chico Xavier, no que diz respeito aos compromissos espirituais, achava que o pedroleopoldinense era demasiadamente apegado aos santos e esforçava-se em seguir os seus exemplos. Além disso, Waldo, talvez, entendesse

[378]Disponível em: <https://www.youtube.com/watch?v=Ocq76hcdC7k> Acessado em: 2/5/2018.

[379]CUIN, João. *Chico Xavier*: amor e sabedoria. São Paulo: DPL, 2006. cap. 13, p. 46.

que os trabalhos espirituais e assistenciais realizadas na CEC pudessem ter outro direcionamento[380].

Engana-se, porém, os que pensam que Chico, apesar de esforçar-se em levar uma vida santa, conforme o pensamento de Waldo, também não tivesse os pés no chão ou fosse um alienado da realidade dos homens. Exemplo disso é a reclamação que dona Enoy fez a Chico, por esse tempo, com respeito à situação de uma filha sua, Ana Lúcia: ela saía constantemente pelas ruas e só lhe arrumava netos e muitas preocupações, precisando então ajudá-la. Sabe qual a resposta que Chico deu a Enoy, com seu habitual bom humor?: — *Olha Enoy, se eu fosse mulher, eu queria ter muitos filhos: um com cada homem, mas nenhum no meu pé*[381]!.

Em outras palavras, a mensagem subliminar passada por Chico a Enoy seria provavelmente esta: "— Olha Enoy, sua filha está contribuindo com a reencarnação de muitos espíritos, e tratando-os com muito carinho, sem reclamações".

A vida santa de Chico, aliás, como todos sabem, era marcada de exemplos e aureolada por fenômenos extraordinários, que só atestavam a sua superioridade moral.

Curiosamente, no último livro psicografado por Waldo Vieira, *Cristo Espera por Ti*, pelo Espírito Balzac, duas personagens chamam atenção: "*um médico* (Florian Barrasquié) *francês da cidade de Carcassone, competente, impoluto, que se deixou levar, sorrateiramente, pelas águas cativantes da serenidade dos obsessores, para cair inexoravelmente no abismo tenebroso da iniquidade*[382]"; e Rosselane (Charlotte), sua suposta filha, que provocara inúmeros infortúnios a esse médico. Devido à relação tumultuada entre ambos, os dois voltaram a reencarnar, novamente, desta vez como pai e filha, de verdade, sendo que Rosselane voltou médium, a fim de reparar muitos erros cometidos, do ponto de vista espiritual... E, em meio a esses dois, está Zéfiro, Espírito protetor deles – o mesmo Zéfiro que se manifestou a Allan Kardec,

[380]Disponível em: <https://www.youtube.com/watch?v=Ocq76hcdC7k> Acessado em: 3/5/2018.

[381]CUIN, João. *Chico Xavier*: amor e sabedoria. São Paulo: DPL, 2006. cap. 20, p. 66-67.

[382]NOBRE, Marlene Rossi Severino. *Chico Xavier*: meus pedaços de espelho. 2ª ed. São Paulo: Fe, 2015. cap. 27, p. 226.

quando ele ainda buscava entender o espiritismo[383]. Já Waldo, conforme revelação de Emmanuel a Chico, era a reencarnação desse Zéfiro[384].

Viagem ao exterior. A relação com irmãos de outras terras

Os primeiros meses de 1965, até o mês de abril, ocorreram os preparativos para a viagem programada de Chico e Waldo aos EUA, e também alguns países europeus – Inglaterra, França e países ibéricos. O compromisso maior em língua inglesa obrigou Chico também a tomar aulas de inglês, como já mencionado, a fim de adquirir uma comunicação básica nesse idioma, e para a melhor compreensão das mensagens que, posteriormente, viesse a receber, especialmente nos EUA[385].

Lembramos o leitor leigo, no entanto, que, desde os primeiros tempos, Chico possuía a mediunidade de xenoglossia ou poliglota, mesmo sendo portador de instrução primária. Até aquele momento, por exemplo, recebera diversas mensagens em línguas estrangeira, tais como o inglês (inclusive o inglês espelhado), o norueguês, o italiano, o espanhol[386] e até em braille[387].

Antes porém de essa viagem se dar, estava em curso um livro de trovas, ou quadrinhas, por Espíritos diversos – cerca de uma centena delas –, que Chico e Waldo vinham psicografando desde o ano anterior – era comum os dois médiuns receberem quadras e poesias nas reuniões públi-

---

[383]Vide o livro *Obras Póstumas*, de Allan Kardec (FEB), A minha primeira iniciação no Espiritismo, p. 327.

[384]Disponível em: <https://www.youtube.com/watch?v=Ocq76hcdC7k> Acessado em: 3/5/2018; Vide também o capítulo inicial desta obra (1959: O ano da renovação).

[385]TAVARES, Clóvis. *Trinta anos com Chico Xavier*. Araras (SP): IDE, 1967. cap. 19, p. 231-232.

[386]Vide o livro *Trinta anos com Chico Xavier*, de Clóvis Tavares (IDE, 1967).

[387]Mensagem de d. Engrácia Ferreira em Braille. Reformador: órgão de divulgação da FEB, Rio de Janeiro, jun. de 1938; Mensagem de d. Engrácia Ferreira em Braille. Anuário Espírita. Araras (SP): IDE, 1979. p. 200. BACCELLI, C. A. 100 Anos de Chico Xavier. Uberaba: Leepp, 2010. Até em braille, p. 131-134.

cas. Elias Barbosa foi o organizador dessa obra[388], uma vez que era também poeta e trovador[389]. O título escolhido para ela foi *Trovadores do Além*.

Trovadores do Além contém trezentas e doze trovas, abordando diferentes temas, tais como: "*amor, esperança, felicidade, desencarnação, saudade, resgate, dentre outros que buscam despertar as consciências para as verdades da vida material e espiritual*[390]". As quadras seguintes (15, 164), respectivamente de Raul Pederneiras e Antônio Sales, dão uma ideia do que o leitor poderá encontrar nesse livro:

Desencarnei... É verdade,
Mas prodígios não me peças!
Já tenho a infelicidade
De ver o mundo às avessas."

Em longes, almos recantos
Que a vida guarda nos Céus,
Há muitos réus que são santos,
Muitos santos que são réus."

No mês de fevereiro, Chico e Waldo finalizaram *Estude e Viva*, de Emmanuel e André Luiz, livro de mensagens, que aborda temas diversos, relativamente ao comportamento, à renovação humana e suas relações com o mundo espiritual – tomados de estudos de *O Evangelho segundo o Espiritismo* e de *O Livro dos Espíritos*, nas reuniões públicas da CEC –, tal qual esta mensagem de Emmanuel (cap. 30):

---

[388]Disponível em: <http://www.febeditora.com.br/departamentos/trovadores-do-alem/#.WsAVH9T-wbcs> Acessado em: 5/5/2018.

[389]Disponível em: <https://www.youtube.com/watch?v=s44sElr0Nu4&t=29s> Acessado em: 5/5/2018.

[390]Disponível em: <http://www.febeditora.com.br/departamentos/trovadores-do-alem/#.WsAan9T-wbcs> Acessado em: 5/5/2018.

"Provações de surpresa

Inquietações na Terra existem muitas.

Temos as que se demoram junto de nós, ao modo de vizinhos de muito tempo, nos desgostos de parentes e amigos, cujas dores nos pertencem de perto.

Encontramos as que nos povoam o corpo, na categoria de enfermidades crônicas, quais inquilinos indesejáveis.

Assimilamos aflições de tipos diversos, como sejam as declaradas e as imanifestas, as injustificáveis e as imaginárias, cujo tamanho e propagação dependem sempre de nós.

Há, porém, certa modalidade com que raramente contamos. São aquelas que nascem do imprevisto.

Deflagraram, por vezes, quando nos acreditávamos em segurança absoluta.

Caem à feição de raio fulminativo retalhando emoções ou desajustando pensamentos.

São as notícias infaustas:

– os golpes morais que nos são desferidos, não raro, involuntariamente, pelos que mais amamos;

– os desastres de consequências indefiníveis;

– os males súbitos que nos impelem para as raias das grandes renovações.

Não podemos esquecer estas visitas que nos atingem o coração sem qualquer expectativa de nossa parte.

Compreendamos que, em frequentes episódios da existência, estamos na condição de aluno que estuda semanas e meses e até mesmo anos inteiros, a fim de revelar a precisa habilitação num exame de ligeiros instantes.

Entendamos que, numa hora de crise, não são o choro e nem a emotividade as posições adequadas, e sim a calma e o raciocínio lógico, para que possamos deter a incursão da sombra.

Para isso, entesouremos serenidade. Serenidade que nos sustente e nos ajude a sustentar os outros.

O imperativo de oração e vigilância não se reporta somente às impulsões ao vício e a criminalidade, mas também aos arrastamentos, ao desequilíbrio e à loucura a que estamos sujeitos quando não nos preparamos para suportar as provações de surpresa, sejam em moldes de angústia ante os desafios do mal ou em forma de sofrimento para a garantia do bem."

E, antes ainda de deixarem o Brasil, os dois médiuns psicografaram, em regime de parceria, o livro *O Espírito de Cornélio Pires*, trazendo a inconfundível poesia caipira e bem-humorada desse poeta, jornalista, escritor e folclorista da cidade de Tietê (SP) – analisada por Elias Barbosa, em sua apresentação, item 46:

"*João da Mata espichou no boqueirão.*
Tirava pau no Morro do Esqueleto
Para o serviço novo do coreto,
Caiu, gritou... Morreu de supetão.

`Sá´ Biluva na Roça do Pilão,
Magrela de paixão que nem graveto,
Vivia de clamar, toda de preto:
— Quero ver João, meu Deus! Quero ver João!

O Espírito de João, com dó da viúva,
Veio uma noite e disse: — `Sá´ Biluva,
Não chore, minha velha! Eu não morri!...
Mas Biluva, assungando a cruz de ferro,

Rebolou no colchão, soltando um berro:

— *`Te arrenego, capeta! Sai daqui!...'*"

A propósito, Cornélio Pires, desencarnado em 1958[391], é primo de Herculano Pires[392], destacado jornalista do Diários Associados e espírita atuante, que noticiou também ao público em geral o caso Otília Diogo, com respeito à farsa montada pela revista *O Cruzeiro*, no ano anterior.

Por esse tempo, o filho de coração de Chico, Eurípedes Higino dos Reis, então com 15 anos de idade, que dividia o seu tempo entre o médium e a mãe, desde os 8, passou a morar, em definitivo, na casa de Chico[393].

No dia 21 de maio de 1965, uma sexta-feira, Chico e Waldo estavam em São Paulo para embarcarem rumo, inicialmente, aos EUA e, depois, estendendo viagem a algumas cidades europeias. A simples presença de Chico, e também de Waldo, causaram grande congestionamento no aeroporto de Congonhas, com as pessoas se acotovelando, na ânsia de abraçá-los[394].

No dia seguinte, em Washington, os dois médiuns estiveram com Maria Aparecida Pimentel, brasileira lá radicada[395], e o dr. Irineu Alves, confrade paulistano[396], que os levaram, na parte da tarde, até o Templo Espiritualista dos Dois Mundos (The Church of Two Words), para "*silencioso agradecimento ao Plano Espiritual*". Esse templo era, então, dirigido pelo médium Gordon Burroughs, que também participava do Templo Espírita de Cristo[397] (The Church of Christ).

---

[391]Disponível em: <https://pt.wikipedia.org/wiki/Corn%C3%A9lio_Pires> Acessado em: 6/4/2018.

[392]RIZZINI, Jorge. *J. Herculano Pires*: O Apóstolo de Kardec. São Paulo: Paideia, 2001. cap. 3.

[393]DE CARVALHO, Antonio Cesar Perri; DE MELO, Oceano Vieira (Orgs.). *Depoimentos sobre Chico Xavier*. Brasília (DF): FEB, 2010. 3.6 - Eurípedes Higino dos Reis, p. 100.

[394]NOBRE, Marlene Rossi Severino. *Chico Xavier*: meus pedaços de espelho. 2ª ed. São Paulo: Fe, 2015. cap. 25, p. 207.

[395]ALVES, Irineu. Chico Xavier e Waldo Vieira nos Estados Unidos e Europa. In: *Anuário Espírita*, 1966. Araras (SP): IDE. Disponível em: <http://www.noticiasespiritas.com.br/2016/JUNHO/30-06-2016.htm > Acessado em: 7/5/2018.

[396]BARBOSA, Elias. *No Mundo de Chico Xavier*. Araras (SP): IDE, 1967. cap. 14, p. 140.

[397]Ibidem, p. 158.

No domingo, os quatro brasileiros retornaram ao Templo Espiritualista dos Dois Mundos e permaneceram sentados nos últimos bancos, enquanto aguardavam o início do "*service*[398]":

"*Acompanhávamos as preces, cânticos e comentários da doutrina, com as nossas orações de reconhecimento* – relatou Chico.

Na parte final da reunião, uma senhora, a médium encarregada de transmitir mensagens ao público, em se dirigindo da tribuna do templo às pessoas presentes, de modo particular, indicou nós quatro à assembleia ali reunida e comunicou, em voz alta, que, nós, os irmãos de outro País, ali presentes, levávamos aos Estados Unidos uma tarefa de renovação espiritual e de aproximação fraterna, acrescentando que o trabalho iniciado reclamava tempo e sacrifício, entretanto, cabia-nos prosseguir, porquanto não nos faltaria o amparo de Jesus e de seus enviados.

Logo após, a médium, em transe, anunciou a presença junto de nós, no recinto, de um professor e de um médico (a teacher and a doctor) que... logo identificamos. Eram nossos benfeitores desencarnados Emmanuel e André Luiz, cuja presença conosco, no momento, o médium Waldo Vieira e eu já havíamos registrado, benfeitores esses geralmente conhecidos em nossas atividades espíritas no Brasil.

Essa mensagem, assim, de público, pelo caráter de espontaneidade com que foi transmitida, nos trouxe imenso estímulo ao trabalho e profundo reconforto aos corações.

Profundamente sensibilizados, ao término da reunião, recebemos o abraço do Ministro Burroughs[399]."

Na oportunidade, Chico e Waldo visitaram nada mais nada menos do "*que nove Estados da Federação* americana*, procurando, em todos, entrar em contato com os movimentos espíritas ai existentes, estabelecendo, tanto quanto possível, o intercâmbio desejado*[400]", muito embora

[398]Ibidem, p. 138-139.

[399]Ibidem, p. 139.

[400]ALVES, Irineu. Chico Xavier e Waldo Vieira nos Estados Unidos e Europa. In: *Anuário Espírita*, 1966. Araras: IDE. Disponível em: <http://www.noticiasespiritas.com.br/2016/JUNHO/30-06-2016.htm> Acessado em: 8/5/2018.

a recepção de mensagens, em inglês e português, tenham se dado apenas em Nova Iorque, Silver Spring e Washington[401].

Um dos principais objetivos dessa viagem era a edição do *Ideal Espírita* em inglês, que teve o empenho de Salomão Haddad, conseguindo firmar contrato com uma das mais reputadas editoras do mundo em língua inglesa, na época, a Philosophical Library[402], sediada em Nova Iorque. A publicação desta obra, todavia, só viria a público, no ano seguinte, após a realização dos serviços editoriais de praxe, começando pela tradução.

Além disso, na semana em que se esforçavam para fechar contrato para a edição do *Ideal Espírita* em inglês, Salomão Haddad recebeu também a orientação dos Espíritos, por meio do médium Waldo Vieira, de que deveria fundar, nos EUA, um centro espírita cristão, nos moldes do espiritismo praticado no Brasil. Assim nasceu o Christian Spirit Center, em reunião em Washington[403]. Esse centro espírita cristão manteve ainda a incumbência de divulgar mensagens psicografadas em inglês, pelos dois médiuns, ao povo americano[404].

Dentre os muitos lugares visitados por Chico e Waldo citamos: o local onde as irmãs Fox viveram – cuja casa havia sido destruída por um incêndio, há cerca de 5 anos –, a Biblioteca do Congresso, em Washington, a Biblioteca Pública de Nova Iorque, a Biblioteca da Organização das Nações Unidas, em Nova Iorque – onde realizaram pesquisas de caráter espírita, ligadas à estatística e à divulgação –, além de diversos institutos espiritualistas[405].

Quanto às pessoas com que os dois médiuns brasileiros travaram contato nos EUA, além das já citadas, todas ligadas a atividades espiritualistas, é

---

[401] Vide o livro *Entre Irmãos de Outras Terras*, por Espíritos diversos, psicografias de F. C. Xavier e Waldo Vieira (FEB, 1965).

[402] NOBRE, Marlene Rossi Severino. *Chico Xavier*: meus pedaços de espelho. 2ª ed. São Paulo: Fe, 2015. cap. 25, p. 209.

[403] BARBOSA, Elias. *No Mundo de Chico Xavier*. Araras (SP): IDE, 1967. cap. 14, p. 140-141.

[404] NOBRE, Marlene Rossi Severino. *Chico Xavier*: meus pedaços de espelho. 2ª ed. São Paulo: Fe, 2015. cap. 26, p. 214.

[405] ALVES, Irineu. Chico Xavier e Waldo Vieira nos Estados Unidos e Europa. In: *Anuário Espírita*, 1966. Araras (SP): IDE. Disponível em: <http://www.noticiasespiritas.com.br/2016/JUNHO/30-06-2016.htm > Acessado em: 9/5/2018.

preciso acrescentar: "mr. *Newton Harrison, mrs. Hazel Morris, tradutora do livro* Paulo e Estevão, *poliglota e distinta educadora residente em Sherevenport, Estado da Luisiana, mr. Victor Butler e sr. Luis Guerreiro Ovalle, da colônia de latino-americanos*[406]". Entre os médiuns, além de Burroughs, já citado, acrescente-se também o de Brookes, em Washington, mrs. Argos e mrs. Truslller, em Nova Iorque, e Ridav, em Ephrata, na Pensilvânia[407].

Sobre os resultados dessa viagem em terras americanas, Chico acha que, apesar do caráter eminentemente prático, o povo americano é igualmente "*sensível ao movimento de renovação moral que se processa no mundo*". Teve ainda a satisfação de observar, em todos os contatos que fizeram, nos círculos espiritualistas, o ideal operante de solidariedade humana e os movimentos de confraternização, com base no Evangelho de Jesus[408].

A única questão, entretanto, que ficou pendente, sendo esse outro motivo da visita dos dois médiuns à América do Norte, dizia respeito à divulgação das bases kardequianas, ainda em estado embrionário por lá[409]. Deve-se ressaltar, no entanto, a importância do legado deixado pelas irmãs Fox, que deu origem à doutrina dos Espíritos por lá, e por Andrew Jackson Davis, médium extraordinário, que deu origem ao moderno espiritualismo americano, por meio de duas obras mediúnicas[410]. Para Waldo, apesar das diferenças entre o espiritismo do Brasil e o espiritualismo americano, há neles muita coisa em comum, especialmente no que diz respeito às comunicações mediúnicas[411].

Já em Londres, depois de deixarem a América do Norte, Chico e

---

[406] Idem.

[407] BARBOSA, Elias. *No Mundo de Chico Xavier*. Araras (SP): IDE, 1967. cap. 15, p. 145.

[408] Ibidem, p. 143-144.

[409] Ibidem, p. 145.

[410] *The Principles of Nature, Her Divine Revelations, and a Voice to Mankind* (de 1846-1847) e *The Great Harmony* (de 1850-1861), ambos ditados mediúnicos. Disponível em: <https://pt.wikipedia.org/wiki/Andrew_Jackson_Davis> Acessado em: 10/5/2018.

[411] NOBRE, Marlene Rossi Severino. *Chico Xavier*: meus pedaços de espelho. 2ª ed. São Paulo: Fe, 2015. cap. 25, p. 209.

Waldo se comoveram com uma prática espírita que lá encontraram, na Associação Espírita de Londres e, também, nas instituições inglesas que conheceram: a aplicação do passe nas reuniões públicas, tal qual ocorre nos centros espíritas brasileiros.

Conheceram, ainda, na capital londrina, três periódicos espíritas mundialmente conhecidos: o *Light*, o *Psichic News* e o *Two Words*, entrando em contato com a redação deles e sendo recebidos com muita alegria. Os espíritas londrinos também ofereceram uma recepção aos dois médiuns brasileiros, na residência de Maurice e Sílvia Barbanell, um "*admirável casal de médiuns*", segundo Chico. Posteriormente, o pedroleopoldinense diria que "*o sr. Barbanell é escritor e jornalista, colaborador ativo do* Psichic News *e o* Two Words. *É o médium que recebe as comunicações do elevado Espírito de Silver Birch*[412]".

Waldo conta, também, que Chico ficou tão encantado com o reconhecimento dos londrinos aos médiuns, que ele chegou a cogitar de não mais voltar ao Brasil, devido às perseguições e sofrimentos que aqui passava. Daí, Waldo o teria convencido a não fazer isso[413].

Mas, conhecendo Chico como todo conhecem, a sua abnegação, renúncia e fidelidade aos compromissos assistenciais junto aos mais necessitados, o seu amor por eles e pelos benfeitores espirituais, muito em especial por Emmanuel (lembrando que faltavam ainda quinze livros para ele chegar aos cem combinados com o seu guia), é fácil deduzir que essa conversa de Waldo era, no mínimo, estranha, já denotando uma mudança comportamental no amigo. É provável, contudo, que Chico tenha dito, sim, tais palavras, porém, falando na brincadeira, e não a sério. Por alguma razão, talvez inconsciente, Waldo tenha levado tudo ao pé da letra.

Em Paris, na França, estiveram visitando o túmulo de Allan Kardec, no Cemitério de Pére-Lachaise; a Maison des Spirites, local onde o filantropo espírita Jean Meyer buscou reerguer o movimento espírita francês, a partir de 1923, juntamente com Léon Denis e Gabriel Dellane; a Union

---

[412]Ibidem, p. 209-210.

[413]Disponível em: <https://www.youtube.com/watch?v=Ocq76hcdC7k> Acessado em: 10/5/2018.

Spirite Française, de Léon Denis e a Societé de Recherches Psychiques, fundada por Gabriel Delanne[414]. Chico relata que participou de "*trabalhos espíritas maravilhosos*" na capital francesa, com a médium Gisele Klecka[415], e que Kardec permanece vivo "*no coração dos visitantes – espíritas e não-espíritas –, que cobrem seu túmulo permanentemente de flores*[416]".

Na França, os dois médiuns brasileiros visitaram também a comuna francesa de Carcassone, palco do romance mediúnico *Cristo Espera por Ti*, narrado pelo Espírito Honoré de Balzac, através da mediunidade de Waldo Vieira, o que muito o emocionou.

Na Espanha, porém, as experiências não foram muito positivas, porque encontraram lá um espiritismo "underground", ou seja, às escondidas[417], devido à proibição de sua prática pelo governo autoritário de Francisco Franco[418]. Os estudos espíritas nesse país eram feitos, então, às escondidas e os livros espíritas comprados a preços astronômicos[419]. Chico e Waldo ouviram falar apenas de uma médium na Espanha, chamada Oliva[420].

Em Portugal, não encontraram uma situação tão diferente da Espanha, em razão do governo ditatorial de António Salazar[421]. Reuniões espíritas, naquele momento, eram proibidas e dissolvidas pela polícia, restando apenas a revista *Estudos Psíquicos*, dirigida pelo confrade Isidoro Duarte Santos[422]. Em Lisboa, no entanto, se surpreenderam com uma quantidade

---

[414]Ibidem, p. 210; Disponível em: <http://luzespirita.org.br/index.php?lisPage=rhep> Acessado em: 11/5/2018.

[415]BARBOSA, Elias. *No Mundo de Chico Xavier*. Araras (SP): IDE, 1967. cap. 15, p. 145; cap. 17, p. 158.

[416]NOBRE, Marlene Rossi Severino. *Chico Xavier*: meus pedaços de espelho. 2ª ed. São Paulo: Fe, 2015. cap. 25, p. 210.

[417]Ibidem, p. 211.

[418]Francisco Franco governou no período de 1938 a 1973.

[419]NOBRE, Marlene Rossi Severino. *Chico Xavier*: meus pedaços de espelho. 2ª ed. São Paulo: Fe, 2015. cap. 25, p. 211.

[420]BARBOSA, Elias. *No Mundo de Chico Xavier*. Araras (SP): IDE, 1967. cap. 15, p. 145.

[421]António Salazar governou no período de 1933 a 1968.

[422]NOBRE, Marlene Rossi Severino. *Chico Xavier*: meus pedaços de espelho. 2ª ed. São Paulo: Fe, 2015. cap. 25, p. 211-212.

maior de espíritas, como o próprio comandante Isidoro Duarte e sua esposa Maria Raquel e o casal Mário e Maria Bacelar[423] – esta também médium[424].

Por onde passaram, especialmente nos EUA, Chico e Waldo, colheram muito material e adquiriram importantes livros sobre religião e espiritismo, num total de quatrocentas obras, tendo em mente que assim que retornassem ao Brasil, abririam uma Exposição Permanente de Espiritismo na CEC[425]. E, de fato, foi o que fizeram, na volta aos compromissos espirituais e assistenciais na CEC, mais para o fim do ano[426], mesmo estando a casa em obras[427].

No dia 17 de setembro, ainda em terras estrangeiras, Emmanuel enviou, através da mediunidade de Chico, mensagem saudando o centenário da Federação Espírita Brasileira – FEB –, a ser inserida na abertura do novo livro *Entre Irmãos de Outras Terras*, por Espíritos diversos e edição FEB, com textos psicografados, em português e inglês, pelos dois médiuns brasileiros no exterior. Chico Xavier recebeu também a seguinte mensagem de Emmanuel, em Londres (cap. 2, 10/8/1965):

"Na difusão do Espiritismo

"E eu rogarei ao pai e ele vos dará outro consolador para que fique convosco para sempre". – Jesus (João, 14:16)

Na condição daquele consolador prometido por Jesus à humanidade, o Espiritismo, sem dúvida, atingirá todas as consciências.

Entretanto, à frente das múltiplas interpretações que se lhe imprimem

---

[423]BARBOSA, Elias. *No Mundo de Chico Xavier*. Araras (SP): IDE, 1967. cap. 17, p. 159.

[424]Ibidem, cap. 15, p. 145.

[425]ALVES, Irineu. Chico Xavier e Waldo Vieira nos Estados Unidos e Europa. In: *Anuário Espírita*, 1966. Araras (SP): IDE. Disponível em <http://www.noticiasespiritas.com.br/2016/JUNHO/30-06-2016.htm> Acessado em: 11/5/2018.

[426]Nesta primeira viagem ao exterior, Chico e Waldo aí permaneceram pouco mais de seis meses. In: Disponível em: <https://www.youtube.com/watch?v=eWv66j7-EQc> Acessado em: 12/5/2018.

[427]Vide foto da Exposição Permanente de Espiritismo na Suíte fotográfica 3, fts. 27 E 28.

nos mais variados núcleos humanos, de que modo esperar o cumprimento da promessa do Cristo?

Nesse sentido, recordemos os primórdios da Codificação Kardequiana. Preocupado com o mesmo assunto Allan Kardec formulou a questão nº. 789, de O Livro dos Espíritos, *à qual os seus Instrutores Espirituais, solícitos, responderam:*

'Certamente que o Espiritismo se tornará crença geral e marcará nova era na história da Humanidade, porque está na natureza e chegou o tempo em que ocupará lugar entre os conhecimentos humanos. Terá, no entanto, que sustentar grandes lutas, mais contra o interesse do que contra a convicção, porquanto não há como dissimular a existência de pessoas interessadas em combatê-lo, umas por amor-próprio, outras por causas inteiramente materiais. Porém, como virão a ficar insulados, seus contraditores se sentirão forçados a pensar como os demais, sob pena de se tornarem ridículos'.

Certifiquemo-nos, pois, de que, na difusão dos princípios espíritas, estamos todos em luta do bem para a extinção do mal e de que ninguém alcançará a suspirada vitória sem a vontade de aprender e a disposição de trabalhar."

No final de 1965, retomadas as atividades na CEC, Chico recebeu o casal de amigos de São Paulo Nena e Francisco Galves, e o dr. Bezerra de Menezes lhes enviou um importante comunicado, que deveriam retomar ao labor mediúnico, abandonado há algum tempo:

"*Galves, meu filho,*

Jesus nos ampare sempre.

Temos ouvido os seus desejos, registrado os seus ideais no sentido de retorno ao serviço mediúnico propriamente considerado.

Em verdade, a tarefa não deve ser interrompida por longo tempo. Você e a companheira realmente necessitavam da chamada pausa de recuperação no repouso psíquico preciso, mas agora cremos seja possível a reconstituição do trabalho...[428]"

---

[428]GALVES, Nena. *Até Sempre Chico Xavier*. São Paulo: CEU, 2009. cap. 5, p. 33.

Instruiu também o casal, sobre uma aspiração que tinham em mente, a de formar um grupo íntimo de desobsessão, que isso não deveria ocorrer no ambiente do lar, e sim em local adequado, qual seja um centro espírita[429].

Mais adiante, em outra mensagem, o benfeitor amigo os aconselhou a disporem de "*um espaço de tempo* diário... *para a oração a dois... alguns minutos de entendimento verbal...*, *porque através da inspiração,* trocariam *ideias... acerca dos alicerces do conjunto em vias de se formar*[430]...". Ou seja, a edificação futura de um centro espírita sob a direção deles. Além disso, os Galves, passaram a realizar também em sua casa, semanalmente, o culto do Evangelho no lar[431]. Lembre-se o leitor que, igual orientação Chico também havia passado ao dr. Elias Barbosa e sua esposa, no ano anterior, embora com objetivo diferente.

Segunda viagem aos EUA e a deserção de Waldo

No dia 18 de abril de 1966, Chico finalizou mais um livro do Irmão X (o acadêmico Humberto de Campos[432]), *Cartas e Crônicas,* a ser editado pela FEB. O estilo inconfundível desse autor o leitor poderá apreciá-lo nos instrutivos contos desse livro, como esse (cap. 16):

"Belarmino Bicas

Depois da festa beneficente, em que servíramos juntos, Belarmino Bicas, prezado companheiro a que nos afeiçoamos, no Plano Espiritual, chamou-me à parte e falou, decidido:

— Bem, já que estivemos hoje em tarefa de solidariedade, estimaria solicitar um favor...

Ante a surpresa que nos assaltou, Belarmino prosseguiu: — Soube

---

429 Ibidem, p. 34.

430 Ibidem, p. 35.

431 Idem.

432 ALVES, Elifas. *Chico, as origens*. São Paulo: Aliança, 2015. O caso Humberto de Campos, o escândalo de *O Cruzeiro* e repercussões. p. 216-229.

que você ainda dispõe de alguma facilidade para escrever aos companheiros encarnados na Terra e gostaria de confiar-lhe um assunto...

— Que assunto?

— Acontece que desencarnei com cinquenta e oito anos de idade, após vinte de convicção espírita. Abracei os princípios codificados por Allan Kardec, aos trinta e oito, e, como sempre fora irascível por temperamento, organizei, desde os meus primeiros contatos com a Doutrina Consoladora, uma relação diária de todas as minhas exasperações, apontando-lhes as causas para estudos posteriores... Os meus desconchavos, porém, foram tantos que, apesar dos nobres conhecimentos assimilados, suprimi, inconscientemente, vinte e dois anos da quota de oitenta que me cabia desfrutar no corpo físico, regressando à Pátria Espiritual na condição de suicida indireto... Somente aqui, pude examinar os meus problemas e acomodar-me às desilusões... Quantos tesouros perdidos por bagatelas! Quanta asneira em nome do sentimento!...

E, exibindo curioso papel, Belarmino acrescentava:

— Conte o meu caso para quem esteja ainda carregando a bobagem do azedume! Fale do perigo das zangas sistemáticas, insista na necessidade da tolerância, da paciência, da serenidade, do perdão! Rogue aos nossos companheiros para que não percam a riqueza das horas com suscetibilidades e amuos, explique ao pessoal na Terra que mau-humor também mata!...

Foi então que passei à leitura da interessante estatística de irritações, que não me furto à satisfação de transcrever: Belarmino Bicas – Número de cóleras e mágoas desnecessárias com a especificação das causas respectivas, de 1936 a 1956:

1811 em razão de contrariedades em famíla;

906 por indispor-se, dentro de casa, em questão de alimentação e higiene;

1614 por altercações com a esposa, em divergência na conduta doméstica e social;

1801 por motivo de desgostos com os filhos, genros e nora;

3711 por descontentamento com os netos;

1015 por entrar em choque com chefes de serviço;

1333 por incompatibilidade no trato com os colegas;

1012 em virtude de reclamações a fornecedores e lojistas em casos de pouca monta;

614 por mal-entendidos com vizinhos;

315 por ressentimentos com amigos íntimos;

1089 por melindres ante o descaso de funcionários e empregados de instituições diversas;

615 por aborrecimentos com barbeiros e alfaiates;

777 por desacordos com motoristas e passageiros desconhecidos, em viagem de ônibus, automóveis particulares, bondes e lotações;

419 por desavenças com leiteiros e padeiros;

820 por malquistar-se com garçãos em restaurantes e cafés;

211 por ofender-se com dificuldades em serviços de telefones;

90 por motivo de controvérsias em casas de diversões;

815 por abespinhar-se com opiniões alheias em matéria religiosa;

217 por incompreensões com irmãos de fé, no templo espírita;

901 por engano ou inquietação, diante de pessoas imaginários ou da perspectiva de acontecimentos desagradáveis que nunca sucederam.

Total: 16.386 exasperações inúteis.

Esse, o apanhado das irritações do prestimoso amigo Bicas: 16.386 dissabores dispensáveis em 7.300 dias de existência, e, isso, por quatro lustros mais belos de sua passagem no mundo, porque iluminados pelos clarões do Evangelho Redivivo. Cumpro-lhe o desejo de tornar conhecida a sua experiência que, a nosso ver, é tão importante quanto as observações que previnem desequilíbrios e enfermidades, embora estejamos certos de que muita gente julgará o balanço de Belarmino por mera invencionice de Espírito loroteiro".

Em maio, Chico e Waldo retornariam aos Estados Unidos, focados no compromisso de lançarem o *Ideal Espírita* em língua inglesa[433]. A primeira edição desse livro, cujo título seria *The Word of the Spirit*, receberia a tradução de Wallace Leal Rodrigues, redator do jornal espírita *O Clarim*, de Matão (SP), e do americano Russel Baldwin[434]. Como se sabe, Wallace era amigo de Chico desde os anos 1950[435]. Antes, porém, de alçarem voo rumo à América do Norte, Chico obteve o "ok" da Justiça brasileira para que o seu nome de batismo, Francisco Cândido Xavier, fosse regularizado, uma vez que, para fins oficiais, como retirada de aposentadoria e outras medidas legais, ele se chamava Francisco de Paula Cândido[436]. Naturalmente, essa situação lhe causava constrangimentos e embaraços. E tudo começou quando Chico se tornou, repentinamente, uma figura pública, conhecida em todo território nacional, devido o sucesso do seu primeiro livro mediúnico, *Parnaso de Além-Túmulo* (FEB, 1932). Acontece que uma alta figura da igreja católica, e com bastante força política, exigiu que ele fosse exonerado do cargo público onde trabalhava, na Fazenda Modelo. Na época, embora o Estado fosse laico desde a Proclamação da República do Brasil, a Igreja mantinha acentuado poder ainda sobre as autoridades públicas do país. Seu patrão, Rômulo Joviano, no entanto, conhecendo a pobreza e as carências vividas pela grande família do humilde médium, de nove irmãos[437], orientou-o, então, a mudar de nome, aproveitando-se de um decreto do então Presidente Getúlio Vargas, de que todo brasileiro sem documento tinha o direito de obter um registro oficial[438]. Assim, Chico tirou um novo registro com o nome de Francisco de Paula Cândido, permanecendo no emprego.

---

[433] BARBOSA, Elias. *No Mundo de Chico Xavier*. Araras (SP): IDE, 1967. cap. 14, p. 140-141.

[434] Ibidem, cap. 15, p. 146.

[435] ALVES, Elifas. *Chico, as origens*. São Paulo: Aliança, 2015. Novas amizades, novos trabalhos e materializações com Chico, p. 342.

[436] Cf. sentença proferida pelo dr. Fábio Teixeira Rodrigues Chaves, juiz de Direito da 2ª Vara da Comarca de Uberaba - MG, em 28/4/1966 (in: HARLEY, Jhon. *O Voo da Garça*: Chico Xavier em Pedro Leopoldo (1910-1959). Belo Horizonte: Vinha de Luz, 2010. O nome, p. 62), e lavrado novo registro em 30 /11/1971, assinado por Iracema Viana em nome do oficial Levy Teixeira da Costa (Disponível em: <http://www.carlosfernandes.prosaeverso.net/visualizar.php?idt=3072488> Acessado em: 16/5/2018)

[437] ALVES, Elifas. *Chico, as origens*. São Paulo: Aliança, 2015. Do 0 aos 4 – Ingenuidade e pureza, p.48.

[438] BACCELLI, Carlos A. *100 Anos de Chico Xavier*. Uberaba: Leepp, 2010. A mudança de nome, p. 85.

Um fato inusitado, porém, se deu, momentos antes do médium pedroleopoldinense deixar o Brasil. Disse ele, reservadamente, a Marlene e Freitas Nobre, que estavam próximo de se casarem[439]: "*que Waldo não voltaria para Uberaba, quando regressassem*[440]". A notícia deixou Marlene tão espantada que ela conseguiu apenas arregalar os olhos, permanecendo calada. Isto porque Waldo era o estimado companheiro da faculdade de medicina e a pessoa que apresentara Chico a ela. Com os dois conviveu intensamente na CEC, até se formar, em 1962, retornando a sua cidade natal, São Paulo.

Mas não foi apenas à Marlene Nobre que Chico fez essa revelação. Deu o mesmo recado também à mãe de Waldo, dona Aristina Rocha, informando-a de que o filho iria abandonar a doutrina, e não voltaria mais com ele para o Brasil. A mãe chorou muito, porque desde criança havia dado formação espírita ao filho[441].

Além desses, Chico transmitiu também a malfadada notícia ao próprio Waldo, durante a viagem de avião à América do Norte, que ele negou por três vezes:

— Imagina, Chico! Isso é coisa da sua cabeça! – alegava o jovem médico médium, cada vez que ele tocava nesse assunto.

Da última vez, porém, Chico lhe disse como a coisa se daria, segundo Emmanuel: No dia do lançamento do *The Word of the Spirit*, em Nova Iorque, compareceria ao evento uma bela mulher, loira, de origem russa e igualmente médica, que iria enfeitiçá-lo com sua estonteante beleza. Waldo deveria tomar muito cuidado, porque ela o encantaria com sua sensualidade; mas, na verdade, era uma representante das trevas, com o objetivo de desviá-lo do caminho espiritual.

— Ela vai te engambelar, finalizou Chico, com uma história de

---

[439]Disponível em: <http://ismaelgobbo.blogspot.com.br/2010/04/focalizando-o-trabalhador-espirita_12.html> Acessado em: 16/5/2018.

[440]NOBRE, Marlene Rossi Severino. *Chico Xavier*: meus pedaços de espelho. 2ª ed. São Paulo: Fe, 2015. cap. 27, p. 225.

[441]Disponível em: <https://www.youtube.com/watch?v=eWv66j7-EQc> Acessado em: 16/5/2018.

te levar para o Japão, a fim de fazer uma especialização em cirurgia plástica[442] – ou técnicas de estética e embelezamento. Waldo negou que isso pudesse acontecer.

Mas nem por isso a relação dos dois se complicou nos primeiros compromissos firmados: México, Los Angeles e Nova Iorque[443]. No México, eles conheceram "*companheiros kardecistas da Central Espírita Mexicana, os professores João e Pedro Gasca e a irmã professora Amparita Morgado*[444]". Em Hollywood, ficaram surpresos com a "*honrosa reportagem que a revista* Cosmic Star... *publicou em torno das... atividades na Comunhão Espírita Cristã*", visitando, também, na companhia de amigos, o Memorial Park, onde está enterrada a atriz Marilyn Monroe – musa dos filmes americanos nos anos 1950/60. Chico, que assistira a dois filmes dela, se comoveu e viu-a sob os cuidados de uma outra atriz americana. O Irmão X também estava presente na ocasião, e chegou a conversar com ela[445].

Depois disso, os dois médiuns atravessaram o continente americano e rumaram para Nova Iorque, a fim de lançarem o *Ideal Espírita*, pela Philosophical Library. O evento aconteceu no dia 17 de maio[446], na biblioteca pública local. E, eis que iniciado o lançamento, quem surge no evento? A tal loira, citada por Emmanuel, chamando a atenção de todos, especialmente de Waldo Vieira, com sua estonteante beleza[447]. E Emmanuel tinha razão.

Na sequência, já entrando o mês de junho, Chico endereçou cartas aos amigos paulistas Joaquim Alves[448] (o Jô), o casal Nena e Francisco

---

[442] Idem.

[443] TAVARES, Flávio Mussa. *Sal da Terra*. Campos (RJ): Escola Jesus Cristo, 2005. III Parte, 2. O caso Bob Hunter, Elon College, 29/6/1966.

[444] BARBOSA, Elias. *No Mundo de Chico Xavier*. Araras (SP): IDE, 1967. cap. 17, p. 154.

[445] XAVIER, F. C./Emmanuel. *A Terra e o Semeador*. Araras (SP): IDE, 1975. Encontro com Marilyn Monroe, p/r 129.

[446] BARBOSA, Elias. *No Mundo de Chico Xavier*. Araras (SP): IDE, 1967. cap. 17, p. 159.

[447] Disponível em: <https://www.youtube.com/watch?v=eWv66j7-EQc> Acessado em: 17/5/2018.

[448] A primeira carta de Chico a Joaquim Alves, em Elon College, datada de 8/6/1966. In: GALVES, Nena. *Amor e Renúncia*. São Paulo: CEU, 2006. Cartas de Chico Xavier para Jô, p. 93.

Galves[449] e o campinense Clóvis Tavares[450], anunciando que Waldo tinha partido para o Japão, a fim de se especializar em técnicas de estética e cosmética. Nessas cartas, entretanto, era bastante discreto, não dando pistas sobre a dura realidade que enfrentava, com a partida repentina do parceiro médium. E assim naturalmente ele o fazia a fim de não preocupar nínguém[451].

Mas que dura realidade era essa? Pois bem, logo após o lançamento do *The Word of the Spirit*, Waldo simplesmente deixou Chico sozinho em Nova Iorque, partindo com a bela médica russa para o cantado curso de especialização no Japão, isso sem dar maiores explicações. Mais uma vez, Emmanuel tinha razão. O complicado disso tudo foi que Chico estava sem nenhum tostão no bolso, embora a estadia do hotel estivesse paga por um mês, com direito a apenas uma refeição ao dia – para ele, um grande tormento, uma vez que, naquele tempo, Chico gostava de comer bem. Ou seja, ou ele tomava café da manhã, ou almoçava ou jantava[452].

Infelizmente, no momento em que tudo isso aconteceu, o casal Haddad estava em viagem pela Carolina do Norte, portanto incomunicável, devido a distância até Nova Iorque, além de não haver, na época, um sistema rápido de comunicação. Pela falta de dinheiro, Chico não tinha também como ligar aos amigos no Brasil, pedindo-lhes socorro. O jeito, então, foi ficar nessa situação, sofrendo o que ela lhe impunha, durante os trinta dias. E só conseguiu atravessar ileso esse tempo todo, revelou Chico, porque diversos amigos espirituais, ainda do tempo de Pedro Leopoldo, iam visitá-lo, diariamente, fazendo, inclusive, recitais musicais[453].

Eis que recordamos aqui, novamente, às "*advertências delicadas*" de Chico ao parceiro médium, citadas por João Cuin no ano anterior. Os

---

[449]GALVES, Nena. *Chico Xavier*: luz em nossas vidas. São Paulo: CEU, 2012. Cartas dos Estados Unidos, p. 219.

[450]TAVARES, Flávio Mussa. *Sal da Terra*. Campos (RJ): Escola Jesus Cristo, 2005. III Parte, 2. O caso Bob Hunter, Elon College, 29/6/1966.

[451]GALVES, Nena. *Chico Xavier*: luz em nossas vidas. São Paulo: CEU, 2012. Cartas dos Estados Unidos, p. 219.

[452]Disponível em: <https://www.youtube.com/watch?v=eWv66j7-EQc> Acessado em: 18/5/2018.

[453]Idem.

motivos poderiam ser os mais diversos, alguns até justificáveis, mas que, claramente, uma transformação gradual vinha se processando em Waldo, isso não tinha dúvidas.

Um amigo comum de Waldo e Chico na CEC, o dr. Oswaldo de Castro, tem algo também a acrescentar nessa história do envolvimento de Waldo com a mulher que o convenceu a fazer especialização em cirurgia plástica no Japão. Dr. Oswaldo era conceituado cirurgião plástico em São Paulo e foi colega do mesmo nos cursos de odontologia e de medicina em Uberaba[454].

A história é a seguinte: conta dr. Oswaldo de Castro que operou duas senhoras, que disseram ter conhecido Chico e Waldo no retorno da primeira viagem aos EUA. E estas ficaram encantadas com os dois[455]. Provavelmente, uma delas, interessada em Waldo, teria procurado o dr. Oswaldo justamente para obter informações do colega médico e médium.

Evidentemente, uma dessas senhoras, citadas pelo dr. Oswaldo, era a própria loira russa que apareceu no lançamento do *The Word of the Spirit*, em Nova Iorque, e que acabou levando Waldo para o Japão. Isso explicaria, então, como Emmanuel soube, antecipadamente, que a tal loira russa estaria no lançamento do livro em Nova Iorque, e quais eram suas verdadeiras intenções.

Apesar de tudo, de Waldo ter deixado Chico sozinho e sem dinheiro, na grande Nova Iorque, Chico tinha ainda a esperança de vê-lo retornando do Japão, e, talvez, quem sabe, dar prosseguimento aos compromissos espirituais anteriormente assumidos – apesar dos alertas de Emmanuel. Espera em vão. Chegado o último dia da estadia de Chico no hotel, o gerente o chamou, avisando que se não fizesse novo depósito de hospedagem, no dia seguinte, iria desocupar o quarto.

Aí bateu o desespero em Chico, que saiu caminhando pela 5ª Avenue, em direção à igreja de Saint Patrick, profundamente angustiado e sem saber o que fazer. Num determinado momento, o médium pensou: — Senhor,

---

[454]NOBRE, Marlene Rossi Severino. *Chico Xavier*: meus pedaços de espelho. 2ª ed. São Paulo: Fe, 2015. cap. 27, p. 225.

[455]Idem.

se for da tua vontade que eu me torne um mendigo, que seja feita essa tua vontade! Mas não era essa a vontade do médium, obviamente, que continuou caminhando[456].

Passados mais alguns instantes, de repente, Chico viu passar do seu lado uma limusine branca enorme. E, na próxima esquina, ela estacionou e parou bem a sua frente. Em seguida, uma porta se abriu e saiu dela uma dama adornada de joias e falando um inglês com um sotaque diferente. Chico não compreendia bem o que ela falava, e pediu que falasse um pouco mais devagar.

— Olha, eu sou de origem irlandeza, disse a dama. Lá, no meu país, todos somos devotos de Saint Patrick (São Patrício)... Faz vinte anos que eu peço a ele três graças, que nunca foram alcançadas... Hoje, porém, logo pela manhã, eu alcancei as três, de uma vez só. Por isso estou muito feliz...

— Oh, *wonderful*! – exclamou Chico.

— De modo que agora eu tenho que pagar a minha promessa...

— Que promessa, senhora? – perguntou o médium.

— Esta: o primeiro mendigo que eu ver, nas ruas de Nova Iorque, lhe darei pouso e comida!

E Chico, numa explosão de alegria, disse à dama:

— Sou eu! Eu sou o mendigo que a senhora procura! Graças a Deus! Louvado seja Nosso Senhor Jesus Cristo!

Sem perda de tempo, o médium contou à dama da limusine o drama que estava vivendo. Esta então o levou a um sofisticado restaurante da cidade e lhe ofereceu de tudo, tudo que havia de bom e de melhor em pratos. Depois, levou-o ao hotel onde estava hospedado e acertou para ele seis meses de hospedagem, com três refeições diárias!

Chico, todavia, não permaneceu nesse hotel os meses restantes combinados. Fez antes um acordo com o gerente, e trocou o resto da sua hospedagem por créditos telefônicos. Deixou, portanto, o hotel antes do tempo. Com isso, ele pôde se comunicar com amigos no Brasil, os quais

[456]Disponível em: <https://www.youtube.com/watch?v=eWv66j7-EQc> Acessado em: 19/5/2018.

viriam, mais adiante, quando encerrada a estada nos EUA, patrocinar a sua passagem de volta[457].

Antes, porém, de deixar Nova Iorque, Chico esteve com o companheiro e amigo, dr. Eurípedes Tahan Vieira, que, coincidentemente, fazia naquele momento um curso de especialização no Memorial Hospital of Cancer and Allied Diseases[458]. Aliás, foi o dr. Bezerra de Menezes, através da mediunidade de Chico, ainda no Brasil, que havia dado o sinal positivo para ele fazer essa especialização no Memorial Hospital[459].

Chico também teve a alegria de acompanhar Tahan em dois cultos do Evangelho, por ele ali fundados, em bases espíritas-cristãs[460], além de fazerem aulas de inglês juntos. Numa dessas aulas, o médium soube que a esposa de um aluno nicaraguense estava com problemas, e resolveu ajudá-la. Eurípedes Tahan o acompanhou nessa assistência, estranhando, porém, que Chico falasse fluentemente espanhol com a esposa do nicaraguense, isso por uns quarenta minutos. "*Quando saíram,* todavia, o médium *explicou* a Tahan que não era ele que falava em espanhol: — *`Era a avó daquela senhora. Eu a estava ajudando, dando conselhos*[461]...´".

Além desse fenômeno de xenoglossia pela psicofonia, Tahan testemunhou Chico receber também "*`uma mensagem de Marilyn Monroe, na qual ela explicava que não havia se suicidado´. Na carta psicografada..., Marilyn contou que estava, sim, deprimida e que andava tomando antidepressivos, mas que nunca fora sua intenção se matar*[462]". Ela desencarnou em agosto de 1962, portanto, quatro anos antes dessa mensagem.

Após Nova Iorque, Chico desembarcou em Elon College, na Carolina do Norte, para encontrar-se com o casal de amigos, Salomão e Phyllis

---

[457] Idem.

[458] BARBOSA, Elias. *No Mundo de Chico Xavier*. Araras (SP): IDE, 1967. cap. 17, p. 154.

[459] Disponível em: <http://www.otempo.com.br/capa/brasil/lembran%C3%A7as-carinhosas-de-quem-conheceu-chico-xavier-1.373062> Acessado em: 20/5/2018.

[460] BARBOSA, Elias. *No Mundo de Chico Xavier*. Araras (SP): IDE, 1967. cap. 17, p. 154.

[461] SOUTO MAIOR, Marcel. *As Vidas de Chico Xavier*. São Paulo (SP): Planeta, 1994. Os mortos estão vivos, p. 178.

[462] Disponível em: <http://www.otempo.com.br/divers%C3%A3o/magazine/reencontro-com-o-m%C3%A9dium-1.250050> Acessado em: 20/5/2018.

Haddad. Aí permaneceu durante três semanas. Na ocasião, o Christian Spirit Center encontrava-se ativo na própria residência do casal. Com eles continuou aprimorando o seu inglês, recebendo aulas três vezes ao dia. À noite psicografava e escrevia cartas até às duas horas da manhã. Um fato interessante é que o médium esgotou o estoque de selos da agência local, e o "*pessoal de lá queria saber quem era esse homem*[463]". Por fim, recebeu de Phyllis Haddad, uma médium notável, provas inequívocas e consoladoras de sua mãe, Maria João de Deus, e de Meimei, pela psicofonia[464].

Dentre as muitas cartas escritas, recebeu também correspondências de Waldo, numa das quais ele dizia estar providenciando a tradução de *O Livro dos Espíritos* e *Nosso Lar* para o japonês, para o ano seguinte[465]. Noutra, dizia já ter-se diplomado no rápido curso de especialização no Japão[466] – de dois meses.

Em carta a Clóvis Tavares mencionou ainda um extraordinário desdobramento de Chico, o qual se deslocou até a cidade de Belfast, capital da Irlanda do Norte:

"*Quero contar-lhe que fui maravilhosamente surpreendido na noite passada. Vi-me fora do corpo e, em espírito, fui à Irlanda com alguns amigos. Voamos sobre Belfast e em poucos minutos, alcançamos uma bela região campestre.*

Lá havia muitas árvores brilhando sob a luz das estrelas. Em torno, então, pude ver os campos com trigo dourado e as duas margens da estrada contornada por trevos.

Nessa atmosfera calma, ouvi uma melodia suave que parecia vir de um instrumento invisível do vento. Compreendi que estava ouvindo nessa onda sonora, velha canção profundamente familiar para mim.

---

[463] NOBRE, Marlene Rossi Severino. *Chico Xavier*: meus pedaços de espelho. 2ª ed. São Paulo: Fe, 2015. cap. 26, p. 215.

[464] BARBOSA, Elias. *No Mundo de Chico Xavier*. Araras (SP): IDE, 1967. cap. 17, p. 158.

[465] TAVARES, Flávio Mussa. *Sal da Terra*. Campos (RJ): Escola Jesus Cristo, 2005. III Parte, 2. O caso Bob Hunter, Elon College, 29/6/1966

[466] GALVES, Nena. *Chico Xavier*: luz em nossas vidas. São Paulo: CEU, 2012. Cartas dos Estados Unidos, p. 221.

Vozes ternas falavam-me sobre minhas vidas passadas nesse abençoado país, mas não pude identificar de onde essas vozes vinham.

Eu estava muito emocionado quando chegamos perto de uma antiga casa de pedra.

Alguém invisível me disse bem perto: '— Olhe adiante!...Guardamos nossas últimas rosas da primavera para você!'... Então, vi muitas rosas entre água e vento, contornando um pequeno lago, embora isso acontecesse em horas avançadas da noite.

Então entramos...

Muito surpreso, vi várias pessoas recebendo-me com palavras carinhosas e seis crianças pegando belas guitarras e cantando para mim:

`Coração querido, coração querido,
Nós nunca o esqueceremos!
Venha ver a nossa pátria,
Venha plantar, de novo, nossas flores! ...
Coração querido, coração querido,
Quando você puder,
Venha morar conosco,
Sob o mesmo céu!...
Coração querido, coração querido!
Quando você puder,
Venha morar aqui novamente! ...'

Nesse momento da encantadora canção, senti-me de volta no tempo e ansiosamente tentei lembrar tudo sobre meus dias passados na Irlanda.

Comecei a chorar, compreendendo que estava entre pessoas que eu amava muito e meu coração parecia explodir em meu peito. Quis restituir o passado à minha memória, mas não pude fazê-lo.

Não pude ver mais... e, de repente, acordei em minha cama. Então comecei a enxugar meus olhos banhados em lágrimas[467]*...*"

Em uma última carta, endereçada ao mesmo Clóvis Tavares, no final de junho, Chico menciona outro fenômeno curioso de sua mediunidade xenoglóssica: algumas mensagens por ele recebidas eram traduzidas, do português para o inglês, por um jovem Espírito chamado Bob Hunter[468], com o objetivo de divulgação doutrinária pelo Christian Spirit Center. Outras tiveram a tradução dos próprios médiuns, Waldo e Chico[469], inclusive mensagens infantis, extraídas do livro *Pai Nosso*, de Meimei[470].

Enquanto isso, no Brasil, e sem que Chico tivesse conhecimento disso, desencarnava em Campos (RJ), o querido amigo e médium de materializações Francisco Peixoto Lins, o Peixotinho, de tantas e inesquecíveis realizações no tempo de Pedro Leopoldo[471].

Quanto a Waldo, de volta de sua especialização no Japão, decidiu ele começar vida nova no Rio de Janeiro. Para isso, doou praticamente tudo que tinha, conservando apenas algumas propriedades para seu usufruto, e também para manter uma biblioteca particular, mais um apartamento que comprara no Rio[472]. Segundo Waldo, antes de começar essa vida nova, ele iria ainda aos EUA, especificamente em Wall Street, Nova Iorque e no Wells Fargo Bank, na Califórnia, com o objetivo de se credenciar a investir no mercado financeiro, sobretudo para aplicar na bolsa de valores e negócios imobiliários, até chegar ao seu primeiro milhão[473]. Isso lhe permitiria, então, montar mais adiante um consultório de luxo em Copa-

---

467 TAVARES, Flávio Mussa. *Sal da Terra*. Campos (RJ): Escola Jesus Cristo, 2005. III Parte, 2. O caso Bob Hunter, Elon College, 30/6/1966; Para o confrade e cineasta Oceano Vieira de Melo, esta carta de Chico é mais uma evidência de que ele foi Allan Kardec, em sua encarnação como druida, na antiga Gália.

468 Idem; GALVES, Nena. *Amor e Renúncia*. São Paulo: CEU, 2006. Cartas de Chico Xavier para Jô. p. 93.

469 NOBRE, Marlene Rossi Severino. *Chico Xavier*: meus pedaços de espelho. 2ª ed. São Paulo: Fe, 2015. cap. 26, p. 214.

470 GALVES, Nena. *Amor e Renúncia*. São Paulo: CEU, 2006. Cartas de Chico Xavier para Jô, p. 94.

471 BARBOSA, Elias. *No Mundo de Chico Xavier*. Araras (SP): IDE, 1967. cap. 7, p. 79-80.

472 Disponível em: <https://www.youtube.com/watch?v=TkcXwYgfU7E> Acessado em: 22/5/2018.

473 HAYGERT, Aroldo Murá G. *Vozes do Paraná*: retratos de paranaenses (2). Curitiba: Convivium. p. 14.

cabana, que lhe daria os subsídios necessários para fazer os investimentos que desejasse[474].

Todavia, o dr. Oswaldo de Castro, que acompanhava surpreso a mudança do amigo, conta algo bem diferente: uma cliente sua, que ele havia operado, foi quem levou Waldo para o Japão, tendo ambos tido um relacionamento afetivo. Depois, essa cliente montou para ele um consultório de luxo no Rio de Janeiro, iniciando o mesmo uma nova especialidade clinica[475]. E consultório de luxo, evidentemente, chama clientela de luxo, que lhe facultaria uma vida financeira mais folgada.

Que ele tivesse anseios de crescimento e necessidade de evidência profissional e pessoal, tudo bem. São anseios justos e válidos. O que não é muito compreensível, entretanto, é a maneira como agiu com Chico, com seus amigos e toda a população carente de Uberaba, que o amava e admirava, pelo trabalho até então conduzido, ignorando-os por completo e sem dar a menor explicação a quem quer que seja.

Agora, fazendo uma retrospectiva do trabalho espiritual construído por ele, após conhecer Chico Xavier, são dezenove livros psicografados, a maioria em parceria com o pedroleopoldinense, além de ser o idealizador da CEC, juntamente com outros confrades. Uma obra admirável e de grande porte, que presta inúmeros serviços gratuitos no campo social e espiritual. Além da CEC, Waldo foi também quem orientou Salomão Haddad, através da sua mediunidade, a fundar o "Christian Spirit Center", nos Estados Unidos[476]?

Ao renegar esse histórico todo, Waldo alegou não concordar com as diretrizes estritamente cristãs do espiritismo, que, na visão dele, afastava todas as demais religiões, e tirava, portanto, o aspecto de universalidade que ele deveria ter. Passou a justificar também que, em razão de o espiritismo ser cristão, o espírita se preocupa demais com consolação e de

---

[474]Disponível em: <https://www.youtube.com/watch?v=TkcXwYgfU7E> Acessado em: 22/5/2018.

[475]NOBRE, Marlene Rossi Severino. *Chico Xavier*: meus pedaços de espelho. 2ª ed. São Paulo: Fe, 2015. cap. 27, p. 225.

[476]Ibidem, cap. 26, p. 215

menos com o esclarecimento das pessoas, afirmando que o caminho dele, dali em diante, seria esse: o do esclarecimento[477].

Mas onde a falta de esclarecimento do espiritismo, se o objetivo da doutrina espírita é justamente esclarecer sobre as realidades da vida espiritual, com base na lei de causa e efeito? Onde o afastamento dos não cristãos se a doutrina espírita é inteiramente livre, sem mandatários ou chefes, atendendo a quem quer que seja, independentemente da religião que cada um professe[478]?

É estranhamente contraditório, também, que todas as obras psicografadas por Waldo, em parceria ou não com Chico, sejam estritamente calcadas em bases cristãs. E que dizer dessas suas declarações, quando ele muito se orgulha de ter recebido o livro *Cristo Espera por Ti*, do Espírito Balzac[479]? Isso sem falar da totalidade de mensagens e orientações, puramente cristãs, que ele recebia e transmitia a quem o procurasse na "Comunhão Espírita Cristã"?

Por que ele, então, renegaria tudo isso, de uma hora para outra, sem jamais tocar no assunto da loira russa que o levou ao Japão? Como diz o ditado: "*a vida é feita de escolhas e cada um é responsável pela escolha que faz*"[480].

Chico retornou da segunda viagem aos EUA na metade de julho de 1966, ficando por lá pouco mais de três meses[481]. Sua intenção inicial, como se disse, era esperar Waldo voltar do Japão e retornarem juntos ao Brasil, no mês de agosto. Mas, provavelmente, avisado dos novos planos do amigo pelos benfeitores espirituais, apressou a sua volta[482].

---

[477] Disponível em: <https://www.youtube.com/watch?v=0D6i0jRVSHI> Acessado em: 23/5/2018; Disponível em: <https://www.youtube.com/watch?v=Ocq76hcdC7k&t=163s> Acessado em: 9/4/2018.

[478] Vide o caso das mensagens da família Muskat, de origem judia. In: XAVIER, F. C. Xavier/Roberto Muskat; David Muskat. *Quando se Pretende Falar da Vida*. São Paulo: Geem, 1983.

[479] Disponível em: <https://www.youtube.com/watch?v=6Fp-VXiDySg> Acessado em: 23/5/2018.

[480] NOBRE, Marlene Rossi Severino. *Chico Xavier*: meus pedaços de espelho. 2ª ed. São Paulo: Fe, 2015. cap. 27, p. 227.

[481] GALVES, Nena. *Chico Xavier*: luz em nossas vidas. São Paulo: CEU, 2012. Cartas dos Estados Unidos, p. 221.

[482] GALVES, Nena. *Chico Xavier*: luz em nossas vidas. São Paulo: CEU, 2012. Cartas dos Estados Unidos, p. 221.

Em Uberaba, retomou normalmente os deveres mediúnicos na CEC e sua missão do livro com os amigos espirituais[483]. Embora "*compreensivelmente amargurado, não se abateu e continuou trabalhando como sempre, ainda dispondo de tempo para a todos atender com ânimo e bonomia, embora um pouco mais discreto*[484]".

Em entrevista ao companheiro Jarbas Leone Varanda, no programa *Ondas de Luz*, pela Rádio Difusora de Uberaba, no final de setembro, Chico fez um apanhado do que foi essa segunda viagem ao continente americano, do ponto de vista da divulgação doutrinária.

Perguntado, também, a respeito de Waldo Vieira, que já havia retornado do Japão e se mudara para o Rio de Janeiro, tendo renunciado à trajetória de médium e a todos os vínculos com a doutrina espírita, Chico falou com resignação:

"— *Vi a mudança do nosso caro Waldo para o Rio com o pesar de todos os companheiros e amigos de Uberaba, principalmente os da `Comunhão Espírita Cristã´ que sempre encontramos nele um apoio e um exemplo, inspirando-nos e sustentando-nos em serviço. Waldo não é tão somente o médico abnegado e o médium espírita que conhecemos e admiramos, mas igualmente o amigo e o condutor de quem não estimaríamos separar. Acontece, porém, que em se especializando no Japão, desejou ele ampliar horizontes e estudos no Rio e, de nossa parte, não podíamos transformar afeição e agradecimento em egoísmo e cativeiro. Conquanto sentindo imensamente a falta dele, vimo-lo partir reconfortados, todos nós, por vê-lo feliz, seguindo ao encontro de novas conquistas e experiências. Estamos, porém, convencidos de que ele continuará sendo o missionário da luz e do bem, tanto no Rio ou em outras cidades do Brasil ou do Mundo, como tem sido junto de nós em Uberaba, e desejamos reafirmar que ele prossegue, em qualquer parte, na condição de credor de nossa veneração, reconhecimento, apreço e carinho, para quem rogamos diariamente as bênçãos de Deus*[485]."

---

[483]BARBOSA, Elias. *No Mundo de Chico Xavier*. Araras (SP): IDE, 1967. cap. 13, p. 134.

[484]CUIN, João. *Chico Xavier*: amor e sabedoria. São Paulo: DPL, 2006. cap. 13, p. 47

[485]BARBOSA, Elias. *No Mundo de Chico Xavier*. Araras (SP): IDE, 1967. cap. 17, p. 159-160.

Chico, no entanto, sabia que, desde a viagem no ano anterior, Waldo caira "*numa personalidade do passado*", chegando ao ponto que chegou, de abandonar "*completamente a doutrina*[486]". Esse fenômeno, de retrocognição instintiva do Espírito, pouco conhecido e divulgado entre os espíritas, acontece com qualquer um, em maior ou menor grau, sobretudo em momentos significativos da vida, levando o indivíduo ao passado reencarnatório, sem que ele se dê conta disso[487].

Antes de viajar para os EUA e ao Japão, Waldo psicografou ainda dois livros solos: *Sonetos de Vida e de Luz* (IDE, 1966), por Espíritos diversos, e *Técnica de Viver* (CEC, 1967), de Kelvin Van Dine. Com respeito a esse último livro, destacamos trecho de uma das mensagens, cujo esclarecimento espírita é evidente:

"De si para si

A herança legítima se faz de si para si. Na evolução espiritual, antes de tudo, somos descendentes de nós, antepassados de nossa alma, herdeiros diretos do que fomos.

Vivemos na matéria densa para alcançar o autoaperfeiçoamento. No conhecimento de nós próprios todos somos alunos.

Na Terra, ninguém ainda se diplomou na ciência de entender a si. Quando isso acontecer, o Espírito não mais reencarnará neste Globo. Mudará de escola, transferir-se-á de residência, viverá em outro mundo. Aqui temos o nosso curso de aulas onipresentes e estágios incessantes, com tomadas de lição a cada hora.

Há existências de total servidão espiritual. Na base dos fatos, cada

---

486 NOBRE, Marlene Rossi Severino. *Chico Xavier*: meus pedaços de espelho. 2ª ed. São Paulo: Fe, 2015. cap. 27, p. 226.

487 A homossexualidade é um exemplo típico de retrocognição, independentemente de haver promiscuidade ou não. O autor deste livro é também testemunha de fenômeno de retrocognição espontânea que ocorreu consigo nos anos 1980. Por dias, sentiu-se tomado por uma forma fluídica de encarnação pretérita – por volta dos anos 50 d.C –, acompanhado de fortes emoções. Dois corpos, pois, se mesclavam, o material e o espiritual, com estatura e compleições físicas diferentes. O fenômeno, provocado por benfeitores espirituais, tinha a finalidade de fazer compreender situações que se passaram naquela vida, comparadas a situações conflitantes da vida presente.

qual de nós só se constitui senhor ou escravo, amigo ou adversário, vítima ou verdugo de si mesmo, exclusivamente.

Na grande maioria, por muitas encarnações cada um paradoxalmente só tem escrito, na vida diuturna, o próprio diário abordando atos alheios, esquecido de si, quase sempre.

(...)

Lembre-se de que a verdadeira experiência cresce com quem busca conhecer-se. Se desencarnados estamos a caminho do renascimento, agora ou depois, você, encarnado, avança para a desencarnação. E nascer e morrer na carne são fases impostas para o autoexame inevitável."

Evidentemente que a deserção de Waldo suscitaria inúmeros comentários, no movimento espírita como um todo, e isso continuaria por um bom tempo. A resposta de Chico, no entanto, quando questionado a respeito, era sempre compreensiva e respeitosa, como a que manifestou a Jarbas Varanda, no programa *Ondas de Luz*[488].

João Cuin observou, porém, que, na convivência próxima com o médium, o seu abatimento e tristeza eram evidentes:

"*Foi um período difícil para o Chico.* (...) *Nesse tempo, após o término da sessão de desobsessão, ficávamos, às vezes, horas a fio, ouvindo Chico discorrer sobre o trabalhador que desertara. Via-se em seus olhos que as lágrimas se represavam, teimando em cair*[489]."

Antes de Waldo, todavia, houve outros casos de afastamento, mas de companheiros menos destacados, que fez com que Chico desse um alerta ao grupo, pedindo a necessidade de maior coesão e lembrando aos tarefeiros da CEC que eles compunham uma família espiritual[490].

---

[488]Vide resposta de Chico também ao dr. Luiz Carlos Pasqua, no periódico espírita *O Caminho*, de Guaxupé, em 4/12/1966. In: BARBOSA, Elias. *No Mundo de Chico Xavier*. Araras (SP): IDE, 1967. cap. 12, p. 127; NOBRE, Marlene Rossi Severino. *Chico Xavier*: meus pedaços de espelho. 2ª ed. São Paulo: Fe, 2015. cap. 27, p. 223.

[489]CUIN, João. *Chico Xavier*: amor e sabedoria. São Paulo: DPL, 2006. cap. 13, p. 46.

[490]Ibidem, cap. 27, p. 82-83.

No mês de outubro, conforme alerta feita pelo dr. Bezerra de Menezes, em 1964, ao então vice-prefeito de São Paulo, Freitas Nobre, por intermédio de Chico, o mesmo resolveu deixar o Brasil, para evitar o risco real da cassação de seus direitos políticos – em outubro de 1965, o governo militar instituíra, por meio do ato institucional nº 2, o direito de extinguir partidos e cassar mandatos parlamentares, entre outras coisas[491]. Seu destino foi, então, a França, com o objetivo de realizar pós-graduação em direito e economia da informação na Sorbonne. Sua companheira, Marlene Nobre, permaneceu no Brasil como estagiária no Departamento de Ginecologia e Obstetrícia do Hospital das Clínicas de São Paulo[492].

Ainda, no final de outubro, Chico precisou ir a Pedro Leopoldo[493], em razão do desencarne de sua cunhada, Geny Pena. Geny era viúva de seu querido irmão José Xavier, na espiritualidade desde 1939. A partir de 1942, ela se desequilibrou mentalmente, precisando ser internada no hospital psiquiátrico de Belo Horizonte[494], intercalando períodos nesse local e na casa do médium[495].

Desde então, Geny passou a ficar sob os seus cuidados, assim como o filho dela e de seu irmão José, Emmanuel Luiz, seu sobrinho. Mais ainda um agravante nessa história: Emmanuel Luiz tinha o corpo deformado e era tetraplégico. Segundo o médium, um dos principais motivos do desequilíbrio de Geny devia-se, pois, à influência espiritual desse filho, "*cujo Espírito era a reencarnação de um cruel revolucionário da Revolução Francesa de 1789-1799, quando mandou executar inúmeros opositores políticos*[496]". Emmanuel Luiz desencarnou por volta de 1947, com doze anos de idade[497].

---

[491]Disponível em: <https://pt.wikipedia.org/wiki/Ditadura_militar_no_Brasil_(1964%E2%80%931985)#Governo_Castelo_Branco_(1964-1967)> Acessado em: 27/5/2018.

[492]Disponível em: <http://ismaelgobbo.blogspot.com.br/2010/04/focalizando-o-trabalhador-espirita_12.html> Acessado em: 27/5/2018.

[493]GALVES, Nena. *Chico Xavier*: luz em nossas vidas. São Paulo: CEU, 2012. Carta de sonhos pessoais, p. 232.

[494]COSTA, Carlos Alberto Braga. *Chico, Diálogos e Recordações*. BH: UEM, 2006. cap. VI, p. 74

[495]SCHUBERT, Suely Caldas. *Testemunhos de Chico Xavier*. 4ª ed. Brasília (DF): FEB, 2010. O casamento de Chico Xavier, 28/7/1951.

[496]ALVES, Elifas. *Chico, as origens*. São Paulo: Aliança, 2015. Um livro de peso e a "dor Xavier", p. 187-189.

[497]Ibidem, d. Esmeralda, outra perda em família e cirurgia, p. 310.

Chico, então, decidiu visitar o casal de amigos em São Paulo, os Galves, a fim de se refazer dos muitos abalos que vinha sofrendo. Estar na companhia dos Galves era para ele um refrigério ao espírito, sustentado pela afinidade do passado reencarnatório[498]. Num determinado momento dessa estada na residência dos amigos, o médium pediu se eles poderiam levá-lo até Santos, cidade litorânea, distante 81 quilômetros da capital, a fim de visitar uma amiga, dona Ilda, que era médium de efeitos físicos. Assim foi feito.

A sessão com dona Ilda se deu através de manifestações de voz direta, em que os Espíritos desencarnados se comunicavam com os encarnados por meio de um cone (com o objetivo de ampliar o som). Feitas as preces, o disco na vitrola tocava, sem que ninguém a ligasse. O cone levantou-se sozinho, até a altura do teto, e os Espíritos começaram a dialogar com os presentes[499].

Foi quando André Luiz se comunicou diretamente com Chico, incentivando-o a seguir nas tarefas em curso (a médium e as demais pessoas presentes de nada sabiam a respeito das duras provas pelas quais o médium vinha passando):

"— *Chico, não tema, nós estamos com você; você não está sozinho. Trabalhe. Nós estaremos juntos e a obra continuará, porque ela não é nem sua nem nossa*[500]..."

Chico chorou muito, mas subiu a serra feliz e de alma aliviada[501]. E, apesar de tudo que aconteceu com ele esse ano, manteve-se forte e fiel aos compromissos espirituais, distribuindo, permanentemente, "*alegrias ao seu redor*[502]" e continuando a atender à multidão de pessoas que o procurava na CEC, enfrentando extensas filas em busca de consolação.

---

[498]GALVES, Nena. *Até sempre Chico Xavier*. São Paulo: CEU, 2009. cap. 2, p. 19-21; cap. 4, p. 27-30

[499]Ibidem, cap. 8.1, p. 128.

[500]GALVES, Nena. *Chico Xavier*: luz em nossas vidas. São Paulo: CEU, 2012. 3º Congresso Espírita Brasileiro – 2010, p. 83.

[501]Ibidem, p. 84.

[502]NOBRE, Marlene Rossi Severino. *Chico Xavier*: meus pedaços de espelho. 2ª ed. São Paulo: Fe, 2015. cap. 30, p. 247.

E, por incrível que possa parecer, no dia de Natal, o médium finalizava mais um livro mediúnico seu, com introdução de Emmanuel: *Antologia Mediúnica do Natal*. O livro foi entregue à FEB e reunia oitenta mensagens confortadoras sobre o tema, por Espíritos diversos, como a que segue, de Emmanuel (cap. 7):

"Evocação do Natal

O maior de todos os conquistadores, na face da Terra, conhecia, de antemão, as dificuldades do campo em que lhe cabia operar.

Estava certo de que entre as criaturas humanas não encontraria lugar para nascer, à vista do egoísmo que lhes trancava os corações; no entanto, buscou-as, espontâneo, asilando-se no casebre dos animais.

Sabia que os doutores da Lei ouvi-lo-iam indiferentes, com respeito aos ensinamentos da vida eterna de que se fazia portador; contudo, entregou-lhes, confiante, a Divina Palavra.

Não desconhecia que contava simplesmente com homens frágeis e iletrados para a divulgação dos princípios redentores que lhe vibravam na plataforma sublime, a abraçou-os tais quais eram.

Reconhecia que as tribunas da glória cultural de seu tempo se lhe mantinham cerradas, mas transmitiu as boas novas do Reino da Luz à multidão dos necessitados, inscrevendo-as na alma do povo.

Não ignorava que o mal lhe agrediria as mãos generosas pelo bem que espalhava; entretanto, não deixou de suportar a ingratidão e a crueldade, com brandura e entendimento.

Permanecia convicto de que as noções de verdade e amor que veiculava levantariam contra ele as matilhas da perseguição e do ódio; todavia, não desertou do apostolado, aceitando, sem queixa, o suplício da cruz com que lhe sufocavam a voz.

É por isso que o Natal não é apenas a promessa da fraternidade e da paz que se renova alegremente, entre os homens, mas, acima de tudo, é a reiterada mensagem do Cristo que nos induz a servir sempre, compreendendo que o mundo pode mostrar deficiências e imperfeições, trevas e chagas, mas que é nosso dever amá-lo e ajudá-lo mesmo assim."

40 anos de mediunidade e recomeço a sós

O próximo livro, *Caminho Espírita*, por Espíritos diversos, demoraria somente uma semana mais para Emmanuel comunicar a sua introdução, em janeiro de 1967. O livro seria entregue ao IDE para publicação, e era a evidência máxima de que, diante das dores pelas quais o médium vinha passando, ele se colocava à disposição do serviço espiritual, com total dedicação, resignação e amor, em conformidade com a orientação transmitida por Emmanuel em *Estude e Viva* (cap. 4), no ano anterior:

"*Resguarde-se das águas mortas do estacionamento, com o trabalho constante e desinteressado no bem.*

Cada espírito traz em si as forças ofensivas do mal e os recursos defensivos do bem, na marcha da evolução.

A vitória do bem, conquanto seja fatal, depende, pois do livre arbítrio de cada um.

Assim sendo, para a sua felicidade, resguarde-se de toda contemporização com os enganos que nascem de você mesmo."

Em *Caminho Espírita*, os benfeitores espirituais falam das inquietações, das dificuldades e dos desafios enfrentados pela criatura humana com o apoio dos ensinamentos espíritas, em oitenta mensagens. Emmanuel assinala essas mensagens como sendo "*a estrada real da criatura com todas as indicações exatas para a viagem de nosso aperfeiçoamento e libertação*", como esta, de Albino Teixeira (cap. 6):

"Todos podemos

Nem todos revelamos grandezas, mas todos podemos cultivar humildade.

Nem todos demonstramos conhecimentos superiores, mas todos podemos estudar.

Nem todos conseguimos sustentar, economicamente, as boas obras, mas todos podemos efetuar essa ou aquela prestação de serviço.

Nem todos guardamos a competência ou o dom de curar, mas todos podemos, de um modo ou de outro, auxiliar aos nossos irmãos enfermos.

Nem todos estamos habilitados para mandar, mas todos podemos servir.

Nem todos somos heróis, mas todos podemos ser sinceros, justos e bons.

Nem todos nos achamos em condições de realizar muito no socorro aos que sofrem, mas todos podemos oferecer algo de nós, em favor deles.

Espíritas irmãos! Não alegueis indigências, pequenez, fraqueza, incapacidade ou ignorância para desertar do trabalho a que somos chamados. Comecemos, desde agora, a edificação do Reino de Deus, em nós e em torno de nós, através do serviço que já possamos fazer."

Passados nove dias, o guia de Chico fecha a programação de mais um livro, com sessenta mensagens, no mesmo padrão do anterior, e que seria entregue à FEB: *Encontro Marcado*. Terminada essa obra, Chico, acompanhado do dr. Madeira, deixou Uberaba rumo à Atafona, localizada no município de São João da Barra (RJ), a fim de desfrutar dez dias de férias na praia, conforme combinado com o amigo Clóvis Tavares, no ano anterior[503]. O mesmo os encontrou no Rio, seguindo o resto do percurso de carro. Os três chegaram ao seu destino no dia 13 de janeiro, sendo recebidos com muito carinho e alegria pela esposa de Clóvis, seus dois filhos e outras crianças[504]. "*Foram dez dias de luz, de paz, de bênçãos*[505]".

No segundo dia do recanto praiano, logo pela manhã, Chico surpreendeu o anfitrião amigo, comunicando-o que Emmanuel decidira escrever ali um pequeno livro, que falava sobre reforma íntima: "`*O reino*

[503]TAVARES, Clóvis. *Trinta Anos com Chico Xavier*. 5ª Ed. Araras (SP): IDE, 1991. cap. 20, p. 241.

[504]Ibidem. p. 241-243.

[505]Ibidem, p. 243.

de Deus está dentro de vós'. Descobri-lo e estabelecer as vias de acesso para alcançá-lo depende de nós, disse ele[506]". Todos os dias, o médium se recolhia em seu quarto a fim de grafar dois ou três capítulos desse livro, depois datilografados por ele, e cedido para edição à CEC. O título escolhido para a obra foi *Portal da Luz*[507].

"*O que é realmente admirável – quase incompreensível – é ter havido tempo para tudo durante* os *dez dias... Chico regozijou-se na praia com as crianças e alguns companheiros de nossa Escola durante as horas matutinas... Encantou-se com o mar, banhou-se na `Coreia', conheceu o Pontal e a `Marinha', visitou Grussaí, comoveu-se com a simplicidade de São João da Barra, a lembrar-lhe sua Pedro Leopoldo de trinta anos atrás... (...) Em Atafona, fez-se criança entre as crianças, preparando até doces e guloseimas para elas com a habilidade de um perfeito `gourmet', comme Il fault*[508]*...*"

No dia 19, ao final dos comentários no culto doméstico, Chico comunicou que alguns amigos espirituais desejavam se manifestar, e, tomando o lápis, psicografou, com rapidez, vinte e seis páginas do irmão de Clóvis, Aluízio, desencarnado em outubro de 1961. Nessa mensagem foram mencionados os nomes da esposa de Aluízio e suas duas filhas, desconhecidas do médium; de Nina Arueira, ex-noiva de Clóvis na juventude; do poeta português João de Deus; da poetisa potiguar Auta de Souza; do poeta campinense Azevedo Cruz e diversos outros nomes, só conhecidos de Clóvis Tavares e dos conterrâneos campinenses. Embora não citadas nominalmente, Chico perguntou ao amigo campinense, após as psicografias, se "*as filhinhas do Aluízio se chamavam Elizabeth e Neusa*", o que foi confirmado por ele[509].

Agora, note o leitor a diferença de estilo entre os poetas que se manifestaram nesse culto doméstico:

"(...)

---

[506] Idem.

[507] Idem.

[508] Ibidem, p. 243-244.

[509] Ibidem, p. 246-256.

Em tudo o que nos reserve
À luz de cada momento,
O nosso agradecimento,
Por tudo, seja o que for...
Vivemos, Jesus Querido,
Na alegria de encontrar-te,
Cantando por toda parte,
Bendito sejas, Senhor!

João de Deus[510]"

"*Alma cansada e triste, alma sincera,*
Se a dor por noite em lágrimas te alcança,
Acende em prece o lume da esperança,
Onde o grilhão da mágoa te encarcera!
(...)

Auta de Souza[511]"

"(...)
Relembrando-te em prece enternecida e grata
Os dias de ouro e azul entre as noites de prata,
Beijo-te o solo em flor por tudo o que ele encerra!...
Campos! Vejo agora, ao brilho do amor puro,
Por estrela de Deus indicando o futuro,
Talhada no Brasil para a Glória na Terra!...

Azevedo Cruz[512]"

---

[510]Ibidem, p. 248-249.

[511]Ibidem, p. 255.

[512]Ibidem, p. 256.

No dia seguinte a essas mensagens, Chico deu por encerrado o livro *No Portal da Luz*, com introdução de Emmanuel, e retornou a Uberaba no dia 23. Antes, porém, passaram por Campos, revisitando a Escola Jesus Cristo e os amigos campinenses, que se regozijaram com a presença do querido médium[513] – Chico esteve em Campos, pela primeira vez, em 1940[514].

Também, "*conforme os textos de Allan Kardec e as orientações espirituais de André Luiz, dr. Bezerra e Emmanuel, por meio da mediunidade de Chico Xavier*", no dia 5 de abril, Nena e Francisco Galves, inauguraram o Centro Espírita União[515] – nome sugerido pelo dr. Bezerra. Há pouco mais de um ano, esse benfeitor espiritual informara o casal que a "*ideia*" do projeto estava em "*vias de se formar*[516]", o que acabou acontecendo esse ano.

E tudo começou, igualmente, num culto de Evangelho no lar, conforme informado[517]. Depois, Francisco Galves recebeu, como doação de seus familiares, uma casa no bairro do Jabaquara, em São Paulo, herança dos avós que também eram espíritas – mas numa época em que os cultos espíritas eram ainda proibidos. Dessa forma, "*Os trabalhos se iniciaram com reuniões semanais de desobsessão em favor de um parente necessitado de auxílio espiritual*[518]".

Em seguida, passaram às reuniões públicas, com os frequentadores tornando-se cada vez mais crescentes e as famílias carentes sendo beneficiadas por programas de assistência social, que incluíam a distribuição de cestas básicas, cursos de puericultura, enxovais para futuros bebês e outras necessidades, além, é claro, da evangelização infantil[519]. A distribuição de medicamentos, a assistência médica e odontológica gratuita e a livraria eram projetos para o futuro, a exemplo dos mantidos pela CEC, desde o princípio.

---

[513] Ibidem, p. 254-257.

[514] Ibidem, cap. 9.

[515] GALVES, Nena. *Até Sempre Chico Xavier*. São Paulo: CEU, 2009. cap. 5, p. 38

[516] Ibidem, p. 35.

[517] Idem.

[518] Ibidem, p. 35-36.

[519] Ibidem, p. 40.

Quando Chico completou 40 anos de mediunidade pública, exatamente no dia 8 de julho, Clóvis Tavares encerrou também um livro que vinha escrevendo e contava sua vivência com o médium, desde que o conheceu, em 1936: *30 Anos com Chico Xavier* [520]. Um livro de lembranças inesquecíveis[521]!

Trinta Anos de Chico Xavier era uma justa homenagem ao médium e também um regozijo editorial, pois os admiradores dele sabiam pouca coisa de sua vida, dos tempos de Pedro Leopoldo, através do livro *Lindas Histórias de Chico Xavier* (Lake, 1955), de Ramiro Gama. No início dos anos 1960, também, o jornalista, compositor e radialista Fred Jorge publicou uma sucinta biografia do médium, que fez muito sucesso na época[522].

Ainda, com relação aos 40 anos da mediunidade de Chico, o dr. Elias Barbosa entregou ao IDE, no mês de outubro, o livro *No Mundo de Chico Xavier*, com inúmeras entrevistas com o médium e fazendo um apanhado geral de sua rica trajetória mediúnica.

A maior parte das entrevistas foi realizada pelo próprio dr. Elias; as demais, extraídas de órgãos da mídia impressa e falada, espírita e não espírita, como o *Anuário Espírita*, o *Diário de Notícias*, do Rio de Janeiro, a *Folha de S. Paulo*, a *Revista Internacional de Espiritismo*, de Araras, *A Flama Espírita* e o jornal *Lavoura e Comércio*, de Uberaba, entre outros.

A princípio, o médium negou-se a dar entrevista com fins biográficos; depois acabou cedendo. Mas foi difícil convencê-lo, disse o amigo médico, que só o convenceu utilizando o seguinte argumento: "— *Chico, mas nós precisamos ter um livro com as suas palavras, porque um biógrafo falar é uma coisa, outra é o biografado responder*[523]".

Dos muitos registros feitos pelo dr. Elias para esse seu livro, chama atenção os dados estatísticos por ele elaborados, puramente estimativos, com respeito aos atendimentos e publicações do médium em seus 40 anos de mediunidade:

---

[520]TAVARES, Clóvis. *Trinta Anos com Chico Xavier*. 5ª Ed. Araras (SP): IDE, 1991. cap. 6, p. 73-74.

[521]A 1ª e 2ª edições deste livro foram pela Editora Calvário, de São Paulo. As demais, pelo IDE, de Araras (SP).

[522]Disponível em: <http://bibliadocaminho.com/ocaminho/txavieriano/livros/Lb/LbP2C70.htm> Acessado em: 3/6/2018.

[523]Disponível em: <https://www.youtube.com/watch?v=kflFtBknMY8> Acessado em: 3/6/2018.

– 2.080 semanas de reuniões, considerando 3 reuniões cada uma. Total: 6.240 reuniões.

– Considerando uma média de 160 pessoas por reunião, nessas 6.240 reuniões, Chico teria tido contato pessoal e beijado a mão de aproximadamente um milhão de pessoas.

– Total de livros psicografados e editados, até então, por diversas editoras: 92. Desse total, 5 livros foram traduzidos para o esperanto, 9 para o castelhano e 1 para o inglês, fora um número imenso de mensagens traduzidas para o esperanto, castelhano, greco, inglês, árabe e japonês[524].

E, das muitas perguntas feitas, algumas deixam claro a posição do médium com respeito aos compromissos assumidos:

"Elias — *Como se vê, espiritualmente, após quatro decênios de trabalho mediúnico?*

Chico — *Bem, quanto mais o nosso caro Emmanuel faz luz no caminho de minha vida, chamando-me ao exato desempenho de meus deveres, mas reconheço as minhas deficiências. Em vista disso, creio que não exagero e nem procuro falsa modéstia, quando digo que sou um animal em serviço... Uma besta, por exemplo, carregando livros e documentos...*

Elias — *Bem, admitamos que você seja essa besta em serviço, mas, mesmo assim, você provou, em quarenta anos de atividade mediúnica incessante, que o exercício da mediunidade não prejudica a saúde ou o equilíbrio de ninguém e que se pode viver à própria custa, cooperando com os bons Espíritos, `dando o que de graça ou por graça foi recebido´, conforme os ensinamentos de Jesus*[525]*.*"

(...)

"Elias — *Que pensa Emmanuel do espírita diante do sincretismo religioso?*

Chico — *Nosso amigo espiritual nos aconselha a respeitar crenças, preconceitos, pontos de vista e normas de quaisquer criaturas que não pensem como nós, mas adverte-nos que temos deveres intransferíveis*

---

[524]BARBOSA, Elias. *No Mundo de Chico Xavier*. Araras (SP): IDE, 1967. cap. 6, p. 73-74.

[525]Ibidem, p. 75-76.

para com a doutrina espírita e que precisamos guardar-lhe a limpidez e a simplicidade com dedicação sem intransigência e zelo sem fanatismo[526]*.*"

(...)

"Anuário Espírita — *A situação do Espiritismo no momento, no Brasil e no mundo?*

Chico — *O Espiritismo no Brasil é o Cristianismo redivivo. Religião e ação do Nosso Senhor Jesus Cristo, através das explicações de Allan Kardec, junto do povo e com o povo, ensinando-nos com os princípios da evolução e da reencarnação, da fraternidade e da justiça, que todos somos responsáveis pelos próprios atos e que as leis divinas funcionam na Terra ou em outros mundos nos mecanismos da consciência de cada um*[527]*.*"

(...)

"A Flama Espírita — *Como se sente depois de 40 anos de exercícios na mediunidade?*

Chico — *Realmente, não sinto cansaço algum. Quarenta anos de trabalho decorreram com tantas bênçãos de Deus e com o amparo de tão dedicados companheiros de ideal que a data de 8 de julho de 1927 me parece ter sido ontem*[528]*.*"

Dentre as perguntas feitas pela imprensa não espírita, uma se repetia com certa frequência, sobre a destinação dos direitos autorais dos livros publicados. Obviamente, o objetivo desse tipo de pergunta era saber ou tornar público se Chico recebia ou não algum dinheiro dos livros psicografados. Caso isso fosse verdadeiro, certamente ele estaria bastante tranquilo financeiramente, devido à quantidade extraordinária de obras lançadas e por ser um campeão de vendas delas, desde a primeira edição de o *Parnaso de Além-Túmulo*, em 1932.

A esse respeito, o jornalista Valentim Lorenzetti, do jornal *Folha de São Paulo*, em sua edição de 10 de julho de 1967, fez duas perguntas para Chico:

"P — *Para quem ficam os direitos autorais de seus livros?*

---

526 Ibidem, cap. 7, p. 82.

527 Ibidem, cap. 9, p. 91-92.

528 Ibidem, cap. 13, p. 131.

Chico — *Todos os direitos autorais dos livros por mim recebidos de nossos benfeitores espirituais pertencem às instituições espíritas, que os editam para fins de divulgação da doutrina espírita e para a sustentação de obras assistenciais.*

P — *Você recebe alguma coisa com a venda deles?*

Chico — *Nunca recebi coisa alguma pela venda dos livros de nossos amigos espirituais, por intermédio de minhas faculdades mediúnicas, de vez que esses livros são de autoria deles, cabendo-me tão-somente a alegria de cooperar com eles, os amigos da Vida Maior, na função de intermediário, durante as horas de cada dia, que posso dar ao serviço mediúnico*[529]."

De fato, Chico jamais aceitou receber qualquer paga pelos serviços mediúnicos prestados, conforme a instrução de Jesus, já citada, "*O que de graça recebeste, de graça haverá de passar*". Quando ele recebe algum benefício, em espécie ou na forma de bens, imediatamente o transfere a alguma instituição ou pessoa de sua confiança, como é o caso da herança de Frederico Figner, que foi doada à FEB. E não importa se a quantia ou o bem é de grande ou de pouco valor. Sempre foi também de sua natureza aproximar as pessoas de bem e benfeitores junto aos mais necessitados, como é o caso da Aparecida do Pênfico e a construção do seu almejado hospital.

Por outro lado, é sabido que o médium teve uma vida muito difícil desde criança, trabalhando arduamente, desde os dez anos de idade, para ajudar na manutenção da grande família que tinha – oito imãos do primeiro casamento do pai, João Cândido, mais seis do segundo. E tudo piorou depois que o pai deixou o emprego formal, em 1925, passando a vender bilhetes de loteria, que mal dava para o sustento. Nesse tempo, só não chegou à pobreza absoluta, porque, em 1933, um vizinho seu e amigo conseguiu para ele um emprego fixo na Fazenda Modelo, em Pedro Leopoldo. Trabalho humilde, porém estável[530].

---

[529]BARBOSA, Elias. *No Mundo de Chico Xavier*. Araras (SP): IDE, 1967. cap. 14, p. 138.

[530]ALVES, Elifas. *Chico, as origens*. São Paulo: Aliança, 2015. Primeiros Espíritos colaboradores e a presença de Emmanuel, p. 87.

Em razão desse esclarecimento, de que os direitos autorais dos livros mediúnicos recebidos por Chico foram e continuarão sendo doados a instituições espíritas, permanentemente, informamos ao leitor amigo que não mais será necessário, a partir de agora, explicar para quem os direitos de cada obra estão sendo doados. Adotaremos apenas o critério, simplificado, de colocar entre parênteses a editora para qual a obra será entregue, a não ser que se trate de uma nova editora.

Ainda esse ano, Marlene Nobre deixou o país, a fim de estagiar nos Hospitais Broca e Boucicault, em Paris, e, claro, ficar ao lado do marido, que fazia pós-graduação na Sorbonne[531].

Primeira aparição na TV e cirurgia de risco

Mal o ano de 1968 iniciou e já, no primeiro dia de janeiro, Chico apareceu com novo livro: *Trovas do Outro Mundo* (FEB), que traz, nada mais, nada menos, do que sessenta e dois trovadores do além, com estilos muito distintos entre si, como é o caso da trova caseira do paulista Cornélio Pires e da poesia boêmia do compositor carioca Noel Rosa, respectivamente (cap. 51):

"Trovas de Casa

De nada vale rancor.
Quando a justiça se atrasa,

Seja lá que conta for,
Pagamos dentro de casa.

Não guardes antipatia.
Paz é luz de vida s ĭ.

[531] Disponível em: <http://ismaelgobbo.blogspot.com.br/2010/04/focalizando-o-trabalhador-espirita_12.html> Acessado em: 6/6/2018.

Inimigo de hoje em dia –
Parente nosso amanhã.
(...)"

"(...)
O samba não é pecado
Se nasce do coração.
Jesus nasceu festejado
No meio de uma canção...
Meu Rio, belo e risonho,
Canto ainda a serenata
Em tuas praias de sonho,
Em tuas noites de prata.
Deus não faz adulação,
Mas fez com novo buril
O Brasil do coração
E o coração do Brasil."

Na sequência, o médium tirou alguns dias de férias na casa de praia dos Galves, na companhia dos casais Otoniel e Elza Fontoura e Weaker e Zilda Batista, companheiros de trabalho na CEC. Mas, como bem observou Nena Galves, as férias de Chico eram sempre curtas e nunca ele deixava de produzir alguma coisa mediunicamente nelas, além de visitar instituições, rever velhos amigos, incentivar companheiros no serviço doutrinário e visitar enfermos, levando-lhes alegria e esperança[532].

Um detalhe interessante dessas férias é que, passado um ano do

[532]GALVES, Nena. *Chico Xavier*: luz em nossas vidas. São Paulo: CEU, 2009. Carta de agradecimento: Férias e Espíritos, A vida continua, p. 273

incentivo de André Luiz ao médium, por meio da "voz direta" e pela médium d. Ilda, Chico deu início a mais um romance de André Luiz: *E a Vida Continua...* (FEB). Aliás, ele não recebia romances desse autor espiritual, e de nenhum outro também, desde *Sexo e Destino*, de 1963, em parceria com Waldo Vieira. Provavelmente, o título desse livro foi intencional, uma reafirmação ao médium de que a vida realmente continua, mesmo depois da frustação passada com Waldo.

E a Vida Continua... foi finalizado no dia 18 de abril, mesmo dia em que encerraria também o livro *Luz no Lar* (FEB). O primeiro, trata-se de uma obra que traz muitos ensinamentos falando sobre as vicissitudes da vida e os pesares ocasionados pelas perturbações mentais, no enredamento das relações encarnatórias e concernentemente ao processo de soerguimento do Espírito, mas sempre recebendo o apoio da espiritualidade. O segundo, trata de uma obra dedicada ao culto do Evangelho no Lar, por Espíritos diversos, trazendo temas relevantes e variados do dia a dia.

Nesse meio tempo, retornou da França o casal Marlene e Freitas Nobre. Ela se empregou no Instituto de Previdência – Inamps –, dedicando-se ao serviço de prevenção do câncer em senhoras[533] e, ele, ingressou na Escola de Comunicações e Artes da Universidade de São Paulo como professor titular[534], retomando os compromissos espirituais e assistências no Grupo Espírita Caibar Schutel.

Freitas optou por continuar afastado da política, até porque, os militares intensificavam a sua ação contra os movimentos de esquerda – guerrilheiros, comunistas, estudantes e liberais –, impondo mais censura e linha dura aos intelectuais e ao povo. Estes reagiam com manifestações em massa, como o protesto de 50 mil pessoas no centro do Rio de Janeiro, no dia 29 de março[535].

Marlene, por sua vez, uniu-se à ideia de fundação da Associação Médico Espírita de São Paulo, lançada por um grupo de médicos amigos,

---

[533] Disponível em: <http://ismaelgobbo.blogspot.com.br/2010/04/focalizando-o-trabalhador-espirita_12.html> Acessado em: 9/6/2018.

[534] https://pt.wikipedia.org/wiki/Jos%C3%A9_de_Freitas_Nobre> Acessado em: 9/6/2018.

[535] Disponível em: <https://pt.wikipedia.org/wiki/Ditadura_militar_no_Brasil_(1964%E2%80%931985)> Acessado em: 9/6/2018.

que se reuniam na casa do médium Spartaco Ghilardi, sob a proteção de Bezerra de Menezes e Batuíra[536]. Essa Associação, fundada no dia 30 de março, marcaria o início do movimento médico-espírita no Brasil, recebendo todo apoio de Chico. Marlene foi sua primeira secretária[537].

Por esse tempo, se realizava um culto evangélico semanal na casa de Weaker e Zilda Batista, em Uberaba, nas noites de quintas-feiras, com a participação do médium. Todavia, a presença de Chico nesse culto, com o passar do tempo, atraiu muitos convidados, de maneira que a afluência nele cresceu, acabando por impossibilitar a sua realização na residência do casal. Dessa forma, ele foi transferido para uma sala espaçosa na CEC, no prédio do recém-fundado Lar Espírita André Luiz, que tinha a destinação de prestar assistência aos idosos. Aí se dispôs uma mesa em círculo, para os responsáveis e comentaristas da reunião, e um bom número de cadeiras aos circunstantes[538].

O médium costumava fazer também visitas de surpresa a pessoas desconhecidas, sob a orientação dos amigos espirituais. Nessas ocasiões, ele chamava sempre o dr. Elias para lhe fazer companhia e levá-lo até o local desejado – geralmente em hotéis de Uberaba. Quando eles lá chegavam, afirma o dr. Elias, o visitado levava o maior susto, pois Chico não só sabia o nome do hóspede, como os seus problemas pessoais, sem nunca tê-lo visto ou conhecido. Depois, o médium dava passes em cada um e, no final, pedia ao amigo médico que desse passe nele também[539].

Ainda no mês de abril, Chico realizou uma sessão especial de materializações na CEC em parceria com o médium de efeitos físicos Júlio César Ribeiro, o Julinho de Vila Velha. Ambos os médiuns ocuparam leitos distintos em uma cabine improvisada e, após cânticos e comentários evangélicos preparatórios pelos convidados – Suzana

[536]Disponível em: <http://doutrinaespirita-madi.blogspot.com.br/2013/12/ame-associacao-medico-espirita.html> Acessado em: 9/6/2018.

[537]Disponível em: <http://ismaelgobbo.blogspot.com.br/2010/04/focalizando-o-trabalhador-espirita_12.html> Acessado em: 9/6/2018; NOBRE, Marlene Rossi Severino. Chico Xavier: meus pedaços de espelho. 2ª ed. São Paulo: Fe, 2015. cap. 28, p. 232-233.

[538]CUIN, João. *Chico Xavier*: amor e sabedoria. São Paulo: DPL, 2006. cap. 15, p. 53-54.

[539]Disponível em: <https://www.youtube.com/watch?v=ui4YUOxqjBc>; <http://radioboanova.com.br/artigos/depoimento-dr- -barbosa-sobre-chico-xavier/> Acessados em: 10/6/2018.

Mousinho, o casal Galves etc. –, os Espíritos passaram a se manifestar: Zé Grosso falando, fazendo trovas e respondendo a perguntas, Scheilla aparecendo radiante com luz própria, falando carinhosamente com os presentes e perfumando-lhes as roupas, mãos e cabelos... Suzana e Nena Galves choravam copiosamente diante da beleza dos fenômenos[540].

Não é possível saber qual o objetivo dessa sessão especial de materializações, mas é provável que, de alguma forma, ela estivesse relacionada à sustentação do trabalho espiritual e também à saúde de Chico. De qualquer maneira, outra sessão ficaria marcada para mais adiante[541]. No que diz respeito à saúde de Chico, entretanto, é sabido que seus guias, Emmanuel, dr. Bezerra, André Luiz e outros, o amparavam amplamente quando necessário, mas sem jamais interferir nas leis naturais, ou seja, em questões de natureza física. Essa não interferência nas leis naturais, aliás, se deu também com Jesus, que, como todos sabem, tinha poder de realizar mutações físicas, porém deixou-se sangrar e morrer na cruz como um ser humano normal.

Entrando o mês de maio, Chico foi procurado na CEC pelo repórter Saulo Gomes, que gravou com ele uma entrevista para a TV Tupi, Canal 4, de São Paulo: "*Quando Chico aceitou conversar comigo* – disse Saulo –, *sem microfones, para acertarmos nossa primeira entrevista, eu estava apreensivo e muito emocionado. Afinal, depois de muito lutar, eu havia conseguido chegar próximo daquele homem que, para mim, representava um desafio.*

Chico me recebeu com seu sorriso doce e amigo e me disse: eu já estava esperando você!

Conversamos, só nos dois, das 10:00 até as 4:00. De vez em quando, me servia bolo e café, que ele mesmo preparava.

(...)

A gravação durou aproximadamente duas horas e foi a primeira vez que Chico permitiu mostrá-lo psicografando[542]".

---

540 GALVES, Nena. *Até sempre Chico Xavier*. São Paulo: CEU, 2009. cap. 7, item 8, p. 125-126.

541 Ibidem, p. 127.

542 Disponível em: <http://www.correiofraterno.com.br/index.php?option=com_content&view=article&id=383:momentos-com-chico-xavier&catid=68&Itemid=2> Acessado em: 11/6/2018.

A repercussão dessa primeira entrevista do médium à televisão brasileira *foi um sucesso*, isso numa época em que as redes de TV ainda não estavam estabelecidas.

Paralelamente a essa entrevista, Chico levou Saulo a conhecer a Aparecida do Pênfico, sempre na luta com seus doentes, com as dificuldades materiais e a batalha incessante para finalizar o seu hospital. "*Saulo Gomes percorreu todas as dependências do pavilhão do Asilo São Vicente de Paulo, onde estavam abrigados os doentes, filmando e apresentando ao público, a dolorosa realidade daquelas vidas que clamavam por um espaço mais amplo e condições mais condizentes com o seu tratamento de saúde*[543]".

Sensibilizado com o que vira, o repórter da TV Tupi aproveitou, então, para, além da entrevista com o médium, gravar também a realidade dos doentes do pênfico e lançar, por iniciativa própria, uma extraordinária campanha nacional, pela televisão, em favor da conclusão do Hospital do Pênfico, por diversas vezes interrompida. E foi em razão dessa mesma campanha que Saulo, no mês seguinte, receberia, juntamente com Aparecida Conceição, o título de cidadão uberabense, concedido pela Câmara Municipal daquela cidade[544].

A alta audiência e o carisma do médium levaram ainda Saulo Gomes a retornar à Uberaba, no início de agosto, para uma nova entrevista com o médium. Desta feita, os assuntos foram os mais variados, abordando temas de interesse imediatos, como transplantes e doação de órgãos, que, na época, eram ainda tabus e geravam muitas suspeitas – há menos de um ano, o dr. Christian Barnard realizara o primeiro transplante de coração. O transplantado sobreviveu apenas 18 dias e morreu de infecção pulmonar, com provável rejeição de órgão[545]. No Brasil o primeiro transplante de coração aconteceu ainda esse ano, no Hospital das Clínicas de São Paulo, por uma equipe liderada pelo dr. Euryclides de Jesus Zerbini[546].

---

[543]BUENO, Izabel. *Uma Vida de Amor e Caridade*. Belo Horizonte: Fonte Viva. cap. 19.

[544]Idem.

[545]Disponível em: <https://projetomedicina.com.br/artigos/primeiro-transplante-de-coracao-do-mundo/> Acessados em: 11/6/2018.

[546] Idem.

Seguem curtos trechos da segunda entrevista de Saulo Gomes com Chico Xavier:

"Chico – *O dr. Bezerra de Menezes, que é um grande médico na espiritualidade maior, diz que precisamos considerar o problema, por uma questão de deontologia médica, em dupla face: o problema do doador e do receptor.*

(...)

Diz ele que a Ciência Médica aperfeiçoara os processos da chamada ressuscitação cardio-pulmonar-externa, através de massagens mais aperfeiçoadas e equipamento elétrico seguro para a defesa do doador.

(...)

Ele acrescenta, porém, que uma ala muito grande da medicina, com muita propriedade e segurança de atitude, pugna pelo fabrico de órgãos de plásticos e que isso é um problema a ser considerado com urgência para benefício de todos, porque à medida que progredirmos na indústria, vamos dizer, de órgãos de plásticos, nós poderemos diminuir o problema da angústia no campo dos doadores.

(...)

Saulo – Os Espíritos acreditam que o transplante de órgãos seja contrário às leis naturais?

Chico – Não. Eles dizem que, assim como nós aproveitamos uma peça de roupa, que não tem utilidade para determinado amigo, e esse amigo, considerando a nossa penúria material, nos cede essa peça de roupa, é muito natural, ao nos desvencilharmos do corpo físico, venhamos a doar os órgãos prestantes a companheiros necessitados deles que possam utilizá-los com segurança e proveito.

(...)

Saulo – *Os Espíritos, por acaso, mestre Chico Xavier, auxiliam doadores e receptores de órgãos, bem assim como as equipes cirúrgicas que se empenham em tão duras tarefas?*

Chico – *Auxiliam e muito. Os Espíritos amigos dizem que a missão do médico se reveste de tamanha importância que, ainda mesmo o médico absolutamente materialista está amparado, pelas forças do mundo superior, a benefício da saúde humana.*

Nós não podemos esquecer, também, que outros médicos que desencarnaram na Terra, passam a estudar a medicina em outros aspectos, em aspectos mais evoluídos, no mundo espiritual, e se reencarnam com determinadas tarefas.

Há tempos ouvi o Espírito de um médico amigo, que conheci muito em Belo Horizonte, e que era devotado à cancerologia. Ele informou-me que, no espaço, está estudando a cancerologia desdobrada em outros aspectos e outros fenômenos, pretendendo se reencarnar dentro em breve tempo, para estar conosco, em princípios do século futuro, aperfeiçoando as técnicas e estudos da cancerologia na Terra[547]."

Nesse mês de maio Chico escreveu ainda ao amigo Clóvis Tavares, incentivando-o a finalizar o livro que estava escrevendo, cujo título seria *Mediunidade dos Santos*[548], a ser publicado pela própria Escola Jesus Cristo, em comemoração aos seus 70 anos de fundação. Esse livro apresenta a história de várias personalidades consideradas santas pela igreja católica, provando que a mediunidade não é propriedade exclusiva dos médiuns espíritas, mas é uma faculdade orgânica e universal, conforme explica Allan Kardec em *O Livro dos Médiuns*, independendo de religião e de formação moral.

Em agosto, evidenciando o que se disse sobre a não interferência nas leis naturais pelos guias de Chico, o médium revelou ao dr. Elias que andava com uma dificuldade imensa de urinar, precisando rolar no chão para conseguir o intento. Dr. Elias já havia notado que ele ia demais ao banheiro e sempre voltava dele muito pálido e desfigurado. Pessoalmente, o médico se perguntava o porquê disso, mas nada falava. Foi quando Chico, lendo o seu pensamento, lhe explicou o motivo.

---

[547]XAVIER, F. C./Emmanuel. *Entrevistas*. Araras (SP): IDE, 1972. Assuntos humanos, itens 17, 18 e 21.

[548]TAVARES, Flávio Mussa. *Sal da Terra*. Campos (RJ): Escola Jesus Cristo. Parte III, Correspondência particular com Chico Xavier, p. 61.

Dr. Elias o posicionou, então, que ele estava com uma hipertrofia prostática e que deveria fazer exames imediatamente, para um diagnóstico mais preciso. No dia seguinte, Chico foi encaminhado a um radiologista, que fez uma urografia escretora. Esse radiologista, o dr. Lauro Batista, ficou muito feliz em atender o reconhecido médium, sendo que o resultado desse exame foi que ele estava com a próstata muito crescida – do tamanho de um ramo de couve-flor[549]!

Em razão da gravidade do caso, dr. Elias informou o médium a necessidade urgente de uma cirurgia, contatando para isso o dr. Oswaldo de Castro em São Paulo[550], companheiro de CEC desde a sua formação, que ficou responsável de indicar especialistas para o caso[551]. Na verdade, os exames pré-operatórios detectaram outro problema no corpo de Chico, uma hérnia na barriga – dos tempos de infância, quando a sua madrinha o molestava com garfadas[552]. Os médicos decidiram, então, operar também esta hérnia. Três foram os médicos que participaram dos procedimentos pré-cirúrgico e pós-cirúrgico: dr. Levi de Almeida, dr. Américo Zoppi e dr. Oswaldo de Castro[553].

Antes, porém, de ser encaminhado ao Hospital Santa Helena, em São Paulo, para os procedimentos necessários, o conhecido médium de curas José Arigó, amigo de Chico se ofereceu para realizar a operação, mediunicamente. Chico agradeceu, dispensando qualquer ajuda nesse sentido, lembrando o que Emmanuel lhe disse: "*Você devia ter vergonha até de pensar em receber esse tipo de cura, porque todos os doentes vertem sangue, usam éter, tomam determinados remédios para melhorar. Como você pretende se curar? Numa cadeira de rodas*[554]?". E foi o que

---

[549]Disponível em: <https://www.youtube.com/watch?v=RMy7SwEGNZc> Acessados em: 13/6/2018.

[550]Idem.

[551]GALVES, Nena. *Até sempre Chico Xavier*. São Paulo: CEU, 2009. cap. 6, item 18, p. 79; NOBRE, Marlene Rossi Severino. *Chico Xavier*: meus pedaços de espelho. 2ª ed. São Paulo: Fe, 2015. cap. 24, p. 201.

[552]ALVES, Elifas. *Chico, as origens*. São Paulo: Aliança, 2015. Dos 5 aos 16 – Incompreensão e sofrimentos, p. 56.

[553]GALVES, Nena. *Até sempre Chico Xavier*. São Paulo: CEU, 2009. cap. 6, item 18, p. 80.

[554]LEMOS NETO, Geraldo. *Chico Xavier*: mandato de amor. 5ª ed. Belo Horizonte: UEM, 2007. As opiniões corajosas de Chico Xavier, p. 253-254.

fez. Seguindo a orientação do seu guia, e sem querer abusar de ninguém, ele ajuntou as economias que tinha, a fim de pagar o hospital e a cirurgia, e chamou alguns amigos próximos para acompanhá-lo na internação – amigos capazes de entender determinadas situações de natureza espiritual, como Suzana Mouzinho e o casal Galves[555].

Todos estavam muito apreensivos com as cirurgias a serem feitas, inclusive o próprio médium[556]. Assim que chegou ao hospital para a internação, o dr. Oswaldo de Castro recebeu também uma instrução do médium: — *André Luiz está me falando*, disse Chico, *para não deixar dar adrenalina para mim porque vai fazer mal*[557].

Segundo o dr. Elias, Chico sempre foi muito obediente a instruções médicas. Tanto assim que, um dia, ele apareceu com umas manchas roxas pelo corpo, que o doutor afirmou tratar-se de uma fragilidade capitar. Passou-lhe, então, o medicamente adequado. Meses depois, o dr. Elias lhe perguntou:

— Chico, como que é, suas manchas desapareceram?

— Sim, respondeu o médium.

— E os remédios, cê já parou?

— Não. Cê não me falou pra parar[558]...

Mesmo tentando não causar alardes com a sua presença no hospital, isso não foi possível. A notícia se espalhou e, apesar das restrições a visitas[559], não foi possível evitá-las. Entre os conhecidos, por exemplo, visitou-o Ranieri, amigo dos anos 1940[560], e até desconhecidos, como Diná Trita e Ondina Ruas Marques[561] – esta última era moradora do Bexiga,

---

[555]Ibidem, p. 79.

[556]Idem

[557]NOBRE, Marlene Rossi Severino. *Chico Xavier*: meus pedaços de espelho. 2ª ed. São Paulo: Fe, 2015. cap. 24, p. 201.

[558]Disponível em: <https://www.youtube.com/watch?v=RMy7SwEGNZc> Acessados em: 14/6/2018.

[559]GALVES, Nena. *Até sempre Chico Xavier*. São Paulo: CEU, 2009. cap. 6, item 18, p. 80.

[560]NOBRE, Marlene Rossi Severino. *Chico Xavier*: meus pedaços de espelho. 2ª ed. São Paulo: Fe, 2015. cap. 24, p. 202.

[561]Cf. depoimento da própria Ondina Ruas Marques.

bairro vizinho ao hospital. No caso de Ondina, Chico a impressionou ao citar-lhe o nome de seu guia espiritual, sem que ela nada dissesse.

Muitas ocorrências fenomênicas se deram durante essa internação de Chico. Uma delas foi que, apesar do inverno rigoroso, o quarto se manteve permanentemente aquecido, por interferência dos Espíritos. Conforme informado pelo dr. Bezerra de Menezes, tinham sido ali instalados aparelhos para esterilização do ambiente[562]. No quarto havia também um cruxifixo na parede, com Jesus pregado na cruz, que Chico disse ficar todo iluminado. Segundo explicado por Emmanuel, isso acontecia pelo fato de os enfermos internados naquele quarto emitirem preces a ele[563].

Também, por onde Chico andava no hospital, os ambientes ficavam perfumados, assim como suas roupas, o seu leito, coisas que tocava e o próprio hálito seu, enquanto falava. Quanto aos funcionários, ele fez questão de oferecer rosas e cumprimentar a cada um, nos vários departamentos onde trabalhavam: na enfermaria, na cozinha, na portaria[564]...

Quando recebeu alta, Chico foi acertar as contas com o hospital. Mas o "*Santa Helena, por meio de sua diretoria, nada cobrou pelos procedimentos e hospedagem. Os médicos fizeram questão de nada cobrar, também. Sentiram-se previlegiados por terem sido escolhidos a ajudar quem tanto ajudava o próximo*[565]".

Após a internação, Chico permaneceu alguns dias em São Paulo e passou também algumas semanas hospedado no apartamento de Suzana Mouzinho, em Petrópolis (RJ), para recuperação. Depois, visitou os familiares em Pedro Leopoldo, retornando em seguida a Uberaba, onde retomou as atividades na CEC, normalmente[566].

E, dentro dessa normalidade, evidentemente, todas as mensagens recebidas nas reuniões públicas, assim como as recebidas na intimidade, iam sendo catalogadas e organizadas para os futuros livros. Dessa forma

---

[562]NOBRE, Marlene Rossi Severino. *Chico Xavier*: meus pedaços de espelho. 2ª ed. São Paulo: Fe, 2015. cap. 24, p. 202.

[563]Ibidem, p. 203.

[564]GALVES, Nena. *Até sempre Chico Xavier*. São Paulo: CEU, 2009. cap. 6, item 18, p. 80-81.

[565]Ibidem, p. 81.

[566]Idem.

surgiu o próximo livro do médium, *Luz da Oração*, trazendo preces e mensagens relacionadas a esse tema, de acordo com a visão espírita, que preza pela espontaneidade das mesmas. Ao que parece, o livro era também uma maneira de os benfeitores envolverem o médium no sentimento de gratidão ao Alto pela sua boa recuperação.

À Luz da Oração foi entregue a O Clarim, de Matão, fundado por Caibar Schutel em 1905, que até então editava apenas obras suas e a Revista Internacional de Espiritismo – RIE –, desde 1925. A cessão dos direitos desse livro foram cedidas a O Clarim, por uma benesse de Chico, sendo o gesto um estímulo à expansão editorial desta centenária casa por meio dos livros, ao mesmo tempo em que ia abrindo o leque também para novos editores. *À Luz da Oração* teria a sua primeira edição no ano seguinte.

Esse ano foi publicado ainda um livro trazendo cartas recebidas pelo médium Chico Chavier, do jovem Dráuzio, desencarnado em acidente automobilístico, a seus pais, Amílcar e Zilda Rosin, residentes em São Paulo, capital. A autora do livro, entretanto, é a própria mãe do comunicante, que reúne mensagens suas desde 1966. O título é *Perda de Entes Queridos*, publicado pela Editora Calvário, de São Paulo[567]. Eis trechos iniciais da primeira carta enviada por Dráuzio, em 17/10/1966:

"*Querida mamãe, meu caro papai, com a bênção de Jesus, rogo para que me auxiliem sempre. Estou aqui com alguns amigos. Supliquei permissão para falar-lhes qualquer coisa e consegui.*

(...)

Vi tudo, qual se poderosa força me conservasse em vigília. O medo apossou-se de mim e orei – orei como a senhora pode imaginar, esmagado de angústia e gritando de dor. Pensei na senhora, no papai, em todos os entes amados, sem esquecer a nossa querida Cristina. Entretanto, minha primeira ideia foi tentar agir em auxílio ao Diógenes, mas debalde. Ele, Ademar e Carlinhos, eles todos jaziam inertes. Alguém aproximou-se de mim. Era a vovó Maria Philomena que eu não conhecia. Recebeu-me nos braços e disse que o vovô Rosin estava em preces para nós."

[567] As edições seguintes deste livro seriam pela Livraria Allan Kardec – Lake –, de São Paulo.

Também foi apresentado ao médium esse ano, pelo amigo José Ramon Ribeiro, o jovem Vivaldo da Cunha Borges, que tinha o propósito de cursar medicina em Uberaba[568]. De volta a sua cidade, e muito impressionado com o médium, escreveu-lhe sem qualquer pretensão. Para sua surpresa, Chico lhe retornou, oferecendo hospedagem em sua casa, a fim concretizar o desejo da universidade – conhecia, pois, as dificuldades financeiras do jovem, mas, certamente, devia saber algo também sobre o seu futuro, que ninguém sabia. Vivaldo aceitou a gentil oferta e, de fato, passou no vestibular, tornando-se apto a iniciar os estudos na Faculdade de Medicina do Triângulo Mineiro no ano seguinte[569].

Cidadão uberabense e o centésimo livro

O ano de 1969 foi marcado por uma extensa produção lítero-mediúnica de Chico, chegando ao seu centésimo livro, programado pela espiritualidade. Foram estas as obras recebidas no ano: *Orvalho de Luz* (CEC), mensagens em forma de trovas, por Espíritos diversos – cerca de meia centena deles; *Passos da Vida* (IDE), mensagens variadas por Espíritos diversos; *Estante da Vida* (FEB), com quarenta novos contos do Irmão X; *Alma e Coração* (Pensamento), por Emmanuel e, finalmente, o centésimo livro: *Poetas Redivivos* (FEB), por Espíritos diversos.

Passos da Vida é um pequeno livro em que se manifestam benfeitores mais próximos do médium, como Emmanuel, André Luiz, Meimei, Scheilla e a mensagem seguinte de Albino Teixeira (cap. IX):

"O que mais sofremos

O que mais sofremos no mundo

Não é a dificuldade. É o desânimo em superá-la.

---

[568]Disponível em: <http://www.vinhadeluz.com.br/site/noticia.php?id=1340> Acessado em: 16/6/2018.

[569]GALVES, Nena. *Chico Xavier*: luz em nossas vidas. São Paulo: CEU, 2012. Cartas do coração, p. 259.

Não é a provação. É o desespero diante do sofrimento.

Não é a doença. É o pavor de recebê-la.

Não é o parente infeliz. É a mágoa de tê-lo na equipe familiar.

Não é o fracasso. É a teimosia de não reconhecer os próprios erros.

Não é a ingratidão. É a incapacidade de amar sem egoísmo.

Não é a própria pequenez. É a revolta contra a superioridade dos outros.

Não é a injúria. É o orgulho ferido.

Não é a tentação. É a volúpia de experimentar-lhe os alvitres.

Não é a velhice do corpo. É a paixão pelas aparências.

Como é fácil de perceber, na solução de qualquer problema, o pior problema é a carga de aflições que criamos, desenvolvemos e sustentamos contra nós."

Já *Alma e Coração* foi entregue a uma nova editora, a Editora Pensamento[570], com sessenta e duas mensagens assertivas e de encorajamento de Emmanuel, como a que segue:

"Auxiliarás por amor

Auxiliarás por amor nas tarefas do benefício.

Nao te deixarás seduzir pelo verbo fascinante dos que manejam o ouro da palavra para incrementar a violência em nome da liberdade e dos que te induzam a crer seja a vida um fardo de desenganos.

Adotarás a disciplina por norma de ação em teu ambiente de trabalho renovador, e educar-te-ás na orientacão do bem, elevando o nível da existência e sublimando as circunstâncias.

De muitos ouvirás que não adianta sofrer em proveito dos outros

[570]Editora Pensamento: fundada por Antônio Olívio Rodrigues, em 1907, bem conceituada no mercado de livros espiritualistas.

e nem semear para sustento da ingratidão; entretanto, recordarás os benfeitores anônimos que te amaciaram o caminho, apagando-se tantas vezes para que pudesses brilhar...

Rememorarás a infância, no refugio doméstico, e perceberás que te ergueste, acima de tudo, da bondade com que te agasalharam o coracão. Não conseguiste a ternura materna com recursos amoedados, não remuneraste teu pai pelo teto em que te guardou a meninice, não compraste a afeição dos que te equilibraram os passos primeiros e nem pagaste o carinho daqueles que te alçaram o pensamento à luz da oração, ensinando-te a pronunciar o nome de Deus!...

Reflete nas raízes de amor com que o Todo-Misericordioso nos plasmou os alicerces da vida, e colabora onde estejas para que o bem se erija por sustentáculo de todos.

Enxergarás, nos que te rodeiam, irmãos autênticos, diante da Providência Divina. Ajudarás os menos bons para que se tornem bons, e auxiliarás os bons a fim de que se façam melhores.

Se a perturbação te dificulta o caminho, serve, sem alarde, e a trilha de libertação se te abrirá, propiciando-te acesso à frente.

Se ofensas te apedrejam, escuda-te no dever bem cumprido e serve sempre, na certeza de que a bondade com a força do tempo é o meio natural de todos os reajustes.

Muitos mandam, exigem, dispõem ou discutem... Serás aquele que serve, o samaritano da bênção, o entendimento dos incompreendidos, a luz dos que se debatem nas sombras, a coragem dos tristes e o apoio dos que se afligem na retaguarda!... E, ainda quando te vejas absolutamente a sós, no ministério do bem, serás fiel a obrigação de servir, lembrando-te de que, certo dia, um anjo na forma de um homem escalou um monte árido em supremo abandono, carregando a cruz do próprio sacrifício, mas porque servia e servia, perdoando e perdoando, fez nas trevas da morte o sol das nações, em perenidade de luz e amor para o mundo inteiro."

Na primeira metade de março, Chico escreveu aos amigos de São Paulo, dizendo que estava em paz e feliz com o trabalho mediúnico. A

CEC, por sua vez, havia publicado o *Ideal Espírita* em francês e enviado um milheiro para a França, gratuitamente[571]. Esta era uma homenagem que faziam à pátria do codificador da doutrina espírita, Allan Kardec. No mês seguinte, Chico visitou o amigo Clóvis Tavares e a Escola Jesus Cristo, em Campos, pela terceira vez, acompanhado de Francisco Galves. "*Viagem rápida, mas nem por isso rica de bênçãos espirituais, que foram realmente inúmeras e imensas*[572]...", segundo Clóvis.

A grandeza do trabalho de Chico na CEC e a extensão de sua produção lítero-mediúnica rendeu-lhe também o reconhecimento da vereança de Uberaba, sendo-lhe concedido, no final de junho desse ano (1969), o título de Cidadão Honorário dessa cidade. Marcaram presença e fizeram uso da palavra na entrega do título, na Câmara Municipal de Uberaba: "*Israel José da Silva, dr. João Guido, prefeito do município; Antonio Soares, representante da FEB; Maria Filomena Aluoto Berutto, presidente da União Espírita Mineira; Antonio Carvalho e José Pappa, vereadores de Ribeirão Preto; Jarbas Leone Varanda, presidente da Aliança Municipal Espírita; Freitas Nobre, vereador por São Paulo; Ismael Alves de Carvalho, vereador de Pedro Leopoldo; Rodrigues Filho, representando a CEC; Saulo Gomes, repórter da TV Tupi, Canal 4, de São Paulo.*

Depois da diplomação, Chico Xavier fez um discurso emocionado, agradecendo tão distinta láurea e enfatizando que nada tinha feito para merecer tanta honra. Restava-lhe, de agora em diante, uma dívida irreparável para com a cidade de Uberaba. Confessou que acabava de receber, com este Diploma de Cidadania, uma carta de crédito, para cujo mandato rogava a Deus poder retribuir à altura, pois reconhecia que, de modo algum, a merecia[573]".

O jornal *A Flama Espírita*, de Uberaba, enalteceu o governo de Uberaba por essa iniciativa, destacando que Freitas Nobre fez uma das

---

[571] GALVES, Nena. *Até Sempre Chico Xavier*. São Paulo: CEU, 2009. cap. 9, p. 148.

[572] TAVARES, Clóvis. *Amor e Sabedoria de Emmanuel*. 3ª Ed. Araras (SP): IDE, 1981. III parte, cap. 1, p. 89.

[573] NOBRE, Marlene Rossi Severino. *Chico Xavier*: meus pedaços de espelho. 2ª ed. São Paulo: Fe, 2015. cap. 29, p. 237-238.

alocuções mais brilhantes da noite, reconhecendo que a diplomação do médium era o reconhecimento da sociedade de que o espiritismo realmente contribui para tornar as pessoas melhores[574].

No dia 20 de julho de 1969, a nave Apolo 11, levando a bordo três astronautas americanos – Collins, Aldrim e Armstrong –, pousou na Lua pela primeira vez, inaugurando uma nova era da conquista espacial pelo homem. No dia 21, Armstrong foi o primeiro a tocar o solo arenoso do satélite natural, seguido de Aldrim, que disse emocionado[575]: "—"*Este é um pequeno passo para o homem, um gigantesco salto para a humanidade*[576]". O acontecimento foi transmitido ao vivo pela TV, via satélite, mas, ainda assim, muitos incrédulos colocavam em dúvida se de fato ele ocorreu, por ignorância e também por causa da "guerra fria" entre americanos e soviéticos.

Enquanto esse feito extraordinário se dava no mundo, Chico, ao mesmo tempo, recebia da espiritualidade, uma revelação surpreendente[577]: no livro *A Caminho da Luz*, cap. XXIV, de 1938, Emmanuel afirma que Jesus é o governador da Terra e que ele deveria se reunir ainda, uma terceira vez, em momento oportuno, com as potências angélicas do nosso sistema solar para decidir os destinos futuros da nossa humanidade. Pois bem, essa reunião, segundo o médium, se deu imediatamente após o feito da Apolo 11, que colocava o homem num contato preliminar com as conquistas espaciais. Depois de muitos debates e sugestões, por parte dessas potências, Jesus decidiu abrir uma moratória de cinquenta anos, a fim de que a humanidade terrestre colocasse à prova a sua capacidade moral, antes de ingressar, em definitivo, para os avanços da comunidade interplanetária do nosso sistema solar. Caso os governantes terrenos não entrassem em um confronto nuclear até a data-limite estabelecida por essa moratória, 2019, o planeta então estaria ainda preparado para entrar num período de regeneração moral[578].

[574]Ibidem, p. 238.

[575]Disponível em: <https://pt.wikipedia.org/wiki/Apollo_11> Acessado em: 19/6/2018.

[576]Disponível em: <https://super.abril.com.br/tecnologia/a-viagem-do-homem-a-lua-o-maior-espetaculo/> Acessado em: 19/6/2018.

[577]Revelação essa que seria mantida em segredo por muito tempo, uma vez que a sua compreensão poderia gerar dúvidas e polêmicas desnecessárias na época.

[578]LEMOS NETO, Geraldo; NOBRE, Marlene. *Não Será em 2012*. São Paulo: Fe, 2011. cap. 5. p. 49-53.

No mesmo dia em que Armstrong e Aldrim colocaram os pés em solo lunar pela primeira vez, estiveram também na CEC, a fim de conhecerem o médium, dois jovens senhores, oriundos do noroeste paulista: Adelino da Silveira, de Mirassol, e Oswaldo Cordeiro, de São José do Rio Preto. Adelino havia perdido um irmão seu, Wilson, em desastre automobilístico, com 28 anos de idade e casado há apenas sete meses[579]. Estava arrasado, não acreditava mais em nada. Já Oswaldo vira em Chico uma espécie de "diamante precioso", por sua humildade, bondade e extrema dedicação ao próximo[580].

No caso de Adelino, ele enfrentava uma extensa fila, quando o médium lhe chamou algumas vezes pelo nome. A princípio ele achou que não era consigo, uma vez que ambos não se conheciam. Mas depois percebeu que o chamado era ele mesmo, e não se conteve de emoção, abraçando Chico efusivamente, em meio a um suave perfume de rosas e éter que exalava no ar[581]. Sem se conter, e também no atropelo da emoção, o visitante de Mirassol disse ao médium:

"*— Chico, tenho nem mais nem menos do que setenta e três perguntas para lhe fazer.*

— Vá fazendo, meu filho, uma de cada vez" – disse-lhe o médium calmamente.

Das setenta e três perguntas que pretendia fazer a Chico, Adelino acabou fazendo apenas três. E, segundo o mirassolense, as respostas recebidas modificaram a sua vida[582].

Desde então, Adelino e Oswaldo, passaram a desfrutar de uma amizade sincera e fidedigna com o médium, visitando-o mensalmente em Uberaba e colaborando nas atividades da CEC, além de se tornarem espíritas atuantes em suas cidades[583]. Na verdade, essa transformação

---

[579] Disponível em: <https://www.diariodaregiao.com.br/cidades/um-legado-para-a-humanidade-1.705738> Acessado em: 20/6/2018.

[580] Disponível em: <https://pt-br.facebook.com/notes/nuno-emanuel/-jorge-tonho-ti-chico-conta-para-eles-que-voc%C3%AA-%C3%A9-o-kardec-reencarnado-chico-xavi/1349901071691095/> Acessado em: 20/6/2018.

[581] Fenômeno esse conhecido por todos que conviviam de perto com o médium, provocado pelo Espírito Sheilla.

[582] SILVEIRA, Adelino. *Chico, de Francisco*. São Paulo: CEU, 1987. O primeiro encontro.

[583] Isso se deu até o desencarne do médium, em 2002.

era comum e natural a todos que conheciam o médium pessoalmente. Às vezes, nem era necessário conhecê-lo pessoalmente, bastava ler algum de seus livros mediúnicos, entre centena deles, para sentir uma modificação interior.

Finalmente, em primeiro de agosto, Chico finalizou o seu centésimo livro, com a supervisão de Emmanuel: *Poetas Redivivos*. Esse livro é extremamente cuidadoso no que diz respeito ao conteúdo assertivo e doutrinário, trazendo cento e treze poemas com temas distintos. Nota-se, contudo, nesse livro que não há mais a preocupação fenomênica de a espiritualidade ter de apresentar ao público uma infinidade de autores inéditos, mas apresenta apenas aqueles mais afinizados com as diretrizes doutrinárias de Emmanuel, como Augusto dos Anjos, Casimiro Cunha, Cornélio Pires, Auta de Souza etc.

Como se sabe[584], Emmanuel se apresentou a Chico, pela primeira vez, em 1931. Desde então, sempre mostrou firmeza, bondade, amor e disciplina comandando a vida do médium – praticamente, quase todas as obras do médium tem a sua introdução. E, certamente, continuará tendo, conforme a instrução recebida desse seu mentor, quando completou os sessenta livros psicografados: "*Agora, estou na obrigação de dizer a você* – Chico Xavier – *que os mentores da Vida Superior, que nos orientam, expediram certa instrução que determina seja a tua atual encarnação desapropriada, em benefício da divulgação dos princípios espíritas-cristãos, permanecendo a sua existência, do ponto de vista físico, à disposição das entidades espirituais que possam colaborar na execução das mensagens e livros, enquanto o seu corpo se mostre apto para as nossas atividades*[585]".

Completado os cem livros psicografados, e pensando agora nessa tal de desapropriação de sua vida, o médium questionou Emmanuel onde ficaria então o seu livre-arbítrio nessa questão. E se ele, utilizando-se do seu livre-arbítrio, resolvesse recuar na produção das obras mediúnicas? Que aconteceria? Emmanuel foi firme e direto na resposta: "— *Então,*

[584]ALVES, Elifas. *Chico, as origens*. São Paulo: Aliança, 2015. A partir dos 21 – Mediunidade orientada, p. 89-90.

[585]LEMOS NETO, Geraldo. *Chico Xavier*: mandato de amor. 5ª ed. Belo Horizonte: UEM, 2007. Na tarefa mediúnica, p. 253.

nós o jogaremos debaixo das rodas de um carro[586]!". Risos. Depois disso, o jeito foi agradecer e curtir a festinha que os amigos lhe fizeram por ter completado os cem livros mediúnicos. "*Alguns companheiros falaram com muito carinho sobre o assunto*". Quando chegou a vez de Chico falar, disse com o habitual espírito anedótico e humildade: "*Realmente estamos com cem livros de nossos amigos espirituais e eu estou com sem, mas com `s´. E continuo sem*[587]". Risos.

Também para alegria de Chico e da amiga Aparecida da Conceição, a Cida do Pênfico, "*no dia 24 de agosto de 1969, com muita alegria foi inaugurada a nova sede do Hospital* do Pênfico, *sendo transferidos todos os doentes para uma casa ampla, com modernas e confortáveis instalações, graças aos recursos provenientes da grande Campanha presidida por Saulo Gomes* (no ano anterior, pela TV Tupi) *e coordenada pelo povo paulista, formando a extraordinária caravana brasileira que contribuiu para amenizar a grande dor dos irmãos em provações maiores*[588]".

---

[586]BACCELLI, C. A. *As Bênçãos de Chico Xavier*. Votuporanga (SP): Didier, 1998. Item 61, p. 59.

[587]LEMOS NETO, Geraldo. *Chico Xavier*: mandato de amor. 5ª ed. Belo Horizonte: UEM, 2007. p. 251.

[588]BUENO, Izabel. *Uma Vida de Amor e Caridade*. Belo Horizonte: Fonte Viva. cap. 19.

Os anos 1970

Embora a televisão no Brasil tenha surgido oficialmente em 1950, foi na década de 1960 que as emissoras puderam ter uma programação mais regular, devido à popularização dos aparelhos de TV. Em 1969, aconteceu a primeira transmissão via satélite.

Em 1971, o programa *Pinga Fogo*, da TV Tupi, de grande repercussão nacional, entrevistou Chico Xavier, em duas oportunidades, e obteve o maior índice de audiência já registrado na história da televisão.

A partir daí, Chico, que já era conhecido pelo seu trabalho espiritual em Pedro Leopoldo e Uberaba, mais os livros psicografados, se tornou uma unanimidade nacional.

Em 1972, surgiu a TV a cores, tendo as emissoras se tornado mais bem equipadas e capazes de expandir sua programação a grande parte da população brasileira – programas ao vivo, desenhos, noticiários, filmes, seriados e novelas. As novelas passaram a ser uma febre nacional, sendo que *A Viagem*, de 1975, foi inspirada em uma das obras de Chico Xavier, com enorme sucesso.

Dessa forma, o médium passou a ser ainda mais requisitado pelas mídias – escrita, falada e televisionada –, recebendo também inúmeros títulos de cidadania, de importantes cidades e capitais brasileiras, especialmente no estado de São Paulo, Minas Gerais e Rio de Janeiro, além de muitas outras homenagens.

Apesar de tanto reconhecimento e exposição pública, e de atender em uma instituição de muitos recursos, em 1975, Chico resolveu voltar às origens: fundou o Grupo Espírita da Prece, uma casinha simples e humilde, assim como ele mesmo, servindo a todos com a alegria e dedicação.

Enquanto isso, o Brasil vivia, e continuaria vivendo, até o final dessa década, momentos de insegurança e de instabilidade política. Mas, para o médium, o que realmente importava era servir a Jesus Cristo, na pessoa de quem quer que fosse, rico ou pobre, gente de boa ou de má índole. Isso aprendeu com ele e com o espiritismo, transmitindo também, por meio de exemplos de fé, de amor e de abnegação, a certeza de que, ainda que demore, estamos todos a caminho da redenção, reparando nossos erros e evoluindo sempre, pelas encarnações afora.

47. Bazar na CEC

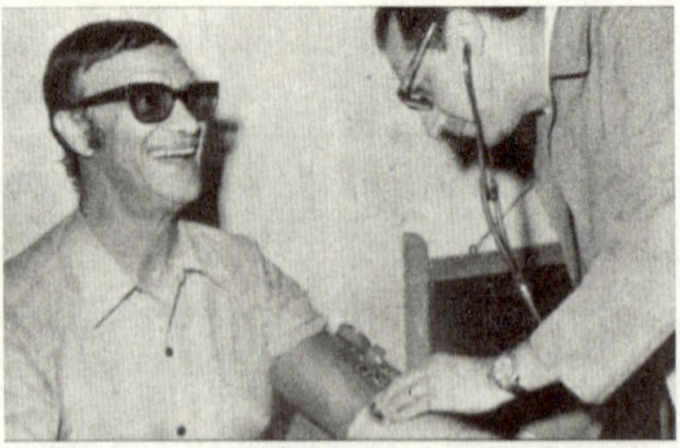

48. Dr. Elias medindo pressão de Chico

49. Evangelho em peregrinações do GEP

50. Dr. Elias com esposa, filhos e crianças

51. Chico e Banerjee, 1970

52. Chico e Hernani Guimarães

53. Chico e Jarbas Varanda

54. Chico no *Pinga Fogo*, jul. 1971

Suíte fotográfica 4

55. Chico no *Pinga Fogo*, dez. 1971

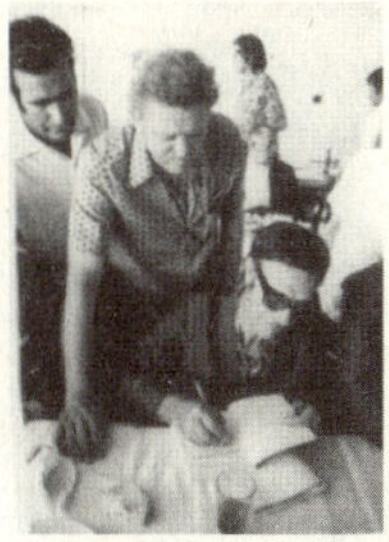

56. Ranieri e Chico

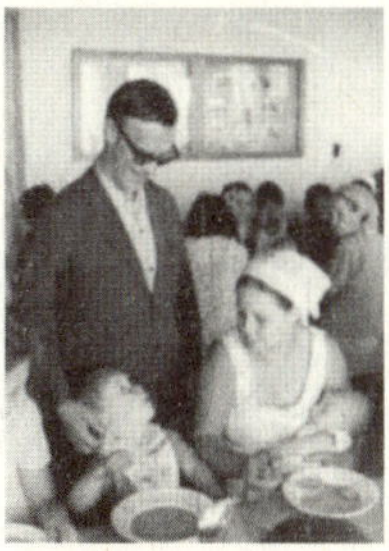

57. Chico na sopa fraterna da CEC

58. Recebendo título de Cidadão da Guanabara, 1972

59. Chico e Formiga, primeiro abraço, 1972

60. Formiga psicografando na Cec, 1972

61. Formiga, Guiomar Albamesi e Chico na CEC

62. Notícia: Roberto Carlos e Chico, jan. 1973

63.Chico discursando em Título de Cidadão Paulistano, 1973

64. Zilda Batista auxiliando Chico psicografar na CEC

65. Reunião evangélica ao ar livre

66. Culto evangélico na CEC

67. Recebendo Título de Cidadão Honorário de BH

68. Chico, Peralva e Neném Aluotto (atrás), na UME, 1974

69. Evangelização infantil na CEC - externo

70. Evangelização infantil na CEC - interno

71. Livraria e editora espírita na CEC

72. Entrada do GEP

73. Chico psicografando no GEP

74. Carlos Baccelli e Chico psicografando no GEP

75. Eurípedes, Chico, José Gonçalves no GEP

76. No GEP, com proteção da Guarda M., 1978

77. Stig Ibsen cumprimentando Chico Xavier

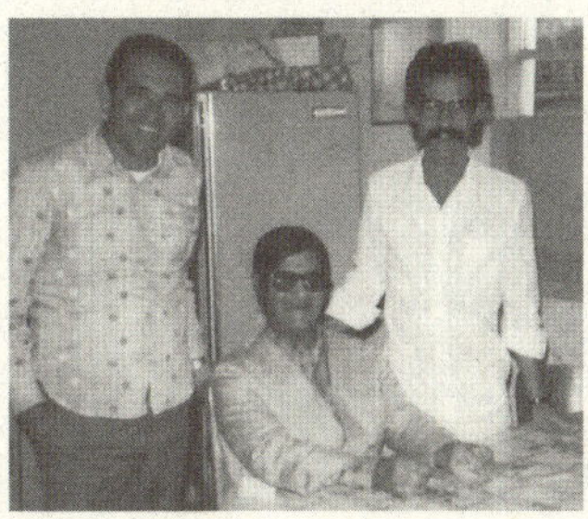

78. Oswaldo Cordeiro, Chico e Adelino

79. Chico com Brinquinho e Fofinha

80. Chico e o gato selvagem

81. Chico e Divaldo na reunião do abacateiro, 1978

82. Joaquim Alves, o Jô

83. Reunidos para a Peregrinação, após reunião no GEP

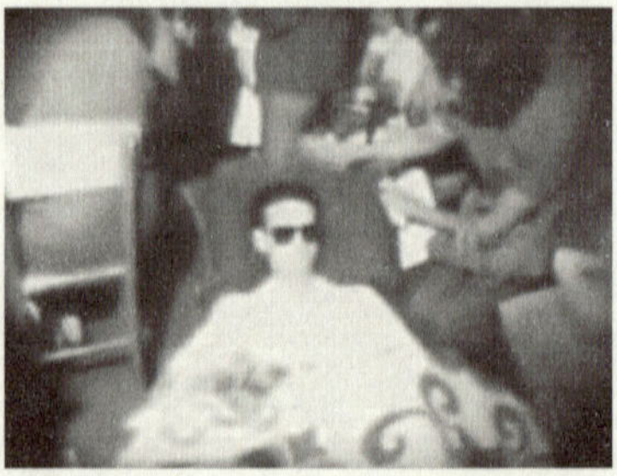

84. Jerônimo Gonçalves no GEP, 1978

85. Multidão em frente o GEP, Natal 1978

86. Fernando Worm

Mais reconhecimento e publicações sobre o médium. O mahatma

Mal o ano de 1970 iniciou e Chico já se apresentou com uma obra inédita: *Ideias e Ilustrações* (FEB), por Espíritos diversos. Aliás, esse título é bastante sugestivo, no que diz respeito ao conteúdo das mensagens nele contidas, falando a respeito da crítica, da cólera, da maledicência, da ociosidade, da enfermidade, da esperança, da gentileza, da humildade, da tolerância, da influência do bem etc.

O livro seguinte, *Paz e Renovação* (CEC), finalizado um mês depois, também por Espíritos diversos, remete-se aos conflitos mentais da criatura humana, sem a contrapartida da renovação interior, o que proporcionaria um maior equilíbrio.

Em março, pela primeira vez, Chico Xavier esteve em um programa de televisão, o programa *Cidade contra Cidade*, apresentado por Sílvio Santos e com a presença do repórter Saulo Gomes, na TV Tupi. Ainda que a participação do médium não fosse exclusiva, chamou bastante a atenção. Entre as perguntas a ele apresentadas, pode-se destacar a questão da reencarnação por meio de tubo de ensaio, e não pelas vias naturais, e o crescente interesse das pessoas pelo tema sexualidade, dois grandes tabus da época. Assim se expressou o médium na ocasião:

"A respeito do renascimento em tubo de ensaio: — *Tenho ouvido, por diversas vezes, o Espírito de Emmanuel a respeito disso.*

Ele diz que o nosso respeito à Ciência deve ser inconteste e que o progresso da ciência é infinito, porque a solução do problema do tubo de ensaio, para o descanso do claustro materno é viável. Mas restará à Ciência um grande problema, o problema do amor com que o Espírito reencarnante é envolvido no lar pelas vibrações de carinho, de esperança, ternura, confiança de pai e mãe, no período também da infância, em que a criança é rodeada de amor, muito mais alimentada de amor do que de recursos nutrientes da terra!

Vamos ver como é que a Ciência poderá resolver este problema para que não venhamos a cair em monstruosidades do ponto de vista mental.

A respeito do crescente interesse pelo tema da sexualidade: — *Antes de entrar diretamente neste assunto, convém declarar, em nossa formação cristã, que sem o lar constituído, sem a família organizada, sem amparo à maternidade, sem respeito à dignidade do homem, a civilização – no conceito dos Espíritos que se têm comunicado conosco – pode descer à estaca zero.*

Considerando, porém, a influência crescente dos temas de natureza sexual nas conversações e publicações do nosso tempo, precisamos considerar que o assunto esteve quase que propositadamente sufocado durante séculos.

É natural que ele agora surja, à maneira de explosão, mostrando reações em cadeia, por toda parte, exigindo legislação mais humanitária para a liquidação dos problemas de natureza afetiva e solicitando educação.

Não nos referimos aqui, segundo os Bons Espíritos, ao uso de implementos físicos, mas sim à educação da alma, à educação dos nossos sentimentos, por que o problema sexo é muito mais de coração para coração, de alma para alma, e por isso mesmo merece toda a consideração daqueles que nos inspiram e orientam, na governança de nossas vidas e de nossos destinos[589]."

1970 foi também o ano do 4º centenário da desencarnação do padre Manuel da Nóbrega – como se sabe, uma das encarnações de Emmanuel. Em razão disso, o estimado amigo do médium, Clóvis Tavares, escreveu um livro em homenagem a este, finalizado em maio desse ano e a ser editado pelo IDE de Araras: *Amor e Sabedoria de Emmanuel*.

Mas, voltando ainda ao tema da sexualidade, de crescente interesse pelas pessoas na época, muito em razão da chamada liberação sexual dos hippies, e depois de séculos de amordaçamento referentes a esse assunto, Emmanuel escolheu ser este o tema de seu próximo livro: *Vida e Sexo* (FEB), finalizado em junho, busca esclarecer, do ponto de vista da espiritualidade, questões como a atração sexual e a abstinência, o compromisso e as uniões infelizes, o namoro e a união conjugal, as vinculações e as

---

[589] XAVIER, F. C./Emmanuel. *Entrevistas*. Araras (SP): IDE. Realidades da alma, itens 31 e 32.

desvinculações, as alterações afetivas e os desajustes a elas relacionados, o tédio no lar, as aversões e o aborto, a carga erótica e o amor livre, o adultério e a prostituição, a homossexualidade e os tabus religiosos.

Escreveu ainda Emmanuel na introdução desse livro, com respeito a sexo:

> "*Não proibição, mas educação.*
>
> *Não abstinência imposta, mas emprego digno, com o devido respeito aos outros e a si mesmo.*
>
> *Não indisciplina, mas controle.*
>
> *Não impulso livre, mas responsabilidade.*
>
> *Fora disso, é teorizar simplesmente, para depois aprender ou reaprender com a experiência.*"

Um mês após a recepção de *Vida e Sexo*, no mês de julho, Chico finalizou o livro *Mais Luz*, pelo Espírito Batuíra, que foi entregue para publicação a uma nova instituição: o Grupo Espírita Emmanuel – Geem –, fundado por Rolando Ramacciotti, e localizado em São Bernardo do Campo (SP). Rolando Ramacciotti foi também o fundador e mantenedor da instituição filantrópica Nosso Lar, na cidade de Garça, em 1950, e sempre se colocara à disposição em colaborar com o médium na divulgação de suas obras. Seu pensamento de momento, no entanto, era buscar uma modernização dos livros, que ainda vivia de processos gráficos obsoletos. Na verdade, o Geem já era uma instituição espírita operante desde 1967[590].

Ainda esse mês, um fato interessante aconteceu com o professor e deputado federal Freitas Nobre, quando de uma visita sua ao médium em Uberaba. Na ocasião, Chico havia recebido uma mensagem do dr. Bezerra de Menezes, dirigida a Freitas, que dizia o seguinte: "*vamos reintegrá-lo ao quadro político-administrativo do país*[591]".

---

[590]Disponível em: <http://geem.org.br/apresentacao/> Acessado em: 24/6/2018.

[591]NOBRE, Marlene Rossi Severino. *Chico Xavier*: meus pedaços de espelho. 2ª ed. São Paulo: Fe, 2015. cap. 29, p. 241.

Todavia, retornando a São Paulo, no meio do caminho, o deputado comentou com a esposa, Marlene: "*Bezerra falhou, desta vez. Já não posso disputar cargo algum nas próximas eleições de outubro, porque o MDB,* partido ao qual estava vinculado, *já está com o seu quadro de candidatos encerrado, sendo impossível uma vaga nessa altura da disputa*[592]".

Acontece, porém, que, quando o casal se preparava para dormir, o telefone tocou, a uma da manhã. Era o presidente do MDB, Cantídio Sampaio, perguntando a Freitas se ele queria sair candidato a deputado federal pelo partido, porque havia uma desistência entre os inscritos[593]. Freitas aceitou o convite e acabaria sendo eleito por uma expressiva margem de votos[594]. Bezerra tinha razão...

Antes, porém, das eleições acontecerem no país, Chico finalizava mais um livro, *Correio Fraterno* (FEB), por Espíritos diversos. Emmanuel via nessa obra uma espécie de correio fraterno mesmo, com a espiritualidade trazendo ideias calmantes e notícias da Vida Maior, para a renovação do Espírito encarnado.

Além dos livros de Chico, dois grandes companheiros seus, de lides espíritas, se dispuseram também a escrever livros esse ano: Clóvis Tavares e o dr. Elias Barbosa. O livro de Clóvis, *Amor e Sabedoria de Emmanuel*, é um estudo sobre a evolução moral desse Espírito ao longo do tempo, desde sua encarnação como o senador Públio Lentulus, contemporâneo de Jesus, até sua missão evangelizadora na atualidade, utilizando-se da mediunidade de Chico Xavier.

Já o livro do dr. Elias, *Presença de Chico Xavier*, concentra atenção nas cartas consoladoras de Chico Xavier, desde os tempos de Pedro Leopoldo até o momento atual, mostrando a autenticidade das mesmas, citando nomes, datas, fatos e ocorrências, totalmente desconhecidos do médium e confirmados pelos parentes envolvidos. Como estas:

Carta de Nina ao marido Romeu Pelá, de Goiânia, em 12/1/1953:

---

[592]Idem.

[593]Idem.

[594]Ibidem, p. 242.

"*Meu querido Romeu,*

Jesus nos abençoe.

Estou aqui, com saudade a dominar-me o coração.

(...)

Não julgue, meu bom Romeu, que o doloroso acontecimento de 10 de setembro pudesse ter sido evitado. Não se ponha culpado. Tudo passou de acordo com os desígnios divinos[595]."

Carta do dr. Luiz Orlando Rodrigues Cardoso, Procurador do Estado da Guanabara, aos familiares, em 21/7/1967:

"*Rogo a vocês todos, mas especialmente a vocês três que me amparem* (pai, mãe e esposa).

Querida Edna (esposa), *doze anos de confiança e felicidade, união e paz, não são doze horas. Confie.*

Não procure morrer nem faça intimação à Providência Divina.

(...)

Reerguimento, peço a todos um reerguimento geral.

Amaury, rogo ao nosso Amaury calma, paciência. Auxiliem-me vocês todos.

Desde a partida do tio Joaquim, reconheci que as horas do meu corpo estavam contadas[596]."

Carta de José Teodolo Caldeira, suicida, a sua mãe, em 8/8/1969:

"*Minha querida mãe, lance sobre mim a sua bênção e ajude seu filho sofredor.*

Estou aqui. De que modo não sei.

Trazido como um doente que enlouquecesse e foi recolhido à cela

---

[595] p. 32.

[596] p. 52-53.

de tratamento obrigatório, mas trazido pelo carinho de minha outra mãe, a querida tia Tereza, por minutos a fim de rogar perdão e paciência.

Desde o dia 16 de março, entrei num martírio sem saber que tempo estou.

(...)

Não queiram morrer, não queiram uma despedida forçada, ninguém morre.

Pensei erradamente.

Loucura de rapaz inconformado, sem disposição para o trabalho e sacrifício.

Não julguem que alguém me tenha ferido.

Foi só o medo de viver que me acovardou.

(...)

A responsabilidade, mãezinha, me pertence por inteiro, mas se a senhora e a tia Tereza ficarem conformadas, terei forças novas.

Meu pai Ademar e vovó Iracema são aqui meus novos pais. Ampararam-me e estão comigo no sanatório de onde vim por momentos para trazer-lhe a certeza de que vocês duas precisam e devem viver.

(...)

Recebam todo o carinho e arrependimento, com muito amor e confiança do filho reconhecido, José[597]"

O interessante é que esses dois livros, o de Clóvis e do dr. Elias, foram escritos de forma independente e publicados esse ano pela Editora Calvário[598]. Isso parece não ter sido uma da mera coincidência, mas denota uma ação do Alto. Qual, porém, o propósito dessa ação? Provavelmente, tornar público, ainda mais, o elo e a proximidade das ideias entre Emmanuel e Chico, respectivamente mentor e pupilo, a serviço da espiritualidade superior. A ligação entre eles é tão próxima que, muitas

[597]p. 59, 61.

[598]As próximas edições de ambos os livros já seriam pelo IDE de Araras.

vezes, num primeiro momento, não é possível identificar se as orientações emitidas pelo médium são de um ou de outro, a não ser que sejam por ele especificadas[599].

Vale ainda lembrar o que Chico disse ao dr. Elias certa vez, nos primeiros tempos da CEC, numa conversa informal que teve com o médium amigo: "*Não existe Chico Xavier, ele mesmo. Se é que eu tenha que existir, será Chico Xavier/Emmanuel, porque, de mim mesmo, em matéria de edificação espiritual, nada posso subscrever, de vez que o nosso benfeitor da Vida Maior é que nos supervisiona a organização medianímica. Seria eu mais do que ousado se lhe subtraísse o nome em qualquer expressão construtiva, que nos saísse dos recursos verbais, seja no transe propriamente mediúnico, tanto quanto em quaisquer outras circunstâncias*[600]".

Outro fato importante ocorrido esse ano foi o encontro de Chico Xavier com o médico psiquiatra e professor-diretor do Departamento de Parapsicologia da Universidade de Rajastha, em Jaipur – Índia, Hemendra Nath Banerjee. Banerjee vinha se destacando na imprensa internacional por estudar centenas de casos sobre reencarnação, utilizando métodos científicos[601].

O encontro se deu quando o casal Galves e Chico estiveram no chá beneficente promovido por Mercedes Sponda no Rotary Club de Higienópolis, em São Paulo[602]. Esse evento ocorria desde 1965, sempre com a presença ou participação de artistas do rádio e TV, personalidades famosas e gente da alta sociedade paulistana. O objetivo era arrecadar fundos para entidades espíritas filantrópicas, que prestavam assistência social a pessoas carentes[603].

---

[599] Praticamente todos os companheiros de doutrina que conviveram com Chico Xavier são unânimes em relação a isso.

[600] XAVIER, F. C./Emmanuel. Chico Xavier: Entrevistas. Araras (SP): IDE, 1972. Chico Xavier/Emmanuel, p. 9.

[601] Disponível em: <https://www.youtube.com/watch?v=e7voxsRdg4w> Acessado em: 6/6/2018.

[602] GALVES, Nena. *Até sempre Chico Xavier*. São Paulo: CEU, 2009. cap. 10, item 1, p. 158.

[603] NOBRE, Marlene Rossi Severino. *Chico Xavier*: meus pedaços de espelho. 2ª ed. São Paulo: Fe, 2015. cap. 42, p. 339-340.

Na ocasião, estava presente também o conhecido médico e professor indiano, Hemendra Nath Banerjee. Chico pediu, então, ao casal que fizesse a gentileza de contatá-lo, perguntando-lhe se havia a possibilidade de eles se encontrarem numa conversa informal, fora do ambiente festivo em que se encontravam. Banerjee assentiu ao pedido e, logo após o evento, foram diretos para a casa dos Galves. Participaram também desse encontro histórico os engenheiros e pesquisadores Ney Pietro Peres e Hernani Guimarães Andrade[604], fundadores do Instituto Brasileiro de Pesquisas Psicobiofísicas, o IBPP, em 1963[605]. Em determinado momento da conversa, Chico relatou a Banerjee que já estivera na India durante desdobramentos, levado por seu guia Emmanuel. Numa dessas oportunidades, afirmou ter participado de uma reunião de *mahatmas* (grandes almas). O indiano, então, emocionado, beijou a mão do médium e disse: — *This is a holy man*! (Este é um homem santo!) E Afirmou depois aos presentes que "*só pode participar de uma reunião de* mahatmas *quem for* mahatma *também*[606]!".

Essa conversa entre Chico e Banerjee, dois expoentes do psiquismo mundial, foi gravada em fita K7[607]. Também, nessa época, Martins Peralva, que conhecia Chico desde 1949, quando deixou Sergipe e trouxe toda a família para viver próximo ao médium – assim como fez o casal Weaker e Zilda Batista, em 1959 –, escreveu um artigo inédito para ser publicado em *O Espírita Mineiro*, do qual era jornalista responsável. E recebeu até o aval de Neném Aluotto, presidente da União Espírita Mineira. O artigo defendia a tese, que muitos dos que conheciam Chico tinham certeza: que ele era a reencarnação de Allan Kardec. Acontece, porém, que, quando o sigiloso artigo estava pronto para ir à publicação, Peralva recebeu uma ligação do médium, já tarde da noite, em sua casa, dizendo o seguinte:

"— *Peralva, meu nego! Tire esse artigo sobre a volta de Kardec de O Espírita Mineiro, por obséquio. Não publique isto agora, não, que vai*

---

[604]GALVES, Nena. *Até sempre Chico Xavier*. São Paulo: CEU, 2009. cap. 10, item 1, p. 158.

[605]Disponível em: <https://pt.wikipedia.org/wiki/Instituto_Brasileiro_de_Pesquisas_Psicobiof%C3%ADsicas> Acessado em: 28/6/2018.

[606]Idem; BACCELLI, Carlos A. *Chico Xavier*: a reencarnação de Allan Kardec. Uberaba: Leep, 2005. Chico Xavier e o dr. Banerjee, p. 46-48.

[607]A gravação faz parte do acervo do IBPP. Disponível em: <https://www.youtube.com/watch?v=e7voxsRdg4w> Acessado em: 28/6/2018.

nos trazer muita complicação! Diz o nosso Emmanuel que o assunto virá mais tarde. Ele nos pede para dizer-lhe que agora não é hora disso, não. Vamos deixar para depois, para o momento oportuno, não é, meu nego?"

De fato, uma coisa era, para quem o conhecia, achar que ele era um "*mahatma*" ou "o codificador do espiritismo reencarnado", outra era ter de enfrentar a oposição dos contrários, que achavam isso uma exaltação à pessoa do médium e uma afronta a Kardec. Chico já estava acostumado com essas coisas e resolveu agir, em mais uma demonstração de sua incrível antena psíquica.

Pinga Fogo, um divisor de águas. Exposição pública permanente e expansão doutrinária

Em 1971, como de hábito, a produção lítero-mediúnica de Chico seria extensa, com nada mais, nada menos do que nove livros recebidos, sendo dois deles produto de entrevistas e organizado por terceiros. *Trovas do Mais Além*, por Espíritos diversos (CEC), é o primeiro deles, abrindo o mês de janeiro; depois seguem: *Bênção de Paz*, por Emmanuel (Geem), *Mãe*, por Espíritos diversos (Clarim), *Antologia da Espiritualidade*, por Maria Dolores (FEB), *Rumo Certo*, por Emmanuel (FEB), *Pinga Fogo*, por Chico Xavier/Emmanuel (Edicel), *Coragem*, por Espíritos diversos (CEC), *Sinal Verde*, por André Luiz (CEC) e *Entrevistas*, por Chico Xavier/Emmanuel (IDE), fechando o mês de dezembro.

Trovas do Mais Além segue na mesma toada de *Trovas do Outro Mundo* (1968), com muitos trovadores inéditos e outros conhecidos, divididas as trovas em quarenta temas. Em *Bênção de Paz*, Emmanuel diz na primeira das sessenta mensagens: "*Decididamente, muitos defeitos nos caracterizam ainda o progresso moral deficitário. Não nos será lícito, porém, esquecer algumas das bênçãos que já conseguimos amealhar com o amparo do Mestre Divino*". *Antologia da Espiritualidade* apresenta coleção de poemas da poetisa baiana Maria Dolores, de muita sensibilidade e coração boníssimo, dedicada às causa sociais. Os versos seguintes abrem o primeiro poema desse livro, que é uma amostra da essência de sua alma:

"*Agradeço, Senhor, / Quando me dizes "não" / Às súplicas indébitas que faço, / Através da oração"*. *Rumo Certo* é mais uma orientação através das mensagens seguras do mentor de Chico nas "*Estradas de todos os feitios* que se *desdobram à visão*: *Avenidas do ideal, flamejantes de luz. Sendas de laboriosas realizações. Alamedas de sonhos e alegrias. Carreiros de serviço construtivo, talhados nas rochas do esforço máximo. Veredas de provações edificantes. Trilhos de socorro ou de regeneração, através de pântanos e lágrimas. Atalhos de sofrimento. Corredores de privações educativas. Túneis de perigosas experiências*".

Entrando o mês de julho, uma vez mais Chico recebeu convite para participar de um programa de televisão, na TV Tupi, Canal 4. Só que desta feita o programa era o *Pinga Fogo*, de variedades e entrevistas com grandes personalidades, especialmente da área da política e intelectuais. Um programa de muita repercussão e bem-aceito na época. Ia ao ar nas noites de terças-feiras, encerrando a programação do canal, e tinha cerca de uma hora e trinta minutos de duração[608].

A escolha do nome de Chico Xavier como entrevistado nesse programa, porém, foi motivo de debates e controvérsias entre os responsáveis pela pauta. Enquanto não chegavam a um acordo, sobre quem seria o entrevistado da última terça do mês de julho, o repórter Saulo Gomes, na reunião, propôs aos debatedores o nome de Chico Xavier, que ele havia entrevistado em três outras oportunidades, para a mesma TV Tupi.

Num primeiro momento, o nome de Chico foi rejeitado, por unanimidade. Questionavam os responsáveis pela pauta, entre outras coisas, a baixa escolaridade do entrevistado sugerido por Saulo, o seu nível cultural... Qual seria, portanto, a sua capacidade de articulação, frente às perguntas que lhe seriam dirigidas por um seleto grupo de entrevistadores, todos de formação universitária? Havia o receio ainda de que o médium provocasse queda de audiência ao programa, pelo fato de ele ser um representante do espiritismo. Era o velho preconceito novamente em ação, mesmo não se certificando do que estavam sendo contra, acrescido do argumento de que a maioria da população brasileira era de católicos.

---

[608]Disponível em: <https://pt.wikipedia.org/wiki/Pinga-Fogo> Acessado em: 30/6/2018; Disponível em: <https://www.youtube.com/watch?v=GU5PTk8anPE> Acessado em: 30/6/2018.

Quanto à emissora em si, ela passava, naquele momento, por uma situação muito delicada. Havia queda de audiência, muito em razão do aumento da concorrência, que, na década de 1960, fez crescer o número de emissoras no Brasil (TV Globo, TV Record, TV Bandeirantes, TV Gazeta etc). A TV Tupi (Canal 4, São Paulo, e Canal 6, Rio) pertencia ao Grupo dos Diários Associados, de Assis Chateaubriand.

Saulo foi muito habilidoso em defender o nome de Chico, de extensa e primorosa produção lítero-mediúnica, na reunião que decidiria quem seria o entrevistado do *Pinga Fogo* do dia 28 de julho de 1971. Depois de tanta controvérsia, o repórter da TV Tupi se surpreendeu com o resultado final, aprovando o nome do respeitado médium para ser o entrevistado em questão. Saulo acredita que foram os mentores de Chico que teriam influenciado os responsáveis pela pauta do programa nessa decisão, pois tudo parecia o contrário.

Chico, por sua vez, depois de aceito o compromisso com o *Pinga Fogo*, passou a ficar bastante apreensivo. Para ele, o momento era de muita responsabilidade, porque não falaria apenas em seu nome, mas em nome da doutrina espírita, para milhares ou milhões de pessoas. Ou seja, todos os telespectadores sintonizados na TV Tupi, que tinha associadas pelas várias regiões do país. À época, as emissoras eram todas independentes, pois não havia sido formadas ainda as redes de TV.

Dias antes dessa aguardada entrevista no *Pinga Fogo*, o médium ficou hospedado na casa dos Galves, em São Paulo. Segundo Nena Galves, Chico mantinha uma calma aparente. "*Mesmo confiante nos Espíritos, temia não saber corresponder a tão alto mister. Falava pouco e mal se alimentava. Horas antes do programa, tomou um chá. Sentíamos que ele estava distante, pensativo, preocupado.*

O mineiro simples de Pedro Leopoldo vestiu-se com terno e gravata, cobriu a calvície para representar dignamente o papel que lhe cabia em programa com tanta audiência. Ao sairmos de casa, Chico beijou a fotografia da imagem de Jesus que mantinha na cabeceira de sua cama.

Permaneceu tenso até o programa entrar no ar. Ao iniciarem-se as perguntas, Chico não mais tremia nem vacilava.

Era Chico? Ou Emmanuel? Ou os dois que lá estavam?"

Pouco antes do *Pinga Fogo* começar, o Ibope estava atento à medição da audiência, apontando enorme interesse pelo programa. A medição consistia em verificar, por amostragem, quantos aparelhos estavam e estariam ligados e sintonizados no programa, sendo repetida a cada meia hora. Quanto à enorme audiência em vias de acontecer, isso indicava um misto de curiosidade e de veneração da população brasileira pelas questões relacionadas à vida *pós-mortem* e pela mediunidade, independentemente de questões religiosas: Existe vida após a morte? O que é o Espírito e de que forma ele sobrevive ao fenômeno da morte corporal? Como vivem e se organizam os Espíritos? Podemos realmente nos comunicar com aqueles que nos antecederam, na passagem dessa para a outra vida, os nossos entes queridos? Essas e tantas outras dúvidas mais eram claramente o motivo de tanta espectativa em assistir ao conhecidíssimo médium Chico Xavier, e ver o que ele tinha a dizer a respeito disso tudo.

Quando Chico foi apresentado aos telespectadores, passando a responder às perguntas dos entrevistadores, o Ibope registrou índices jamais vistos em qualquer outro programa ou canal de televisão[609]. A segurança, a educação e o respeito que Chico apresentava, mais o conhecimento generalizado sobre quaisquer assuntos, respondendo todas as perguntas com naturalidade, deixava a todos admirados e os telespectadores magnetizados à tela da TV. Já esses últimos não davam a menor atenção ao tempo do programa, que entrava madrugada adentro, e ia se estendendo, sem previsão de acabar. Só queriam ouvir o médium falar, não importando os compromissos que cada um tinha logo mais, compromissos esses domésticos e profissionais. Havia uma enlevação, uma energia sutil e superior no ar, e tudo o mais não tinha a menor importância[610].

Já os responsáveis pelo programa, vendo o tempo se esgotar e, também, impressionados com a altíssima e inimaginável audiência registrada pelo Ibope, precisaram pedir autorização ao diretor-presidente dos Diários Associados, Edmundo Monteiro, que se encontrava no Guarujá, para manter o

[609] Disponível em: <https://pt.wikipedia.org/wiki/Pinga-Fogo> Acessado em: 3/7/2018.

[610] O autor deste livro assistiu o programa e foi testemunha desses fatos.

programa no ar. Autorização feita, ainda tiveram que repetir o mesmo outras vezes, conforme o Ibope dava os seus informes, a cada meia hora. Assim o tempo do programa se estendeu por três horas e vinte minutos[611]. Foi uma noite memorável! Inesquecível! Nunca na história da televisão brasileira havia ocorrido algo similar. Tanto assim que, na sequência, o programa precisou ser reprisado várias vezes, a pedido dos telespectadores, pelo Canal 4 e também pelas emissoras associadas de todas as regiões do país.

Almir Guimarães foi o apresentador desse histórico *Pinga Fogo*, de 28 de julho de 1971, no auditório da TV Tupi, com transmissão ao vivo. Os entrevistadores de Chico Xavier nesta noite foram: João de Scantimburgo (católico) e J. Herculano Pires (espírita), ambos professores universitários; jornalistas do programa, Hele Alves, Reale Júnior e Saulo Gomes; pastor Manoel de Melo, fundador da Igreja Evangélica Pentecostal "O Brasil Para Cristo" (gravação em VT); telespectadores e pessoas do auditório[612].

A primeira pergunta dirigida ao médium foi formulada por João de Scantimburgo, que, não cria no espiritismo nem na existência da mediunidade, e ele sugeria que a grandeza da produção lítero-mediúnica de Chico era coisa de sua cabeça ou do inconsciente. Permaneceu o programa inteiro questionando Chico. Num determinado momento, o médium lhe deu uma resposta:

"*Antigamente eu me sentia, às vezes, ressentido dentro da minha ignorância com aqueles que não conseguiam crer na realidade mediúnica. Isso há quase uns quarenta anos. Mas Emmanuel então me disse: O seu ressentimento é pura vaidade, porque você não pode exigir que os outros venham a crer naquilo que você crê, você não pode pedir a outrem que pense pela cartilha dos seus próprios pensamentos. Você deve se preparar para ouvir as opiniões mais contrárias em torno da mediunidade porque cada um, cada Espírito está na Terra com determinada tarefa, e, às vezes, o fato de alguém adquirir prematuramente uma convicção muito real da vida extraterrena, pode ser um agente, não vamos dizer de perturbação, mas pode ser um agente incômodo para a tarefa que aquela criatura deva ou deve desempenhar. Então respeito a opinião de todos que pensam as-*

[611]Disponível em: <https://www.youtube.com/watch?v=GU5PTk8anPE> Acessado em: 3/7/2018.

[612]Vide o livro *Pinga Fogo com Chico Xavier* (Edicel, 1971) ou o CD da Versátil Home Vídeo (Vídeo Spirite), com a gravação remasterizada do programa, que foi ao ar na noite de 28/7/1971.

sim, mas eu não posso acreditar que assim seja, porque isso se tornou tão evidente na minha vida, se tornou de forma tão palpável para mim a convivência com as entidades espirituais durante tantos anos, desde os dias da infância que, para mim, a vida com os Espíritos desencarnados já não é propriamente um fenômeno mediúnico, mas um estado de convivência, conquanto eu diga isso compreendendo que a misericórdia vem deles e que a tolerância vem deles e que eu, às vezes, pergunto a mim mesmo como é que eles podem me tolerar[613]."

Os assuntos colocados em pauta no *Pinga Fogo* dessa noite foram os mais diversos: espiritismo, mediunidade, reencarnação, conquista espacial, era de Aquário, religiões e questões religiosas, sexualidade, cremação, nascimento em tubo de ensaio, conformismo e trabalho, contato com extraterrestres, futuro da humanidade, cidades de vidro, vida em Marte, entre outros.

Com respeito a esses quatro últimos assuntos, Chico fez observações que seriam impensáveis para a época. Vejamos o que foi perguntado ao médium e o que ele respondeu com relação a esses assuntos, orientado pelo seu guia espiritual, Emmanuel:

"Saulo Gomes — *O Luiz Lopes, que é o nosso companheiro da TV Globo, formula esta pergunta: Nossa humanidade assiste neste momento a mais um lance dramático da corrida espacial Apolo 15, que se encaminha para a Lua. Acreditam os mestres espirituais de Chico Xavier que ainda em nossa atual civilização o homem poderá entrar em contato com civilizações de outros planetas?*

Chico Xavier — *Estamos subordinando a resposta ao mesmo critério com que foi estruturada a informação para a nossa estimada entrevistadora que falou sobre a nova era. Se não entrarmos numa guerra de extermínio nos próximos cinquenta anos, então nós podemos esperar realizações extraordinárias da ciência humana partindo da Lua. Então*

[613]Reprodução de parte da entrevista, publicado na íntegra pelo jornal *Diário de São Paulo*, em sua edição de domingo, no dia 8/8/1971. Também publicado na íntegra em livro pela Edicel, de Sobradinho, com o título *Pinga Fogo com Chico Xavier*. A entrevista completa deste *Pinga Fogo*, que foi ao ar na noite de 28/7/1971, poderá ser também apreciada no YouTube ou em CD, pela Versátil Home Vídeo (Vídeo Spirite), com gravação remasterizada.

diz o nosso Emmanuel, que está presente, que quando Cristóvão Colombo perambulava pelas cortes europeias, pedindo socorro para descobrir um caminho mais fácil para as índias, muita gente considerou o programa dele como absolutamente inútil para a humanidade, que aquilo era uma despesa absolutamente inócua e que iria pesar demasiadamente no orçamento de qualquer povo, até que ele conseguisse o apoio de Fernando e Isabel, os então soberanos de Castela. Mas nós hoje sabemos, depois de quase cinco séculos, qual a importância do feito. Então nós não podemos, também, acusar os nossos irmãos que estão se dirigindo à Lua para pesquisas que devem ser consideradas da máxima importância para o nosso progresso futuro, porque as despesas efetuadas com isso serão naturalmente compensadas, talvez com a tranquilidade para uma sociedade mais pacífica na Terra, porque se não entrarmos, por exemplo, num conflito de proporções imensas, então na Lua é possível que o homem construa as cidades de vidro, as cidades-estufas, onde cientistas possam estabelecer pontos de apoio para observação da nossa galáxia. Essas cidades não são sonhos da ciência, essas cidades, naturalmente com muito sacrifício da humanidade terrestre, podem ser feitas e provavelmente — vamos dizer — vai se obter azoto e oxigênio e usinas de alumínio e formações de vidro e matéria plástica na própria Lua para a construção desses redutos, produtos da ciência terrestre e provavelmente a água fornecida pelo próprio solo lunar. Então, teremos, quem sabe, a possibilidade de entrar em contato com outras comunidades da nossa galáxia. Então vamos, definitivamente, encerrar o período bélico na evolução dos povos terrestres, porque nós vamos compreender que fazemos parte de uma só família universal, que não somos o único mundo criado por Deus. O próprio Jesus a quem reverenciamos como Nosso Senhor e mestre, disse: "Há muitas moradas na casa de meu pai". Portanto, nós precisamos prestigiar a paz dos povos, a tranquilidade de todos com o respeito de todos, com a veneração máxima pela ciência para que nós possamos auferir esses benefícios num futuro talvez mais próximo do que remoto, se nós fizermos por merecer.

Almir Guimarães — *O Sr. José Polianzi, rua Horto Florestal, 70, pergunta: Por que em 1935 Chico Xavier anunciou em um livro*[614] *que o planeta Marte era habitado e as sondas americanas comprovaram que o planeta era deserto igual à Lua?*

Chico Xavier — *O caso tem sido estudado por nós com o Espírito de Emmanuel, mas conquanto acatemos com muita sinceridade todas as afirmações da ciência, nós precisamos considerar, e isto entre parênteses; não é uma resposta despistadora, nós precisamos esperar o progresso da ciência na descoberta mais ampla e na definição mais precisa daquilo que nós chamamos de antimatéria, que muitos cientistas hoje chamam de matéria às avessas, para que possamos compreender o assunto de modo popular. Então nós sabemos que o espaço não está vazio, conquanto as afirmações da ciência e as sondas possam trazer respostas negativas do ponto de vista físico, nós precisamos compreender que a vida se estende em outras dimensões. E nós estamos no limiar de tempos novos em que a ciência descortinará para nós todos um futuro imenso diante do Universo. Então, será necessário esperar que a ciência possa compreender e interpretar para nós outros, os filhos da Terra, a vida em outras dimensões, outros campos vibratórios. Allan Kardec, nas perguntas e respostas de números 56 e 57, se a memória não me está falhando, em* O Livro dos Espíritos, *explica que a natureza dos mundos e a Natureza material ou física dos habitantes desses outros mundos podem ser muito diferentes dos habitantes da Terra. Nós podemos perfeitamente encontrar um mundo que, para nós, do ponto de vista fisiológico da matéria considerada matéria densa na Terra, nós podemos encontrar um grande espaço físico despovoado e esse espaço, considerado por nós, de momento, não podemos entender. O nosso André Luiz nos fala com tanta precisão e segurança da cidade denominada Nosso Lar, nos espaços terrestres sobre determinada região do Brasil. É uma cidade perfeitamente constituída de entidades espirituais, mas uma cidade com todos os apetrechos de trabalho e com todos os elementos de estudo para satisfazer a nossa fome de conhecimento e de progresso*[615]."

[614] O livro é *Cartas de uma Morta* (FEB, 1935), de sua mãe, Maria João de Deus.

[615] Reprodução de parte da entrevista, publicado na íntegra pelo jornal Diário de São Paulo, em sua edição de domingo, no dia 8/8/1971. Também publicado na íntegra em livro pela Edicel, de Sobradinho, com o título *Pinga Fogo com Chico Xavier*. A entrevista completa deste *Pinga Fogo*, que foi ao ar na noite de 28/7/1971, poderá ser também apreciada no YouTube ou em CD, pela Versátil Home Vídeo (Vídeo Spirite), com gravação remasterizada.

Almir Guimarães apresentou também ao médium pergunta de uma espectadora presente, Maria Lúcia Silva Gomes:

"Pergunta — *Como se explica o homossexualismo e a perturbação no comportamento sexual à luz da doutrina espírita?*

Chico Xavier — *Temos tido alguns entendimentos com Espíritos amigos e notadamente com Emmanuel a esse respeito.*

O homossexualismo, tanto quanto a bissexualidade ou bissexualismo como a assexualidade são condições da alma humana. Não devem ser interpretados como fenômenos espantosos, como fenômenos atacáveis pelo ridículo da humanidade. Tanto quanto acontece com a maioria que desfruta de uma sexualidade dita normal, aqueles que são portadores de sentimentos de homossexualidade ou bissexualidade são dignos do nosso maior respeito. E acreditamos que o comportamento sexual na humanidade sofrerá de futuro revisões muito grandes, porque nós vamos catalogar, do ponto de vista da ciência, todos aqueles que podem cooperar na procriação e todos aqueles que estão numa condição de esterilidade.

A criatura humana não é só chamada à fecundidade física, mas também à fecundidade espiritual. Quando geramos filhos, através da sexualidade dita normal, somos chamados também à fecundidade espiritual, transmitindo aos nossos filhos os valores do espírito de que sejamos portadores.

Não nos referimos aqui aos problemas do desequilíbrio nem aos problemas da chamada viciação nas relações humanas. Estamos nos referindo a condições da personalidade humana reencarnada, muitas vezes portadora de conflitos que dizem respeito seja à sua condição de alma em prova ou à sua condição de criatura em tarefa específica.

De modo que o assunto merecerá muito estudo e poderemos voltar a ele em qualquer tempo que formos convidados... Porque nós temos um problema em matéria de sexo na humanidade, que precisaríamos considerar com bastante segurança e respeito recíproco.

Se as potências do homem na visão, na audição, nos recursos imensos do cérebro... nos recursos gustativos, nas mãos, na tatilidade com que as mãos executam trabalhos manuais, nos pés; se todas essas potências foram dadas ao homem para a educação, para o rendimento no bem, isto é, potências consagradas ao bem e à luz em nome de Deus, seria o sexo, em suas várias manifestações, sentenciado às trevas[616]*?"*

Lembrando que essa resposta do médium à espectadora presente, apesar de esclarecedora, foi extremamente ousada para a época, marcada de preconceitos seculares em relação ao tema. Note ainda o leitor amigo que Chico informou ao público presente, e a todos os telespectadores, com muita naturalidade, que o seu guia espirital, Emmanuel, é quem o orientava nas respostas, de forma também que a mediunidade e o espiritismo, desde então, passariam a ser vistos com mais respeito pelas pessoas. Da mesma forma, independentemente da religião professada, o médium passou igualmente a ser respeitado e admirado, em todo o Brasil, além de muito assediado pela mídia.

Ao encerrarem-se as perguntas dos entrevistados, Chico foi convidado então pelo apresentador, Almir Guimarães, a realizar uma psicografia ao vivo, caso isso fosse possível. O médium consentiu e, colocando-se em concentração, por instantes, psicografou em seguida um soneto do poeta paulista Ciro Costa[617], desencarnado em 1938 e autor do livro *Terra Prometida* (José Olímpio, 1938):

"Segundo Milênio

Apaga-se o milênio. A sombra deblatera.
Vejo a noite avançar, do anseio em que me agito.
Guerra e sonho de paz estadeiam conflito.
De polo a polo a dor reclama em longa espera.

Explode a transição no ápice irrestrito.
A cultura perquire; a crença se oblitera.

---

[616]Idem.

[617]Disponível em: <http://www.antoniomiranda.com.br/poesia_brasis/sao_paulo/ciro_costa.html> Acessado em: 6/7/2018.

A forma antiga, em luta, aguarda a nova era.
Roga-se tempo novo ao tempo amargo e aflito.

A civilização atônita, insegura,
Lembra um tesouro ao mar que a treva desfigura.
Vagando aos turbilhões de maré desvairada.

Entretanto, no mundo a nau que estala e treme,
A luz prossegue e brilha. O Cristo está no leme
Preparando na Terra a nova madrugada."

Finalizada essa psicografia, e retornando ao seu estado normal, Chico pediu licença ainda para fazer alguns agradecimentos, antes do programa encerrar. Agradeceu, então, aos amigos de São Paulo, à TV Tupi, aos presentes no auditório, a todos os telespectadores, aos seus entrevistadores e ao apresentador. Lembrou carinhosamente da cidade de Uberaba, que há 13 anos o acolheu e onde mantinha as suas atividades espíritas, na CEC. Finalmente, fez questão de homenagear todas as mães, naturalmente em razão das muitas cartas ele que recebia dos filhos desencarnados, e que tanto o sensibilizava, em especial a sua própria mãe, aquela que lhe deu a vida e o ensinou a orar, desde muito pequeno, a oração ensinada por Jesus.

Depois desses agradecimentos e das observações feitas, Chico encerrou o programa fazendo a oração do "Pai Nosso", sendo acompanhado por todos os presentes, e, muito provavelmente também pelos milhares ou milhões de telespectadores que o acompanhavam nas afiliadas da TV Tupi, pelo Brasil afora.

Via de regra, as preces na comunidade espírita onde conduzia seus trabalhos, e também em qualquer lugar onde se encontrava na divulgação do espiritismo, com ou sem atividade mediúnica, eram sempre espontâneas. Mas, naquele momento, até em respeito à comunidade católica brasileira, cuja estatística apontava como sendo a maioria no Brasil, parcela considerável dela certamente estaria assistindo ao programa nesta noite, Chico, portanto, fez questão de orar o Pai Nosso, oração basilar dessa religião.

O Ibope registrou nesse *Pinga Fogo*, com a presença de Chico Xavier, a impressionante marca de 75%. Ou seja, 75% das TV´s no Brasil inteiro estavam ligadas nesse programa[618]. Ele era então uma unanimidade nacional.

Na mesma semana de Chico Xavier no *Pinga Fogo*, o *Diário de S. Paulo*, publicou a íntegra da entrevista com o médium, na seção do "Jornal de Domingo". Em 22 de agosto, esse mesmo jornal, que mantinha, há mais de vinte anos, uma coluna de grande sucesso com o jornalista Herculano Pires, sobre espiritismo, criou também uma coluna dominical para Chico Xavier, denominada "Chico Xavier Pede Licença". Da mesma maneira, a revista semanal *O Cruzeiro*, de circulação nacional, e que tantos dissabores haviam causado ao médium, em 1944, no caso David Nasser, e, também, nas materializações de Otília Diogo, em 1964[619]. Outros órgãos de imprensa, especializados em rádio e TV e sem qualquer cunho de concorrência, fizeram também comentários elogiosos ao programa, assim como o ex-presidente do Sindicato dos Jornalistas Profissionais do Estado de São Paulo, e espírita nato, Herculano Pires.

Paralelamente a essas notícias, o hospital da amiga Aparecida Conceição, em Uberaba, do qual Chico era o principal benfeitor e protetor, passava nesse ano e mês (agosto) uma importante alteração estatutária, com a mudança institucional de seu nome: de "Hospital do Pênfico Foliáceo" para "Lar da Caridade". Isto porque, apesar da cura de muitos doentes, parte deles permanecia dependente da instituição ainda por anos, mesmo depois da alta, em razão dos preconceitos sociais e das necessidades materiais, e a instituição continuava prestando-lhes assistência, além de manter uma escola para filhos dos internos. Além disso, a instituição recebia também crianças carentes, inclusive encaminhadas pelo Meretíssimo Juiz de Menores de Uberaba[620]. Mas a lei mudara:

---

[618]Disponível em: <https://pt.wikipedia.org/wiki/Pinga-Fogo> Acessado em: 8/7/2018.

[619]RIZZINI, Jorge. *J. Herculano Pires*: O Apóstolo de Kardec. São Paulo: Paideia, 2000. cap. 17, Parceria com Chico Xavier.

[620]BUENO, Izabel. *Uma Vida de Amor e Caridade*. BH: Fonte Viva, 1988. cap. 21.

"*não podia mais ter a denominação de hospital porque o doente* permanecia ali, *no mínimo, cinco anos para encontrar a cura e, por lei, num hospital, ele só poderia ficar até 190 dias. Muitos permaneciam 10 a 12 anos internados, como uma das internas, que estava com* Aparecida *há 18 anos*[621]". A mudança estatutária deu, pois, legalidade aos serviços prestados, embora, na prática, eles continuassem os mesmos.

A repercussão pública de Chico Xavier no *Pinga Fogo*, levou ainda a Editora Cultural Espírita – Edicel – a publicar um livro, com comentários pertinentes dos editores responsáveis, intitulado *Pinga Fogo com Chico Xavier*. Dentre esses comentários, um afirmava entusiasticamente: "*Há um Brasil de antes e um Brasil posterior ao Pinga Fogo*[622]". Já Nena Galves foi mais específica em relação a isso: para ela, depois do *Pinga Fogo* com Chico, o espiritismo no Brasil poderia, sem dúvida alguma, ser dividido em "antes e depois de sua participação nesse programa"[623].

Voltando às atividades comuns, o próximo trabalho de Chico entregue aos leitores foi o livro de mensagens, por Espíritos diversos, intitulado *Mãe* (O Clarim). Parece que o intuito da espiritualidade com esse livro era reafirmar a importância do trabalho psicográfico de Chico junto às mães, que ele próprio as homenageara no final do *Pinga Fogo*.

Em outubro, Chico escreveu ao estimado jornalista Herculano Pires, sobrinho de Cornélio Pires, falando sobre suas crônicas no *Diário de S. Paulo*, aos domingos: "*estão admiráveis. A Doutrina Espírita sempre brilhando em seus conceitos e esclarecimentos com o equilíbrio, elegância, elevação e bom senso que lhe caracterizam os recursos de Missionário da Nova Revelação*[624]."

No mês seguinte, ainda sob o impacto do *Pinga Fogo* e da falação sobre Chico nas mídias, a revista *Realidade*, de circulação nacional e de grande aceitação pública, abriu espaço ao médium, para uma reporta-

---

[621]NOBRE, Marlene Rossi Severino. *Chico Xavier*: meus pedaços de espelho. 2ª ed. São Paulo: Fe, 2015. cap. 13, p. 129.

[622]Sem autoria. *Pinga Fogo com Chico Xavier*. Sobradinho (DF): Edicel. Questões a esclarecer. p. 15.

[623]GALVES, Nena. *Até sempre Chico Xavier*. São Paulo: CEU, 2009. cap. 7., item 2, p. 106.

[624]RIZZINI, Jorge. *J. Herculano Pires*: O Apóstolo de Kardec. São Paulo: Paideia, 2000. cap. 6, A verdade sobre o pseudônimo "Irmão Saulo".

gem de sete páginas ilustradas e com inúmeras fotografias[625]. Nessa reportagem, a *Realidade* apresentou ao público um eletroencefalograma (EEG) do médium Chico Xavier, em transe, realizado pelo dr. Elias. O resultado desse eletro era um tanto intrigante, conforme palavras do neurologista dr. Juvenal Guedes: "*Não é um eletro normal, absolutamente. Há uma descarga elétrica anormal produzida abaixo do córtex, que se irradia ora à direita, ora à esquerda, com predominância para a esquerda. Diante de uma ativação dessa descarga, o paciente pode chegar à convulsão do tipo epilético, ou equivalente (alheamento, sensação de ausência, automatismo psicomotor, sensação de já visto etc.)*". O mesmo dr. Elias, seguindo os passos dos grandes veículos, escrevia um livro, intitulado *Entrevistas* (IDE), e que reunia inúmeras entrevistas do médium, a partir de 1969, finalizando-o no início de dezembro desse ano (1971). Eis alguns dos muitos temas tratados nesse livro:

"Os três aspectos do Espiritismo

P — *Dos três aspectos doutrinários do espiritismo – o científico, o filosófico e o religioso –, qual o mais importante, no seu entender? Por quê?*

Chico — *Temos aprendido com os benfeitores da Vida Maior que todos os três aspectos do espiritismo são essencialmente importantes, entretanto, o religioso é o mais expressivo por atribuir-nos mais amplas responsabilidades de ordem moral, no trato com a vida*[626].

Loucura e obsessão – Tratamento

P — *De que maneira, Chico, os benfeitores espirituais consideram o tratamento da loucura ou da obsessão?*

Chico — *Eles consideram muitas vezes que, principalmente nós, os espíritas que tateamos o problema do desequilíbrio mental através da obsessão, precisamos compreender a necessidade do intercâmbio com a medicina. Trazem, por exemplo, a imagem de um piano como sendo o*

---

[625]Ibidem, cap. 17, Parceria com Chico Xavier.

[626]Entrevista concedida a Salvador Gentile e Elias Barbosa, na Comunhão Espírita Cristã, Uberaba, em 22 de agosto de 1970. In: XAVIER, F. C./Emmanuel. *Entrevistas*. Araras (SP): IDE, 1972. Encontro fraterno, item 34. Publicada também no *Anuário Espírita* de 1972, edição em castelhano.

corpo físico e se o piano se destrambelha, ele naturalmente necessitará do artista que vai, naturalmente, observar o problema da afinação, depois da melodia, a utilização do instrumento, roas, precisamos do técnico que vai sanar as defeitos existentes naquele organismo destinado a composições musicais. À vista disso, nosso corpo precisa da assistência médica, em todos os distúrbios que apresente. Isso, porém, não impede a nossa obrigação de cooperar no campo mental, com o influxo renovador das ideias edificantes, com a oração, com o otimismo, com as ideias de renovação, com o socorro da fé, como bálsamo da esperança, sem desprezar, de modo nenhum, a cooperação da ciência, através do socorro medicamentosa porque se o socorro medicamentoso está na Terra é também por permissão de Deus, precioso resultado da misericórdia de Deus. Os espíritas não podem desconhecer a importância da assistência médica em todo caso de loucura e muito principalmente no capítulo da obsessão, porque na obsessão, determinada mente ou determinadas mentes estão influenciando de modo negativo sobre o Espírito do obsidiado, mas o corpo do obsidiado sofre, também, as dilapidações consequentes e essas dilapidações devem ser regeneradas e só podem ser eficientemente regeneradas com a assistência médica. Isso não obsta o trabalho espírita, o trabalho das religiões, que se propõem a socorrer moralmente os nossos irmãos sofredores nesse setor das provações humanas.

A origem das moléstias

P — *Como é que os amigos espirituais interpretam a origem das moléstias mentais complexas como, por exemplo, a esquizofrenia? Ela terá cura?*

Chico — *Eles observam, muitas vezes, que nascemos com processos alusivos a moléstias chamadas incuráveis,como resultados de complexos de culpas adquiridos por nós mesmos em existências passadas. Por exemplo: um homem extermina a vida de outro homem e parte para o Além; a vítima perdoou ao verdugo, mas a consciência do verdugo não concordou com esse perdão, e ele continua com o remorso, com o problema da culpa a lhe estragar a tranquilidade íntima. Dessa forma, os pensamentos de remorso repercurtem sobre o corpo espiritual e determinam o desequilíbrio da distribuição dos agentes químicos do organismo, já que, em verdade, cada um de nós tem determinada farmácia na sua própria vida íntima e as substâncias químicas errem o seu nível ideal, particularmente no cérebro, a cabine por onde o Espírito se manifesta.*

Adquirindo culpas intensas e profundas, é muito natural que a criatura renasça com problemas de esquizofrenia, mas acreditamos que a ciência, mais tarde, segundo a necessária permissão do Alto, sanará perfeitamente a moléstia em descobrindo, com o amparo da misericórdia divina, o caminho para restabelecer o nível de distribuição das substâncias químicas no cérebro enfermiço, para que essa distribuição atinja a circulação desejável.

Pais e filhos

P — *Do ponto de vista da religião espírita, qual deve ser a conduta dos pais, em relação aos filhos-problemas e dos filhos em relação aos pais-problemas?*

Chico — *Os Espíritos amigos dizem, comumente, a nós outros, que precisamos de uma reformulação na Terra, dos nossos assuntos de ordem familiar. Não devemos constranger nossos filhos a sofrerem processos de violência, de nossa parte, tanto quanto os nossos filhos não devem criar semelhantes problemas para nós outros, quando assumimos os compromissos de pais na Terra.*

O impositivo de proteção à infância, no período mais tenro da reencarnação, é assunto de importância fundamental para a educação do Espírito que se reencarna na Terra; Não podemos desprezar a infância, em tempo algum, porque a infância levará para a frente o retrato de nossa própria conduta para com ela. E se abandonamos a criança exigindo, de futuro, que em plena mocidade, obedeça à força, o assunto se faz muito difícil.

Necessário que os pais conversem mais cordialmente com os seus filhos no clima da harmonia doméstica, dentro da própria casa e nunca adiar essas conversações para tempos de desastre sentimental. Frequentemente, os pais não se sentam com os filhos para um entendimento afável, para uma conversação mais doce, para que o intercâmbio da amizade se processe, para que o amor realize a sua obra divina nos corações, e bastas vezes, assumem atitudes atormentadas, quando os filhos ou as filhas mais jovens adquirem dificuldades ou problemas íntimos para a solução dos quais eles, os pais, não os preparam. Precisamos agora, mormente na atualidade quando se opera vasta revisão de valores domésticos, familiares e sociais, da prática de um amor sem limites, de uma tolerância imensa, – de nós todos, de uns para com os outros, – para que atinjamos um acordo geral de rearmonização e, então, iniciar uma era nova, em que a criança receba realmente aquele amparo de que necessite e a que tem direito, para que nunca venhamos a condenar indebitamente, os mais jovens[627]."

Em novembro, Chico voltou a escrever a Herculano Pires, num estreitamento do relacionamento com esse jornalista. Num determinado ponto de sua missiva, ele diz ao jornalista amigo: "*Creia que ouvir ou ler a sua palavra é para mim um privilégio, pois é a nossa Renovadora Doutrina que brilha em todos os seus conceitos, desde a sua abençoada conversação aos seus livros, que são, para nós todos, tesouros de cultura e consolação, esclarecimento e fé viva. Que Deus o abençoe e fortaleça, sempre e cada vez mais, juntamente com D. Virgínia e todos os seus entes amados*[628]".

Seguem anexas algumas produções de nossos amigos espirituais para a nossa coluna no Diário. *Digo "nossa", mas a verdade é que ela é propriamente sua, pois cada vez mais vejo nela a sua presença espírita, no Brasil e no mundo, tão edificantes e luminosas são aí todas as suas observações e todas as suas páginas*".

Afora esse novo mundo, em que a vida de Chico se abria ao assédio da mídia, aumentava para ele também os compromissos junto a instituições espíritas, com inúmeras tardes ou noites de autógrafos, com fins beneficentes e o permanente compromisso de divulgação do livro

[627]Entrevista com Francisco Cândido Xavier, na TV Anhanguera, Canal 2, Goiânia, Estado de Goiás, na noite de 6 de julho de 1971 – portanto, 22 dias antes do *Pinga Fogo*, na TV Tupi. Entrevistador dr. Delfino da Costa Machado. In: XAVIER, F. C./Emmanuel. *Entrevistas*. Araras (SP): IDE, 1971. Indagações oportunas, itens 98-100. Publicada também no *Anuário Espírita* de 1972 (IDE).

[628]RIZZINI, Jorge. *J. Herculano Pires*: O Apóstolo de Kardec. São Paulo: Paideia, 2000. cap. 17, Parceria com Chico Xavier.

mediúnico. Entrando o mês de dezembro, por exemplo, Chico participou de uma tarde de autógrafos no Instituto de Difusão Espírita de Araras[629]. Em ocasiões como essa, o médium autografava nada mais, nada menos do que milhares de exemplares, sem que, misteriosamente, sentisse qualquer cansaço[630]. Nessa tarde, ainda, em Araras, ele concedeu uma entrevista a Salvador Gentili, ladeado pelo dr. Elias. Numa das perguntas, o médium esclareceu um tema muito em voga na época, entre os cristãos, de que "os tempos eram chegados":

"Gentile — *Nosso caro Dr. Elias Barbosa, como o senhor entende a afirmativa que fazem de que os tempos estão chegados? Quais os sinais que o Senhor pode nos mencionar a este respeito?*

Chico — *Segundo Emmanuel, os tempos são naturalmente chegados, para que nós, por dentro de nós, façamos um compromisso real, efetivo, de renovação íntima, valorizando o tempo, na pauta dos conhecimentos superiores que já possuímos. Se aproveitássemos dez ou vinte por cento em trabalho, dos conhecimentos elevados de que já somos detentores, principalmente nós outros, os espíritas-cristãos, certamente que os tempos estariam chegados, para muita felicidade na Terra, começando, esta felicidade, em nós mesmos. Isso, porém, não é fácil. Construir por fora foi sempre algo fácil, mas edificar por dentro de nós as qualidades superiores que nos converterão em espíritos realmente enobrecidos, é muito difícil. Os tempos são chegados para que venhamos a perceber isso com mais clareza. Trabalhar e trabalhar pelo bem de todos, é o programa da criatura, em todos os tempos, de modo a penetrar no entendimento e na execução das Leis de Deus*[631]."

Depois do estupendo sucesso do *Pinga Fogo* do dia 28 de julho de 1971, nesse mês de dezembro, Chico foi novamente convidado a participar de mais um *Pinga Fogo*, que foi ao ar, ao vivo, no dia 21 de dezembro do mesmo ano. Desta feita, porém, uma curiosidade em sua parte comercial e

---

[629] XAVIER, F. C./Emmanuel. GENTILE, Salvador; ARANTES, Hércio M. C. (Orgs.). *A Terra e o Semeador*. Araras (SP): IDE, 1975. Problemas deste e doutro mundo, p. 57.

[630] SOUTO MAIOR, Marcel. *As Vidas de Chico Xavier*. São Paulo: Planeta, 1994. A vida desapropriada, p. 215-216.

[631] Ibidem, p. 63-64.

na distribuição: a TV Tupi juntou-se a uma cadeia de emissoras independentes, que transmitiram o programa em rede nacional, coisa totalmente incomum para a época[632].

A organização do programa também era bem diferente desta vez. O público novamente lotava o mesmo auditório, mas, desta feita, havia inúmeros jornalistas de várias emissoras e personalidades diversas do meio artístico e cultural se acotovelavam nas laterais do auditório. Diversos funcionários recebiam ligações dos telespectadores e anotavam suas perguntas, que seriam, posteriormente, dirigidas ao médium – foram mais de duzentas, durante o programa todo. A maioria delas não pôde ser respondida durante o programa, ficando o médium compromissado de respondê-las depois, em conformidade com o seu tempo, no *Diário de S. Paulo* e no *Diário da Noite*, do mesmo grupo. O apresentador era o mesmo do *Pinga Fogo* anterior, assim como o repórter e entrevistador Saulo Gomes. Os demais entrevistadores eram: Vicente Leporace, radialista da Bandeirantes, o professor e deputado federal Freitas Nobre (MDB), o engenheiro e parapsicólogo de renome internacional, Hernani Guimarães Andrade e o jornalista Durval Monteiro, do *Diário da Noite*. Saulo novamente levava o seu microfone às pessoas do auditório, a fim de que elas fizessem também perguntas avulsas.

Inicialmente, Almir Guimarães fez uma breve apresentação do médium para o público, exaltando a sua extraordinária obra mediúnica, a sua "*extraordinária humildade e seu extraordinário poder de comunicação*", dando em seguida início às perguntas. Os assuntos abordados foram inúmeros, sendo eles na sequência das perguntas: umbanda, Natal, reencarnação, Brasil atual (político e social), homeopatia, cirurgia plástica, manifestações aleatórias do dr. Fritz, diversidade das formas espirituais em outros mundos, perespírito, juventude e comportamento, pena de morte, congelamento do corpo, aura humana, transcomunicação, movimento hippie, milagres dos santos, transplante de órgãos, mortandade coletiva, morte pacífica, materialização de Espíritos e clarividência, manifestação e controle das informações transmitidas pelos Espíritos, casamento e divórcio, crescimento populacional x reencarnação, homossexualismo e transsexualidade, processo gestacional e reencarnação.

---

[632]Disponível em: <https://pt.wikipedia.org/wiki/Pinga-Fogo> Acessado em: 13/7/2018.

Dentre as muitas perguntas formuladas ao médium, como dissemos, algumas saíram do microfone de Saulo, levado a algumas pessoas do auditório, para que as mesmas fizessem a sua pergunta. A primeira delas foi uma mulher:

"Maria Arruda Carvalho — *Chico, nós sabemos que tudo tende a se aperfeiçoar. Seria possível saber se há algum inconveniente para as pessoas, para o perespírito das pessoas, que fazem operações plásticas assim do nariz, do queixo, de rugas... Se há algum inconveniente, no plano espiritual, para o perispírito dessas pessoas que se submetem a essas operações. Porque, às vezes, elas fazem benefícios para a personalidade das pessoas, que se sentem melhores. Nós queremos saber a opinião dos nossos irmãos espirituais. É possível?* (obs.: na época, havia muito preconceito com relação às operações plásticas.)

Chico — *Cremos que sim... Mas seria o caso de perguntarmos à rosa ou ao lírio por que é que eles são tão belos; perguntar à luz, porque que a luz brilha tanto. Se a providência divina nos concedeu a plástica regeneradora, naturalmente será para que venhamos a valorizar cada vez mais o veículo físico, pelo qual nós nos externamos na Terra. A plástica regeneradora com orientação médica é um fator de grandes estímulos psicológicos, para que a alegria de viver não feneça em nossos corações e para que possamos trabalhar com mais interesse, com mais estímulo no rendimento de nossa vida, para o bem de todos. A plástica regeneradora é muito legítima, tanto quanto a geriatria e a gerontologia, que chegaram no mundo pelas mãos da ciência, para que, depois dos quarenta anos, também saibamos facear o período de madureza com a saúde que possamos desfrutar. Porque nós não devemos ambicionar o suicídio prematuro através da inércia ou do descaso pela nossa apresentação pessoal*[633].

As perguntas em geral atendiam a indagações de muitos dos presentes e dos milhares de telespectadores, conforme assinalou o deputado Freitas Nobre em sua segunda pergunta dirigida ao médium:

[633] A entrevista completa deste *Pinga Fogo*, que foi ao ar na noite de 21/12/1971, poderá ser apreciada diretamente no YouTube ou em CD da Versátil Home Vídeo (Vídeo Spirite), com gravação remasterizada.

"Freitas Nobre — ...*Ora, admitindo-se a existência de vida em outros planetas, que forma poderia ter os habitantes dos seres viventes desses planetas? Podem os amigos espirituais responder através de Chico Xavier essas indagações que são de tantos e tantos telespectadores?*

Chico — *A pergunta de sua excelência, o nosso caro deputado federal, dr. Freitas Nobre, é uma indagação muitíssima atual. Dentro das minhas pequenas possibilidades mediúnicas tenho visto criaturas humanas desencarnadas carregando fenômenos semelhantes àqueles que presidem a vida em nosso corpo físico. Allan Kardec em determinado tópico de O Livro dos Médiuns fala sobre a diversidade da forma em outros planetas. E o nosso Emmanuel, no livro O Consolador, respondendo a uma pergunta nesse sentido, há trinta e dois anos passados, afirmou no livro que não podemos esperar de outros planetas formas físicas absolutamente iguais as do nosso mundo terrestre. Mas estamos numa época de indagações oportunas, de maravilhosas pesquisas do gênio humano das quais o nosso Camile Flammarion, na França, foi um grande e inesquecível pioneiro. Esperemos que a ciência se pronuncie e que nós possamos, do ponto de vista espiritual, pesquisar de nossa parte e estudar tanto quanto possível as ocorrências da sobrevivência humana para lá da morte física com os resultados, as consequências da vida que tenhamos empreendido neste mundo*[634].

Já Hernani Guimarães, presidente do Instituto Brasileiro de Pesquisas Psicobiofísicas, em São Paulo, formulou sua terceira pergunta, indagando ao médium se era possível contatar Espíritos por meio de aparelhos eletrônicos:

"Hernani Guimarães — *Chico Xavier, alguns cientistas europeus, como o dr. Constantin Reudvar, estão logrando obter, por processos eletrônicos, comunicações verbais com seres inteligentes de um outro mundo. Suspeita-se que tal mundo seja aquele habitado pelos que já viveram aqui e estão desencarnados. Pedimos a gentileza de nos informar se realmente já se está conseguindo tal intercomunicação eletrônica entre os vivos e os desencarnados, e, em caso afirmativo, perguntamos também*

[634] Idem.

se, futuramente, irá a humanidade conseguir ver desencarnados usando aparelhos eletrônicos, como por exemplo uma câmara espiritoscópica?

Chico Xavier — *Emmanuel sempre nos informa que cabe a nós todos formular os mais ardentes votos para que a ciência do mundo atinja esta realização. Até agora, o problema da comunicação entre os vivos, no plano físico, e os vivos além da Terra, tem-se verificado através de processos mediúnicos, com emprego da própria criatura humana, na condição de veículo medianímico. Mas esperemos que coletivamente sejamos merecedores de uma realização tão alta, porque quando pudermos espraiar a convicção da imortalidade da alma, sem o concurso deficiente de criaturas humanas, como eu mesmo, que tenho tido a tarefa de entrar em comunicação com amigos desencarnados, absolutamente, com profundo demérito de minha parte, quando nós chegarmos a esta condição de conquistarmos este processo de comunicação com fatores da ciência, naturalmente que a sobrevivência do Espírito trará um novo sentido à civilização cristã no mundo, compreendendo-se que o nosso Divino Mestre nos deu a lição da imortalidade, com a sua própria ressurreição*[635]."

Depois de quase três horas sucessivas do programa, embora o interesse e a viva atenção de todos em torno das respostas de Chico Xavier, o apresentador notou que todos mantinham, até aquele momento, uma fisionomia séria, tornando o *Pinga Fogo* daquela noite um pouco diferente do primeiro, onde as pessoas estavam mais descontraídas, inclusive o próprio médium. Assim, Almir Guimarães propôs ao entrevistado que contasse uma passagem engraçada de sua vida, a fim de fazer o público relaxar e, talvez, até rirem um pouco:

"Almir Guimarães — *O Chico faz questão que se saiba que ele é de família muito humilde, o pai dele era vendedor de bilhetes e quando estava se aproximando do fim, estava próximo de deixar a Terra, ele disse ao Chico: "Olha meu filho, por ocasião do Natal, ano bom e esses grandes prêmios da loteria federal, você não deixe de comprar um bilhetinho porque eu vou tentar parar a roda. Agora você continua...* (risos)

Chico — *De fato, o caso é um caso tocado de humor. De início devo*

---

[635] Idem.

explicar que isso não significa qualquer desdouro à memória de meu pai, porque ele foi para mim o melhor amigo, ele era pai de quinze filhos, duas famílias, nove da primeira família, seis da segunda, e nos tratava a todos na condição de um grande companheiro, que nos queria ver muito alegres e muito animados para viver e para trabalhar. Então podemos rir, porque eu sei que ele tendo conhecimento no mundo espiritual, do que eu vou contar, ficará satisfeito e se rirá também muito conosco, porque meu pai era muito alegre neste mundo, e continua também muito contente e muito otimista no outro.

Mas, em 1939, atravessávamos um período de muita dificuldade em nossa família, muitas lutas, morte de irmão, que nos deixava a viúva com dois órfãos, seis crianças menores, três não muito menores, mas também ocupando a nossa atenção, e meu pai e eu trabalhando. Meu pai era um homem muito arrojado para facear os tropeços da vida, mas não tendo muitas letras ele teve muita dificuldade em prosseguir no emprego que ele ocupava, no ano de 1925.

Então, desde essa data, sentindo muita dificuldade para sobreviver como trabalhador, ele se entregou à profissão de cambista. Vendia bilhetes de loteria, e vendeu bilhetes de loteria por mais de trinta anos consecutivos. Mas, enfim, em 1939, meu pai caiu em estado grave com um reumatismo muito renitente. Esse reumatismo impôs a ele uma certa paralisia durante algum tempo.

Nessa ocasião, as duas pessoas que trabalhavam em casa éramos ele e eu. Mas não conseguíamos muita coisa, além dos duzentos mil réis, antes do cruzeiro, de modo que os médicos aconselharam que ele usasse um tipo de injeção que naquele tempo eram chamadas de injeções de ouro. Eu não sei classificar do ponto de vista de farmacologia o termo exato, mas cada injeção custava naquele tempo cento e cinquenta mil réis. Ele era obrigado a usar duas por mês. Então, o nosso numerário dava mais ou menos para as duas injeções, e ficamos atrasados com as despesas da família durante quase um ano. Porque as injeções restituíram a ele a saúde, ainda por muito tempo.

Mas no ápice da moléstia, saiu a lume a obra Brasil, Coração do Mundo, Pátria do Evangelho, de autoria de um dos nossos maiores escri-

tores desencarnados no Brasil (Humberto de Campos). *E amigos de Belo Horizonte chegavam em nossa casa comentando o êxito do livro, porque o livro estava sendo muito bem aceito. Meu pai ouvia tudo aquilo com muita curiosidade. Então, um dia, ele estava assim sem poder manejar as mãos nem as pernas, até que as injeções de ouro o restabeleceram, então aquele banho, aquele movimento de arranjo no leito, esses movimentos eram feitos por nós, ele e eu, a sós. Então ele me disse: "Chico eu soube que esse livro que saiu de você foi entregue a benefício das almas, e nós também somos almas. (risos) Dizem também que você entregou este livro a benefício da pobreza e, eu creio que não existem pobres mais pobres do que nós agora.* (risos) *Então você podia agora arranjar um livro pra nós ganharmos algum dinheiro, porque nós estamos muito atrasados no armazém".*

Eu disse assim: "Papai, o senhor não deve pensar nisto, porque o senhor sabe, nós temos muitos amigos, todos nos ajudam, mas como paga, vender o trabalho dos bons Espíritos, isto não é possível, eles não permitem isto. Nós estamos na mediunidade, com absoluto desinteresse, os livros são deles, não são nossos, e eu peço ao senhor para não pensar nisso não. E o senhor não fica preocupado com isto, porque suas filhas, minhas irmãs, os filhos, nossos pequenos vão crescer, isto tudo vai melhorar, nós todos vamos trabalhar, e na hora da dificuldade nós todos devemos, mas depois pagamos, e os nossos amigos de Pedro Leopoldo são sempre boníssimos, eles vão nos ajudar, os nossos credores."

Ele disse: "Mas, meu filho, você não pode receber, um tostão destes livros?" Eu falei assim: "Como paga, meu pai, não posso receber." Ele então disse: "Meu filho, então seus Espíritos estão muito atrasados." (risos) "Isto é, gente que *já morreu há muitos mil anos", "no tempo que nada tinha preço". (risos) E meu pai, que não entendia bem de literatura, nem deste mundo nem do outro, me disse assim: "Imagine que eles são tão antigos, que em vez de eles assinarem Manuel, eles assinam Emmanuel.* (risos) *Isso* é *gente do Egito,* é *gente que não conheceu rádio, que não conheceu preço de feijão, porque eu acho que estes Espíritos, se eles são caridosos, deviam ter dó de nós."* (risos) *Então eu fiquei assim constrangido, porque de fato era meu pai, aquela queixa dele era a queixa de um doente, que eu não podia transmitir a ninguém, não é?*

*Então ele viu que eu fiquei assim muito triste, com os olhos cheios d'*água, *e tal, mas ele era muito bom, então ele falou comigo assim: "Olha, eu não vou te acariciar, porque minhas mãos não estão funcionando, mas não fica triste com o que eu falei, não. Segue para frente com seus livros, com seus Espíritos, porque eu vendo bilhetes de loterias, e naturalmente que breve eu vou partir para o outro mundo, e eu a hora que morrer, meu filho, vou parar a roda para você. Quando for o mês de junho, mês de dezembro, você compra bilhete da Loteria Federal, que eu vou parar a roda e as bolas para você ganhar."* (risos) *Então até hoje eu compro, não é?...* (risos) *Eu creio em meu pai, quem sabe? É lícito. A Loteria Federal é autorizada pelo nosso governo... Eu continuo comprando... Não muito, mas eu, em junho e dezembro, eu compro*[636]. (risos)"

Depois dessa passagem anedótica, da roda e o fato de Chico jogar na loteria, em respeito ao falecido pai, que foi vendedor de bilhetes da loteria federal, o médium disse que, após passar tantas dificuldades e adversidades na vida, num passado distante, o importante era ver, naquele momento, a sua família estabilizada e feliz. Esse era o maior prêmio que poderia receber na vida.

No encerramento do programa, como da vez anterior, Chico foi convidado a psicografar, caso isso fosse possível. Após instantes de concentração, deslizou o lápis com celeridade sobre o papel, que eram trocados por Almir Guimarães. Por fim, terminada esta operação, Chico leu para todos o que havia psicografado: um poema do poeta baiano Castro Alves, desencarnado em 1871, trazendo a sua inconfundível marca nos versos: visão humanitária e nacionalista, com foco nos fatos históricos e sociais e num tom épico:

"Brasil

Brasil, o Mundo a escutar-te
Pergunta hoje: "O que é?"
Ah! Terra de minha vida,
Responde às Nações de pé!

---

[636] Idem.

Das montanhas altaneiras,
Dentro das próprias fronteiras,
Alonga os braços — Sansão!...
Sem prepotência ou vanglória,
Grava no Livro da História
Novo rumo à evolução!

Contempla a sombra da guerra,
Dragão de lodo a rugir
Envenenando a Cultura,
Ameaçando o Porvir!...
Fala — assembleia de bravos
Aos milhões de homens escravos,
Sábios, loucos Prometeus...
Do píncaro a que te elevas
Dissolve os grilhões das trevas
Na Fé que te induz a Deus!...

Brada — gigante das gentes
Proclama com destemor
Que o Cristo aguarda na Terra
Um novo Mundo de Amor!...
Ante as grandezas que estampas
Os mortos voltam das campas
Sublimando-te a visão...
Ao Progresso, Fernão Dias!
O Dever mostra Caxias,
Deodoro a renovação!...

Dos sonhos de Tiradentes,
Que se alteiam sempre mais,
Fizeste Apóstolos, Gênios,
Estadistas, Generais...
De todos os teus recantos
Despontam palmas de santos,
Augustos pendões de heróis!...
Astros de brilhos tamanhos,
Andrada, Feijó, Paranhos
Em teus céus brilham por sóis!...

Desde o dia em que nasceste,
Ao fórceps de Cabral,
O Tempo se iluminou
Na Bahia maternal!...
Hoje, que o Mundo te espera
Para as leis da Nova Era,
Por Brasília envolta em luz,
Que em ti a vida se integre,
De Manaus a Porto Alegre,
No Espírito de Jesus!...

Ao resguardar o Direito,
Mantendo a Justiça e o Bem,
Luta e rasga o próprio peito,
Mas não despreza ninguém...
Levanta o Grande Futuro,
Ergue, tranquilo e seguro,

A Paz nobre e varonil!...
A Humanidade que chora
Clamando: "Senhor... e agora?"
O Cristo aponta: "Brasil[637]*!..."*

A duração desse segundo *Pinga Fogo* atingiu a estupenda marca de quatro horas e vinte e cinco minutos, uma hora a mais do que o primeiro, com mesma audiência fenomenal, na faixa de 75%[638]. E tamanho o interesse das pessoas em querer ouvir Chico falar, ouvindo-o sempre com muito respeito e quase em estado de êxtase, que, no final do programa, o radialista Vicente Leporace, um dos mais respeitados na época – ele apresentava o programa diário *O Trabuco*, de grande audiência em São Paulo –, fez questão de pedir um autógrafo ao médium, num livro de sua autoria[639].

O aumento da procura pelas cartas-mensagens, a parceria com Herculano Pires, as críticas indevidas, os eventos públicos e beneficentes, os títulos de cidadania e as homenagens

Depois dessa segunda entrevista no programa, podia-se repetir novamente o pensamento de Nena Galves, dito logo após o primeiro *Pinga Fogo*: O espiritismo no Brasil poderia, sem dúvida alguma, ser dividido em "antes e depois de sua participação nesse programa[640]". Marlene Nobre observou ainda que, após a participação de Chico nesse programa, a

[637]Idem.

[638]Disponível em: <https://pt.wikipedia.org/wiki/Pinga-Fogo> Acessado em: 19/7/2018.

[639]A entrevista completa deste *Pinga Fogo*, que foi ao ar na noite de 21/12/1971, poderá ser apreciada diretamente no YouTube ou em CD da Versátil Home Vídeo (Vídeo Spirite), com gravação remasterizada.

[640]GALVES, Nena. *Até sempre Chico Xavier*. São Paulo: CEU, 2009. cap. 7, item 2, p. 106.

recepção das cartas-mensagens de familiares desencarnados cresceram bastante[641], especialmente de filhos para suas mães, às quais o médium tinha imenso respeito e carinho, pela dor e sofrimento que passavam.

A bem da verdade, em 1935, Chico Xavier, ainda moço, viveu momento parecido, de grande repercussão nacional, através da cobertura especial do repórter Clementino de Alencar, para o jornal carioca *O Globo*, que perdurou da metade de abril até o final de junho desse ano[642]. A diferença é que naquele tempo não existia ainda a televisão – sem dúvida alguma, um meio de comunicação de massa de maior dinamismo e poder de influenciação do que a imprensa escrita, devido suas características da imagem falada e da aparente proximidade com o telespectador.

Depois do *Pinga Fogo* com Chico, muita gente, mesmo sendo de outras religiões, se encantou com o espiritismo, não importando a idade[643], pela naturalidade e lógica com que essa doutrina encara a vida e a morte, sem dogmas nem mistérios[644]. Quem já era espírita, por sua vez, não tirava Chico da cabeça, após seus pronunciamentos sábios e seguros sobre quaisquer assuntos. O jovem uberabense Carlos Baccelli, por exemplo, de apenas de 18 anos e frequentador da Casa Espírita Bittencourt Sampaio, após ver Chico na TV, começou a frequentar também a CEC, se esforçando em fazer parte do seu quadro de expositores[645]. Admirava-se de estar perto do dedicado e humilde servidor de Jesus: um homem "*sincero, transparente, autêntico,* que *não fazia tipo, não jogava com as pessoas* e *era completamente destituído de interesses materiais; ele era diferente de todas as pessoas que* havia conhecido, até então[646]".

---

[641]NOBRE, Marlene Rossi Severino. *Chico Xavier*: meus pedaços de espelho. 2ª ed. São Paulo: Fe, 2015. cap. 31, p. 256.

[642]ALVES, Elifas. *Chico, as origens*. São Paulo: Aliança, 2015. Repercussões de O Globo, p. 117-133.

[643]O autor desta obra, na época, tinha apenas 13 anos de idade, mas assistiu o programa com o interesse de um adulto.

[644]Muitos foram os que, também, após o *Pinga Fogo* com Chico, passaram a se interessar pelo espiritismo ou se tornaram espíritas – vide o depoimento do empresário e cineasta Oceano Vieira Melo, Disponível em: <https://www.youtube.com/watch?v=GU5PTk8anPE>, acessado em: 20/7/2018.

[645]BACCELLI, Carlos A. *Chico Xavier*: a reencarnação de Allan Kardec. Uberaba: Leep, 2005. Entrevista acerca de Chico Xavier, p. 208.

[646]Ibidem, p. 209.

Não demorou muito, Chico pediu que trouxessem Baccelli até ele. Quase não acreditou. O médium tomou demoradamente uma de suas mãos disse: "*Então você é o nosso Baccelli? Há muito tempo venho ouvindo você falar de longe...*[647]". Com essas palavras, Chico se referia ao trajeto que o jovem Baccelli cumpria a pé, falando baixinho consigo mesmo, como se estivesse treinando para uma fictícia palestra a ser dada. O jovem Baccelli nada tinha falado sobre sua vida em particular, e se emocionou bastante com a antena psíquica do médium. Assim, cada vez mais, foi se aproximando de Chico e da CEC, até vir a participar da mesa nas reuniões públicas como palestrante. Impressionava-o também o suave perfume que emanava de Chico, promovido pelo Espírito Sheila, da mesma maneira que, na sala de passes, via a água se transformar em substância leitosa, chegando, *às vezes*, a borbulhar. "*Era um fenômeno impressionante*[648]!".

Como se sabe, a íntegra do primeiro *Pinga Fogo* foi publicada em livro pela Edicel, cujo editor, Frederico Giannini, tinha também editado o livro de Herculano Pires *Os Três Caminhos de Hécate*[649] (1962), de crônicas suas no *Diário de S. Paulo*. Entretanto, Herculano, após o segundo *Pinga Fogo*, de dezembro, tomou a iniciativa, antes de qualquer outro, de transcrever a íntegra do programa, transformando-o igualmente em livro. Esta obra foi publicada pela Federação Espírita do Estado de São Paulo – Feesp –, no início de 1972, com um título bastante chamativo para a época – tema de uma das perguntas dirigidas ao médium no *Pinga Fogo*: *Dos Hippies aos Problemas do Mundo*[650]. A afinidade de Chico com o sobrinho de Cornélio Pires ia se estreitando com vistas a outras parcerias futuras.

A primeira produção mediúnica no ano de 1972, aconteceu, como habitualmente no mês de janeiro: *Através do Tempo* (Lake), por Espíritos diversos, que reunia meia centena de mensagens recebidas entre os anos de 1945 e 1971, em comunidades espíritas de diversas cidades – portanto,

---

[647]BACCELLI, Carlos A. *Trajetória de um médium*. Uberaba: Leepp, 2011. 3 – Amizade com Chico Xavier, p. 32.

[648]Ibidem, p. 32-43.

[649]RIZZINI, Jorge. *J. Herculano Pire* : O Apóstolo de Kardec. São Paulo: Paideia, 2000. cap. 17, Parceria com Chico Xavier.

[650]Idem.

um registro histórico importante, no contexto da mediunidade de Chico Xavier. Em abril, foi a vez de *Mãos Unidas* (IDE), de Emmanuel, no qual ele afirma que somente através das "*mãos entrelaçadas, conseguiremos alcançar as realizações do trabalho e do estudo que nos farão atingir os elevados objetivos a que estamos todos destinados, nos caminhos do aperfeiçoamento e da evolução*[651]". Observe, pois, o conteúdo desse livro em uma de suas cinquenta mensagens:

"Sobrevivência

Enquanto encarnados no Planeta Terrestre, um tipo de sobrevivência nos interessa, sobremaneira, além daquele para o qual se nos dirigem os pensamentos para lá da morte física: a sobrevivência, depois de rudes golpes sofridos. Particularmente, no mundo moral, semelhantes provas repontam com frequência.

É o prejuízo inesperado, a confiança escarnecida, a perseguição com que se não contava, a incompreensão de pessoas queridas.

Noutros lances da existência, é ruptura de laços afetivos, a transformação violenta que os desastres impõem, o obstáculo imprevisto, os pensamentos da solidão.

Em todos esses episódios amargos, lembrando trechos incendiados de caminho, a criatura é habitualmente induzida a processos de angústia dos quais se retira, quase sempre em perigoso desgaste.

(...)

Aprendamos a observar que o desequilíbrio é precursor provável de doença que, não raro, termina com a desencarnação prematura e procuremos certificar-nos de que, nas lutas com que somos testados, na Terra e fora da Terra, na escola da experiência, é necessário saibamos não somente a viver e aperfeiçoar, mas também a suportar e sobreviver."

Em maio, outro livro, por Espíritos diversos, apresenta o registro

---

[651] XAVIER, F. C./Emmanuel. *Mãos Unidas*. Araras (SP): IDE, 1975. Mãos Unidas (intr.), p. 11.

histórico de mensagens, abrangendo o período de 1937 até 1972: *Taça de Luz* (Feesp), reunindo também cinquenta temas, todas psicografadas em reuniões públicas, principalmente no Centro Espírita Luiz Gonzaga, fundado por Chico e alguns amigos em 1927[652].

Em primeiro de junho, finalmente, foi efetivada a primeira parceria entre Chico e Herculano Pires com a publicação do livro *Chico Xavier Pede Licença* (Geem). Herculano diz nesta publicação: "*Este livro* se *originou da seção dominical "Chico Xavier Pede Licença – Um aparte do Além nos diálogos da Terra", que o Diário de S. Paulo começou a publicar em 22 de Agosto de 1971* (portanto, quase um mês após o primeiro *Pinga Fogo*). *O material aqui encerrado vai dessa data* até *21 de maio de 1972*[653]". Ou seja, o livro traz mensagens do médium em sua coluna, seguido dos comentários de Herculano Pires na sua como Irmão Saulo. A relação entre Herculano e Chico, dessa forma, ia se estreitando, cada vez mais, a ponto de o jornalista visitar Chico em Uberaba e participar das sessões privativas de desobsessão, a convite do médium[654]. A propósito, no âmbito dessas reuniões privativas, aconteceu que o companheiro João Cuin não pôde mais participar delas, a partir desse ano, por injunção de sua atividade profissional, na Secretaria de Estado da Fazendo de Minas, quando foi transferido para outra localidade[655].

No início de junho, foi finalizado o último livro do ano, *Mãos Marcadas* (IDE), em cujo conteúdo Albino Teixeira se apresenta com essa mensagem, dentre as quarenta nele contidas:

"Elevação espiritual

A elevação espiritual não se nos incorpora à vida:

nem pela prosperidade;

---

[652]ALVES, Elifas. *Chico, as origens*. São Paulo: Aliança, 2015. Dos 17 aos 21 – Aprendizagem e ensaios, p. 72.

[653]XAVIER, F. C.; PIRES, Herculano. *Chico Xavier Pede Licença*. Geem, 1972. Os apartes do Além (Intr.), p. 13.

[654]CUIN, João. *Chico Xavier*: amor e sabedoria. São Paulo: DPL, 2006. cap. 15, p. 55.

[655]Ibidem, p. 54.

nem pela carência nem pelo renome;

nem pela obscuridade nem pela cultura intelectual nem pela insipiência nem pela autoridade humana;

nem pela condição de subalternidade;

nem pelo ajustamento à vida considerada normal;

nem pelos conflitos psicológicos que se carregue;

nem pelos amigos;

nem pelos adversários nem pelo apoio do elogio;

nem pelo desapreço da injúria.

A elevação íntima depende unicamente de nossa reação pessoal ao aceitar e usar para o bem tudo isso."

De 17 a 25 de junho de 1972, aconteceu no Museu de Arte Contemporânea, no Ibirapuera, a II Bienal do Livro de São Paulo. No último dia do evento, Chico e Herculano lá estavam autografando seus últimos lançamentos: *Dos Hippies aos Problemas do Mundo* e *Mãos Unidas*. A média de visitantes diária era em torno de cinco mil pessoas com uma quantidade enorme de livros autografados pelo médium[656], das 14h até as 7h da manhã seguinte[657].

Ainda nesse mês de junho, Chico proferiu palestra no Colégio Militar do Rio de Janeiro[658], e, até o final do ano, receberia dois títulos de cidadania de importantes cidades brasileiras: no dia 25 de setembro, esteve no Rio de Janeiro, recebendo o título de Cidadão do Estado da Guanabara[659] e, no dia primeiro de outubro, foi a Campinas (SP) para receber o título de Cidadão Campineiro, "*pelos relevantes serviços prestados a essa cidade, nos setores filosófico, filantrópico, espiritual e cultural*[660]".

[656]NOBRE, Marlene Rossi Severino. *Chico Xavier*: meus pedaços de espelho. 2ª ed. São Paulo: Fe, 2015. cap. 33, p. 269.

[657]ARAIA, Eduardo. *Chico Xavier*: Uma missão de amor. São Paulo (SP): Claridade, 2010. cap. 2, p. 47.

[658]GALVES, Nena. *Chico Xavier*: luz em nossas vidas. São Paulo: CEU, 2012. Palestra de Chico Xavier no Colégio Militar do Rio de Janeiro – 1972, p. 139.

[659]Disponível em: <http://chico-xavier.net/index.php?/topic/442-homenagens-recebidas-por-chico-xavier-durante-sua-vida-carnal/> Acessado em: 23/7/2018.

[660]Idem.

Entretanto, Chico só passou a aceitar tais títulos e homenagens depois de obter a autorização de Emmanuel para isso[661]. Não foi por conta própria ou por vaidade pessoal. Pelo contrário. Desde a primeira cidadania por ele recebida, da cidade de Uberaba, em 1969, comparecia a esses eventos sempre esclarecendo que o fazia como um mero representante da doutrina de Kardec e na condição de médium dos Espíritos. Também afirmava que as homenagens e os títulos recebidos não lhe pertenciam; pertenciam, sim, à doutrina espírita e aos espíritas. Ele, Chico Xavier, dizia ser apenas um cabideiro dessas homenagens e títulos[662]. Tudo isso, contudo, passou a acontecer somente após sua participação no *Pinga Fogo*.

O próximo título de cidadania recebido por Chico foi outorgado pela Câmara Municipal de São Paulo, a capital do estado mais rico da federação brasileira, no dia 21 de dezembro. Todavia, não podendo o médium estar presente nessa data, a edilidade paulistana decidiu deixar a entrega do título para o ano seguinte, num momento oportuno[663].

Antes, porém, dessa homenagem de a edilidade paulistana acontecer, além de outras homenagens públicas, um colaborador da Federação Espírita do Estado de São Paulo, o dr. Ary Lex, preocupado com o número anormal delas, solicitou à diretoria da União das Sociedades Espíritas do Estado de São Paulo – Use – que esta se posicionasse com relação a elas. Se elas seriam boas ou não, tanto para o médium quanto para o movimento espírita[664].

Indignado com essa atitude de Ary Lex, Herculano Pires escreveu longa carta em defesa do pedroleopoldinense, endereçada à mesma diretoria da Use, insinuando que a postura desse confrade era farisaica ("*A humildade espírita não é nem pode ser farisaica*", declarou). Disse ainda o

---

[661]Vide última pergunta de Vicente Leporace, em vídeo completo no YouTube. In: Disponível em: https://www.youtube.com/watch?v=qJqs7R7y8IE Acessado em: 23/7/2018.

[662]XAVIER, F. C./Emmanuel. *A Terra e o Semeador*. Araras (SP): IDE, 1975. Encontro com Marilyn Monroe, p/r 126; NOBRE, Marlene Rossi Severino. *Chico Xavier*: meus pedaços de espelho. 2ª ed. São Paulo: Fe, 2015. cap. 37, p. 298.

[663]GALVES, Nena. *Chico Xavier*: luz em nossas vidas. São Paulo: CEU, 2012. Cerimônia de recebimento do Título de Cidadão Paulistano – Câmara Municipal de SP, p. 114; BACCELLI, Carlos A. 100 Anos de Chico Xavier. Uberaba: Leepp, 2010. São Paulo – Discurso histórico, p. 297.

[664]GALVES, Nena. *Até sempre Chico Xavier*. São Paulo: CEU, 2009. cap. 7., item 3, p. 114-115.

jornalista, no item 2 dessa carta: "*Os títulos de cidadania a ele concedidos constituem reconhecimento público e oficial de valor social, cultural e religioso de seu apostolado mediúnico, o que vale dizer reconhecimento público e oficial, espontâneo, do valor do Espiritismo em seu aspecto evangélico*[665]". E finalizou: "*As homenagens são justas e válidas. Muito mais válidas para o Espiritismo do que para a pessoa de Chico Xavier*[666]".

Além de Ary Lex, outro confrade, desconhecido no movimento espírita, escreveu também a Chico, indagando-o sobre a questão de ele passar a usar peruca – isso aconteceu ao tempo do *Pinga Fogo*. Aliás, muitas pessoas passaram a fazer o mesmo tipo de pergunta, algumas achando que o mosquitinho da vaidade havia atingido o médium. Chico, então, respondeu ao questionador:

"— *Compreendo a sua situação, diante das assembleias de nossos companheiros de ideal, quando lançam indagações a meu respeito. Peço a você não se preocupar em defender-me. De minha parte, nunca passei recibo em elogio algum com que me queiram adornar e, sempre que me vejo em contatos públicos, não perco tempo em afirmar e reafirmar que não passo de um animal em serviço. Todos os que me atribuam santidade ou liderança estão enganados por eles mesmos, não por mim. Respeito o seu ponto de vista,quando às perucas que estou usando precisamente há quase dois anos,entretanto posso dizer a você que não tive outro recurso. De oito anos para cá, a minha calvície se tornou para mim um tormento. Além de partes feridas na parede óssea do crânio, a sinusite se fez implacável, por mais incessante o tratamento. Passando por três cirurgias de trato renal, em 1968, médicos amigos, obversando-me o problema da cabeça, aconselharam-me a implantação ou o uso permanente de boina. Legiões de amigos me desaprovaram a "calvície ferida exposta", asseverando-me que o comparecimento de minha parte, em tais condições nas reuniões públicas era desrespeito aos grupos de pessoas que nos visitam. Depois de alguma relutância, passei a usar boina. E fiz isso por mais dois anos consecutivos. Entretanto muito de nossos próprios confrades, em visita a Uberaba, especialmente senhoras, muitas e muitas vezes, enquanto me*

[665] Idem, p. 116-118.

[666] Ibidem, p. 118.

mantinha sentado, por longo tempo, para autografar livros, retiravam a boina de minha cabeça para escreverem no meu próprio crânio, palavras ou ditos, em muitas ocasiões até mesmo muito impróprias ou muito infelizes, o que faziam a giz colorido, sem que eu nada pudesse reclamar, porque,diziam, procediam assim a título de carinho. Diante dessa situação embaraçosa, tentei a implantação(capilar), mas isso não podia ou não pode ser feito com muito rendimento, porque devo aproveitar os poucos cabelos que me restam. Cobri a região implantada com boina protetora, mas os amigos continuaram a subtrair-me a boina para ver-me a calva, algo renovada, mas ainda ferida, e muitos, porque isso sucedeu com não poucos, enquanto me achava com calma possível nos autógrafos, me puxavam cabelos, declarando que assim faziam para conservar alguma lembrança minha. Reclamar como? Optei pelo uso da peruca a acertei. Os esparadrapos que a seguram não são facilmente arrancáveis. Fiz isto, no entanto, publicamente, expliquei a todos os companheiros que assim procedia pelos motivos que lhes dou ciência. E não podia ser de outro modo, porque a minha idade, 62 para 63 anos, é repetida periodicamente nas publicações do nosso movimento. E desse modo, meu caro amigo, ainda que meu caso possa proporcionar a você alguns momentos de bom humor, pelo pitoresco de que se reveste, passei a usar peruca agrisalhada, de acordo com a minha idade, como faço uso de prótese dentária. E assim, como me é possível, vou tocando a vida e o meu pequenino trabalho para frente[667]*."*

Mas fora do movimento espírita havia pessoas também que se incomodavam com as muitas homenagens dadas ao médium mineiro. "*Os bispos dom Aloisio Lorscheider, dom Ivo Lorscheider, dom Avelar Villela Brandão e dom Eugênio Salles criticavam a `excessiva publicidade´ dada a Chico Xavier e sugeriam ora que ele agia de má fé, ora que ele ingenuamente atribuía a Espíritos obras que eram de sua própria autoria*[668]". O padre Quevedo (parapsicólogo), por sua vez, alegava que os chamados fenômenos mediúnicos não passavam de fenômenos da mente.

O médium participou ainda esse ano (1972), como personalidade convidada, do chá beneficente anual promovido por Mercedes Sponda. Esse evento,

---

[667]BACCELLI, Carlos A. *As bênçãos de Chico Xavier*. Uberaba: Leepp, 1998. item 41, p. 34-36.

[668]ARAIA, Eduardo. *Chico Xavier*: uma missão de amor. São Paulo (SP): Claridade, 2010. cap. 2, p. 47.

como já se disse, contava com a participação de famosos do meio artístico e cultural como Agnaldo Raiol, Sérgio Cardoso, Dionísio Azevedo e Flora Geny, Jair Rodrigues, Vicente Leporace, Fausto Rocha, Clodovil Hernandez, Denner, Joelma, Peri Ribeiro, Ronnie Von, Wanderleia, Francisco Egídio, Lolita Rodrigues e tantos outras personalidades da época. Como no *Pinga Fogo*, Chico, antes do evento terminar, realizou uma psicografia, ladeado por Marlene Nobre e seu marido, o deputado federal Freitas Nobre[669].

1972 foi realmente um ano atípico para Chico Xavier, tendo ele que dedicar boa parte de seu tempo a eventos e participar de entrevistas, a maioria deles em lugares distantes de Uberaba, o que o impedia de comparecer aos trabalhos rotineiros na CEC. Mas a dedicação aos livros e ao público, tanto dentro como fora da CEC, continuava sendo a mesma, com muito amor e respeito às pessoas, atravessando longas tardes ou noites de autógrafo e vivenciando momentos de união e espiritualidade com os menos favorecidos. Essas reuniões normalmente entravam na madrugada adentro, com o médium tendo poucas horas de sono. Mas, independentemente disso, ele levantava sempre religiosamente às sete horas da manhã[670].

Apoio a novos trabalhadores e instituições afins, o título de cidadania paulistana e outras homenagens, novas críticas e mais entrevistas e aparições na TV

Mais para o final desse ano (1972), encontrava-se na fila de espera, para receber orientação espiritual do médium, Eurícledes Formiga, conhecido jornalista da *Folha de São Paulo*, poeta, repentista e professor de folclore na Universidade de Brasília, festejado em todo o Brasil por grandes nomes da música e da cultura como Mario Quintana, Darcy Ribeiro, Silvio Caldas, Jacob do Bandolim e muitos outros. Desde os

[669]NOBRE, Marlene Rossi Severino. *Chico Xavier*: meus pedaços de espelho. 2ª ed. São Paulo: Fe, 2015. cap. 42, p. 339-340.

[670]BARBOSA, Elias. *No Mundo de Chico Xavier*. Araras: IDE, 1967. cap. 9, p. 102-104; NOBRE, Marlene Rossi Severino. *Chico Xavier*: meus pedaços de espelho. 2ª ed. São Paulo: Fe, 2015. cap. 37, p. 296-297.

anos 1960, Formiga era vítima de Espíritos perturbadores, que lhe infernizavam a sua vida, de forma inconsciente, para o desespero de sua esposa, Annabel, e dos filhos. Em 1970, esteve com o médium Divaldo Pereira Franco, na Bahia, que o alertou do compromisso mediúnico que tinha, ainda que não fosse admitido por ele. Da mesma forma, Formiga encontrou-se esse ano com Guiomar Albanesi, do Centro Espírita Perseverança, que lhe disse a mesma coisa, orientada pelo seu falecido pai, Ferreira. Mas continuou resistindo, até que, no início desse ano (1972), retornou ao Perseverança, em busca de conhecimentos, fortalecimento e real amparo da doutrina. Foi quando Annabel teve a feliz ideia de ir até Uberaba, a fim de conhecer o médium Chico Xavier, acompanhada do marido[671]. E lá chegando, enfrentou uma fila com cerca de trinta pessoas a frente do casal. De repente, o poeta e jornalista escutou uma voz falando:

— *Formiguinha, venha cá!*

Estranhou, pois ninguém o chamava dessa forma, no diminutivo. Era Chico Xavier, que voltou a chamá-lo duas vezes, dizendo "Formiguinha de luz, vem cá" e "Formiguinha, meu filho, venha cá". Foi, caiu em si e viu que era ele mesmo a quem o médium chamava:

— *Formiguinha de luz, há dez anos que te espero!* – disse o médium, depois de o casal se aproximar dele.

Depois disso, e após os trabalhos da noite, Formiga e a esposa receberam convite de acompanhar o médium até sua casa. Lá, ele declamou versos a pedido de Chico e conversaram até o amanhecer. Era mais um, entre tantos outros médiuns, a quem Chico dava um empurrãozinho para que o mesmo assumisse o seu compromisso perante a espiritualidade. Salientou ainda que o mesmo precisava iniciar o trabalho na mediunidade recebendo versos de poetas desencarnados[672]. Somente de futuro, após longo desenvolvimento na mediunidade é que poderia receber cartas-mensagens de Espíritos[673].

---

[671]FORMIGA, Miguel. *Eurícledes Fomiga*: de Poeta a Médium. São Paulo: Viva Luz, 2010. cap. 7, p. 137.

[672]Ibidem, p. 137-138.

[673]Ibidem, cap. 8, p. 178.

"*Autorizado por Chico, Formiga começou a captar poemas de mentores, no Perseverança. Durante* esse ano deu início, *nas segundas-feiras, por recomendação de Guiomar, ao trabalho da captação do mentor, no final da reunião ao público*[674]."

O último livro do médium psicografado em 1972, por sua vez, foi *O Natal de Sabina* (Geem), pela sensível poetisa nordestina Francisca Clotilde[675], também educadora, escritora e jornalista, desencarnada em 1935.

Em fevereiro do novo ano (1973), o amigo Rafael Ranieri e alguns amigos seus, de passagem por Uberaba, visitaram Chico na CEC, participando também da peregrinação junto à gente humilde do Parque das Américas:

"*A felicidade brilhava em todas aquelas almas, e na nossa.*

As palavras de Chico contando um caso aqui, outro ali, era um pássaro de luz que voava entre nós.

Retornamos ao Centro Espírita da Comunhão Espírita Cristã. Pobreza, simplicidade, cristianismo. O amor era o centro de nossas vidas.

Reunidos à mesa, Chico recebeu uma mensagem de Emmanuel: `Petição de mulher´. Leu-a em voz alta.

Após, passou a ouvir a pequena multidão que o cercava. Ouvia-lhes as amarguras e as dores, os sofrimentos e as desgraças e para todos encontrava a palavra que consola e levanta.

Abraçamo-lo no fim. Abraçou nossos amigos.

E começou a falar sobre adultério.

Um homem ali lhe perguntava e ele respondia:

— Não concordo com essa história de que o homem pode fazer o que quiser e a mulher não. *Sou pela castidade, mas como dizem os ingleses: Tudo o que o ganso bebe, a gansa também pode beber*[676]..."

---

[674]Ibidem, p. 139.

[675]Disponível em: <11/6/2018.https://nuhtaradahab.wordpress.com/2011/05/23/francisca-clotilde-1862-1935/> Acessado em: 26/7/2018.

[676]RANIERI, R. A. *Recordações de Chico Xavier*. Guaratinguetá: Edifrater, 1976. cap. 59, p. 162.

O primeiro livro do médium em 1973 só viria a lume no mês de abril: *Escrínio de Luz* (O Clarim). As setenta e quatro mensagens de Emmanuel nesse livro são verdadeiras joias que, uma vez mais reafirmam sua sabedoria divina: "*Todos os recursos do Universo são talentos que a Divina Providência nos empresta pela carteira da confiança, em regime de empréstimo, visando ao correto rendimento dos valores da vida*[677]", diz ele numa das mensagens.

No mês seguinte, exatamente no dia 19 de maio, Chico recebia, enfim, em grande evento público, o título de cidadania paulistana, outorgado pela Câmara Municipal de São Paulo em 21 de dezembro do ano anterior, mas que somente agora era possível recebê-lo.

Devido à importância que a população paulistana creditava ao médium Chico Xavier, o local escolhido para a realização desse evento foi o ginásio de esportes do Estádio Paulo Machado de Carvalho, o popular Pacaembu. Além dos vereadores, jornalistas, autoridades municipais, estaduais e federais e do público, cerca de 300 convidados oriundos de outros estados da federação, especialmente de federações e centros espíritas[678], estiveram no local. O evento foi transmitido ao vivo pela Rede Tupi de televisão, pelo mesmo apresentador do *Pinga Fogo*, Almir Guimarães[679].

O discurso foi histórico e surpreendente, valendo-se o médium de conhecimentos históricos e sociais da realidade paulistana, desde a sua fundação. Poder-se-ia dizer que, como nas respostas aos seus entrevistadores no *Pinga Fogo*, o discurso foi digno de sua elevada mediunidade, citando uma imensidade de fatos, dados, datas e nomes completos de personalidades, que, certamente, boa parte dos presentes não tinha a menor noção de quem eram.

Dentre os muitos agradecimentos, fez questão de homenagear, como no *Pinga Fogo*, as mães paulistanas, citando inúmeras de sua intimidade,

---

[677]XAVIER, F. C./Emmanuel. *Escrínio de Luz*. Matão: O Clarim, Geem, 1972. Sementeiras e colheiras, p. .

[678]GALVES, Nena. *Chico Xavier*: luz em nossas vidas. São Paulo: CEU, 2012. Cerimônia de recebimento do Título de Cidadão Paulistano – Câmara Municipal de SP, p. 114-125; BACCELLI, Carlos A. *100 Anos de Chico Xavier*. Uberaba: Leepp, 2010. São Paulo – Discurso histórico, p. 297-308.

[679]Disponível em: <https://www.youtube.com/watch?v=9xBbjZU7jQ0Acessado em: 28/7/2018.

como Luiza Gonçalves Pereira, Oslávia Leonis, Cecília Pinheiro, Maria Eunice Luchesi, Encarnação Blasques Galves, Marlene Severino Nobre, Rute Pitombo, Isolda Dias, Lucy Sandall Andrade, Maria Augusta Pulmann e sua filha, Nancy Pulmann de Girolano, Guiomar Albanesi, Judite Figueiredo, Maria Janoni, Doca Sica, Maria Feola e tantas outras; e, também, as mães vinculadas "*a outras províncias religiosas, mentoras e benfeitoras da vida social de São Paulo*", como dona Leonor Mendes de Barros, abrigando e agasalhando itinerantes nas noites frias; dona Erna Belian Wenisdorf, organizadora emérita de trabalho e proteção para milhares de criaturas; dona Carmen Prudente, anjo protetor dos irmãos cancerosos; dona Alda Moreira Strassula, benfeitora incansável dos irmãos excepcionais; irmã Maria Luiza de Marilac, coração aberto ao socorro; Zilda Natel (esposa do então governador, Laudo Natel), mãe espiritual dos sofredores, abençoando crianças e levantando criaturas inválidas à retomada da vida social; e sua querida amiga Tarsila do Amaral, embaixatriz da cultura brasileira no exterior e protetora dos pequeninos.

Reservadas as diferenças históricas e a inversão de finalidade, o discurso de Chico, agradecendo o título à edilidade paulistana, lembra o discurso de Estêvão no Sinédrio, de cerca de 2.000 anos, em sua defesa e contra os que o acusavam de desrespeitar as tradições judaicas. Ambos impressionam pela riqueza de informações e de dados históricos precisos. A diferença é que Estêvão foi morto e apedrejado pelas autoridades do Sinédrio, tendo Saulo de Tarso sido testemunha e partícipe de seu assassinato; já Chico foi elevado e notabilizado pela vereança da cidade de São Paulo, que recebeu o seu nome em homenagem a esse baluarte do cristianismo, depois de sua conversão a caminho de Damasco – nome escolhido pelo seu fundador, pe. Manuel da Nóbrega, que foi a encarnação de Emmanuel, o guia espiritual de Chico Xavier na presente encarnação.

Na edição de junho da *Revista Planeta* desse ano Herculano Pires publicou uma extensa matéria, intitulada "Chico Xavier, o homem do futuro", em que o trata como sendo o homem-psi da era cósmica[680]. Todavia, passado pouco tempo ao agraciamento do título de cidadão paulistano, e

[680]BACCELLI, Carlos A. *100 Anos de Chico Xavier*. Uberaba: Leepp, 2010. Pesquisado pela "Nasa" – médium de cura, p. 207.

retornando à rotina na CEC, o médium foi surpreendido por uma comissão de confrades espíritas, "*de outras bandas de Minas Gerais*", muito preocupada com a sua conduta, assim como aconteceu com o dr. Ary Lex, no ano anterior. O motivo desta feita? A enorme repercussão do título de cidadão paulistano...

"*Essa comissão me procurou* – disse Chico – *para dizer que a recepção do título honorífico em São Paulo era muito envaidecimento da minha parte. Eu respondi que não tinha ido a São Paulo para receber determinada homenagem para mim, que eu me fizera intérprete assim qual se eu fosse o menor expoente de uma grande `firma' de interesses espirituais para receber os certificados que pertenciam e pertencem aos amigos e aos companheiros de São Paulo. Por mais que eu dissesse que eu não havia recebido título para mim, alguns dos nossos irmãos insistiam que o meu orgulho de vidas passadas estava voltando, que a vaidade me tomara de novo o coração, que o egoísmo, que a paixão pelo personalismo deprimente estavam tisnando a tarefa de Emmanuel...*

Eu pedi a eles que considerassem que eu havia cumprido um dever, que eu não havia feito outra coisa senão ir a São Paulo, com a modéstia de minha vida de pequenino servidor da nossa Causa, simplesmente na condição de instrumento para receber uma documentação que pertencia aos nossos irmãos de lá e não a mim.

Os nossos companheiros insistiam que eu devia orar muito. Eu falei que estava orando, pedindo a Deus para que as minhas imperfeições não viessem a ferir o nosso movimento espírita-cristão. Um deles me falou com bastante severidade sobre a queda em que eu havia incorrido e que devia considerar tudo isso para poder continuar com fidelidade à Doutrina, porque eu estava sendo um instrumento de vaidade e de personalismo adentro de nossos muros. (...) Sem nenhuma ideia de ofender os nossos irmãos, eu respondi: quanto a isso, quanto à queda, eu rogo a vocês para que fiquem tranquilos, porque Deus há de me ajudar, Emmanuel há de me amparar e eu não vou cair... Quando eu disse assim, alguns dos nossos companheiros me disseram: Basta essa sua afirmativa para mostrar a que grau sobe a sua vaidade... Se você diz que confia em Deus, que confia em Emmanuel e que não vai cair, esse não vou cair que você disse, isso denuncia a hipertrofia dos seus sentimentos, de personalidade dilapidada pela vaidade e pelo orgulho... Por que é que você não vai cair? Eu então respondi: Eu não posso cair porque nunca me levantei[681]*!.*"

Mas o médium já estava acostumado com essas investidas. Não perdeu a calma e acrescentou ainda com seu bom humor costumeiro: "*Eu não posso cair porque nunca me levantei*". Além disso, não poderia perder tanto a calma assim, sendo o intermediário de incontáveis mensagens de paz, de equilíbrio e incentivo recebidas da parte dos amigos espirituais, especialmente o seu mentor, Emmanuel. Sem se deixar abalar, portanto, Chico seguiu adiante no planejamento espiritual de mais livros, sendo *Encontro de Paz* (CEC) o próximo da lista, por Espíritos diversos, finalizado em junho. Aliás, Emmanuel diz claramente na introdução desse livro: "*Saibamos suprimir de sentimentos, ideias, atitudes, palavras e ações tudo o que relacione com ressentimento, perturbação, ódio, azedume, amargura ou violência e, trabalhando e servindo no bem de todos, procuremos agir e pensar em paz, doando paz aos que nos compartilham a vida*".

O único abalo, por assim dizer, sofrido pelo médium esse ano, sem poder impedi-lo, foi o processo de hipotensão (pressão baixa), cujo tratamento não lhe proporcionou resultados muito positivos[682]".

O livro seguinte, *Na era do Espírito* (Geem), por Espíritos diversos, foi finalizado no mês imediato. Era uma nova parceria entre Chico e Herculano, com mensagens mediúnicas, seguida de comentários do médium e os esclarecimentos do jornalista espírita. Nos dias 3 e 4 de agosto de 1973, Chico esteve em São Paulo, no Clube Atlético Ipiranga, participando de evento beneficente, onde autografou 2.243 livros de sua autoria[683].

Em setembro, mais dois livros: *Rosas com Amor* (IDE), também por Espíritos diversos, e *Bezerra, Chico e Você* (título de responsabilidade da editora, Geem), reunindo sessenta mensagens e orientações de Bezerra

---

[681] BACCELLI, Carlos A. *O Evangelho de Chico Xavier*. Votuporanga (SP): Didier, 2000. Item 350.

[682] BACCELLI, Carlos A. *100 Anos de Chico Xavier*. Uberaba: Leepp, 2010. Da "Comunhão" ao "Grupo Espírita da Prece", p. 316.

[683] ARAIA, Eduardo. *Chico Xavier*: uma missão de amor. São Paulo (SP): Claridade, 2010. cap. 2, p. 47.

de Menezes, recebidas em momentos diversos do labor mediúnico do médium pedroleopoldinense, desde a década de 1950. Nesse mês, também, Chico esteve em São Paulo, concedendo longa entrevista à apresentadora Hebe Camargo em seu programa na TV Record, Canal 7. Nela, o médium relembra os primeiros contatos com o mundo espiritual, na infância, com uma riqueza de detalhes jamais antes revelada, além de responder a temas diversos da atualidade. Num determinado momento da entrevista, Hebe perguntou ainda ao médium se um dia Emmanuel tivesse de reencarnar, o que iria ser de Chico. Ele respondeu à entrevistadora: "*Isso tem sido objeto de conversações entre ele e nós. Ele costuma dizer que nos espera no Além, para, em seguida, retornar à vida física, e até costuma me dizer: `Quando eu estiver na vida física e vocês estiverem fora do corpo físico, vocês vão ver como é difícil entrarmos em comunicação com vocês e como é difícil orientar os companheiros para o bem*[684]'". No final, como de praxe, o médium psicografou um poema de Maria Dolores, encerrando o programa com prece espontânea.

No mês seguinte, em outubro, veio a lume outro livro em parceria com o jornalista Herculano Pires: *Astronautas do Além* (FEB), por Espíritos diversos, encerrando a programação do ano. Herculano justificou o título dado a essa obra com as seguintes palavras: "*O desenvolvimento das faculdades psíquicas do homem se acelera em nossos dias porque a Era Cósmica já se iniciou*[685]". O médium participou também de mais um evento beneficente, dessa feita no Clube Atlético Juventus, em São Paulo, denominado Encontro da Paz, promovido pelo CEU, instituição dirigida pelo casal Galves[686].

Chico recebeu ainda em Uberaba, por essa época, a visita do confrade e escritor espírita Paulo Alves Godoy, ligado à Federação Espírita do Estado de São Paulo, que preparava uma tradução de *O Evangelho segundo o Espiritismo*, de Allan Kardec, para futura edição pela Feesp. Numa conversação livre, Chico comentara com Godoy sobre algumas palavras e frases nas obras de Kardec que mereciam uma tradução de mais fácil compreensão pelo público, uma vez que as traduções antigas nem sempre eram coerentes

---

[684]XAVIER, F. C./Emmanuel. *A Terra e o Semeador*. Araras: IDE, 1975. Temas da atualidade, p.25-56.

[685]Vide Introdução desse livro, por Herculano Pires.

[686]GALVES, Nena. *Até sempre Chico Xavier*. São Paulo: CEU, 2009. cap. 13, p. 206.

com a realidade cultural de momento. Por exemplo, quando o médium lia em público a frase "*os outros deram do que lhes abunda*", trocava por "*os outros deram do que lhes sobra*[687]". Paulo Alves Godoy ouviu com atenção essas observações do médium e deixou o encontro com ideias renovadas.

O primeiro livro de 1974, finalizado em janeiro, trata-se de um livro de cartas-mensagens de desencarnados a seus familiares (pais, esposos, filhos): *Entre Duas Vidas* (FEB). A maioria dessas cartas-mensagens foi recebidas por Chico Xavier em Uberaba – alguns poucas em Pedro Leopoldo, na década de 1950 –, e organizadas pelo dr. Elias Barbosa, que realizou entrevistas com os familiares, a fim de obter maiores esclarecimentos e dados a respeito de cada um dos casos.

Na verdade, *Entre Duas Vidas* representava uma modalidade inaugural de livro, que já existia em ensaios anteriores, no caso de publicação de cartas-mensagens, embora sem a especificidade dessa obra. Certamente, o presente livro era a expressão de uma necessidade maior, vinculada à largueza e à importância do trabalho crescente de consolação que se realizava em Uberaba, no qual os Espíritos desencarnados enviavam a seus pais, parentes e amigos cartas-mensagens esclarecedoras, provando que a morte não existe e que eles estavam vivos, no mundo espiritual.

Em março, Cornélio Pires enviou o livro solo *Retratos da Vida* (FEB), com sua verve ao mesmo tempo sábia e anedótica, em forma de versos: "*Eis hoje, caro José, / Meu singelo parecer. / Em carta você me fala / Que só deseja morrer.* (...) *Conserve o seu próprio corpo, / É a medida que lhe peço; / Ele é seu campo de luta, / Sua enxada de progresso. / Não se descuide da vida / Nem viva no mundo às tontas, / A morte nos muda a casca / Mas não nos resolve as contas*[688]".

Em seguida, em abril, foi a vez de *Diálogo dos Vivos* (Geem), trazendo trinta e dois temas inquietantes e retomando a parceria Chico Xavier, Espíritos benfeitores e o jornalista Herculano Pires. Confira uma das mensagens desse livro, concernente ao tema "Descrença e fé", por Emmanuel :

---

[687]Ibidem, "Na hora do testemunho", p. 309.

[688]XAVIER, F. C./Emmanuel. *Retratos da Vida*. Brasília (DF): IDE, 1974. cap. 1.

"Materialismo e atualidade

Nos mais diversos grupos religiosos temos companheiros que se confessam desolados por desenganos e se retiram da fé, asseverando-se dispostos a viver sem Deus.

Viver sem Deus para eles significa a demissão das disciplinas e obrigações que nos frenam os impulsos inferiores e nos impõem os deveres da educação própria.

Livres tais quais somos, procedem assim acreditando que se farão mais felizes pela adoção de semelhante atitude. No entanto, não se sabe de nenhum deles que haja chegado com isso à paz íntima, alicerce fundamental da felicidade.

É que a consciência ocupa em nós muito mais espaço que todas as estruturas que nos constituem o corpo e a alma.

(...)

Nenhum de nós foi criado para a irresponsabilidade.

Urge observar ainda que não somos tão ingênuos a ponto de admitir que basta crer em Deus para que nos sintamos anjos, ao invés de criaturas humanas.

Justamente por isso é que nos conhecemos nos débitos, defeitos, imperfeições, deficiências e inclinações menos felizes que ainda nos caracterizem a individualidade.

Entretanto, vale muito mais aceitarmo-nos como somos e aceitarmos os outros como ainda são, trabalhando pelo bem de todos, sob a inspiração da confiança em Deus, do que, a pretexto de virtude ou superioridade, nos declararmos contra Deus, caindo na rebeldia ou no ódio, na violência ou na sovinice, na inveja ou na criminalidade, no alcoolismo ou na toxicomania, na sexualidade descontrolada ou nos desvarios da inteligência.

(...)"

É nessa obra, inclusive, que surgem os primeiros comentários, do ponto de vista espiritual, falando do trágico incêndio do Edifício Joelma, ocorrido em fevereiro do corrente ano, em São Paulo, onde 191 pessoas morreram carbonizadas e outras se jogaram pelas janelas. Os prefácios desse livro, por Chico e Herculano, datam do dia 18 de abril, em homenagem à publicação de *O Livro dos Espíritos*, no ano de 1857.

Também nesse mesmo dia, em São Paulo, nas dependências da Livraria Humberto de Campos, na Federação Espírita do Estado de São Paulo, ocorria o lançamento do jornal *Folha Espírita*, de circulação nacional, por iniciativa de Freitas Nobre (diretor-presidente), Jamil N. Salomão, Paulo Rossi Severino e Marlene Rossi Severino Nobre. Meses antes, Jamil Salomão e Ney Prieto Peres estiveram consultando Chico Xavier em Uberaba, sobre a possibilidade da fundação de um jornal espírita para ser vendido em bancas. Chico afirmara, na ocasião, que um jornal com essas características era um compromisso do Grupo Espírita Caibar Schutel, de Diadema, e de Freitas Nobre[689].

No dia 7 de maio, Chico esteve em Goiânia, para uma palestra – onde respondeu também uma série de perguntas –, na Assembleia Legislativa dessa capital, a convite de Lúcio Lincoln de Paiva. Presentes diversas autoridades e representantes do espiritismo local. Qual vinha acontecendo nos discursos dos títulos de cidadania que recebia, o médium apresentou nomes inteiros, fatos e dados históricos, como se a tudo e a todos conhecesse daquela cidade, deixando os presentes boquiabertos. No final, o médium psicografou poemas de três poetas goianos: Félix de Bulhões, Joaquim Bonifácio de Siqueira e A. Americano do Brasil[690].

Na sequência, organizado pela CEC e sob a sua responsabilidade, foi publicado o livro *Calendário Espírita*, reunindo uma série de frases e pensamentos extraídos de obras já editadas do médium, por Espíritos diversos, como este de André Luiz, do livro *Sinal Verde*, abrindo a série: "*Agradeça a Deus a bênção da vida. Pela manhã, se você não tem o hábito de orar, formule pensamentos de serenidade e otimismo, por alguns momentos, antes de retomar as próprias atividades*".

Em julho, encontrava-se em Uberaba o escritor e jornalista Fernando Worm, natural de Guaíba (RS), realizando pesquisa histórica sobre uma

---

[689]Disponível em: <http://folhaespirita.com.br/v2/node/4> Acessado em: 1/7/2018; NOBRE, Marlene Rossi Severino. *Chico Xavier*: meus pedaços de espelho. 2ª ed. São Paulo: Fe, 2015. cap. 34, p. 275.

[690]Vide o livro *Chico Xavier em Goiânia* (Geem, 1977).

personagem da Revolução Farroupilha. Aos 44 de idade, Fernando era pessoa cética, embora ético e humanista. Já sua mãe, desencarnada há cerca de um ano, era espírita convicta e havia lhe falado, pouco antes de partir, a respeito do médium Chico Xavier, instigado-o às verdades espirituais[691]. Fernando, porém, se esquivara: "*Eu bem que gostaria de ter a fé que tens. Há tanta dor nas ruas, nos lares conflitados, há tanta solidão nos asilos, tanta miséria no mundo, tantos pais abandonados pelos filhos! A razão repugna aceitar a existência de uma justiça superior, mesmo que invisível aos olhos mortais, ou até mesmo por causa disso*[692]*...*".

Mas lá estava ele agora em Uberaba, terra de Chico Xavier, e, em memória de sua mãe, quis conhecê-lo. Na reunião pública da CEC, aproximou-se dele com a desculpa de lhe oferecer um livro de poesias seu, e propor-lhe também uma entrevista para um jornal de Porto Alegre. Chico consentiu, mas prometeu a entrevista para depois.

Na noite seguinte, de volta à CEC, Chico reconheceu Fernando no meio da multidão, e pediu a ele que o aguardasse. Foi quando, pela primeira vez, viu o médium em atividade psicográfica. Ele nada sabia de espiritismo nem de mediunidade. Meses após, retornou a Uberaba, já com o "*indefinível desejo de* conhecer o médium *melhor, de tentar quem sabe um aprofundamento psicológico de seu fenomênico mundo interior*". Nessa oportunidade, participou pela primeira vez da conhecida "peregrinação" admirando-se da assistência, material e espiritual que o médium realizava em lares pobres da periferia. Impressionou-se também com o fenômeno recorrente, conduzido por Scheilla, perfumando a água no interior dos casebres que visitava: "*um perfume sem similar*". Fernando teve ainda a oportunidade de ouvir revelações de sua mãe, através da mediunidade de Chico, que somente ele tinha conhecimento. Do silencioso descrédito de antes, portanto, Fernando passou a respeitar profundamente o médium, como era o desejo de sua mãe[693].

---

[691]WORM, Fernando. *A Ponte*: diálogos com Chico Xavier. 2ª ed. Guaíba: Lie, 1982. I – Introdução, p. 1; Ibidem, IV – Ninguém morre, p. 51-54; Disponível em: <https://www.youtube.com/watch?v=0NlcEdppE_0> Acessado em: 1/8/2018; Disponível em: <http://www.espiritbook.com.br/forum/topics/visualizando-invis-veis-por-fernando-s> Acessado em: 1/8/2018.

[692]Ibidem, p. 54.

[693]Ibidem, p. 2-3;

No dia 27 de julho de 1974, Chico reapareceu nas telas da TV, desta feita no programa do apresentador Flávio Cavalcanti, na TV Tupi de São Paulo, para mais uma entrevista. Na época, o programa de Flávio era um dos programas de maior audiência da TV. Embora o médium tivesse abordado na ocasião temas da atualidade, como sempre o fazia, desta feita houve um intimismo e uma descontração maior nas respostas, justamente por este ser um programa de auditório e ter a participação de artistas e pessoas do meio cultural.

Ainda nesse mês de julho, o departamento editorial da Feesp publicou uma prometida edição de *O Evangelho segundo o Espiritismo*[694], com tradução livre de Paulo Alves Godoy. Tão livre que o jornalista, e também tradutor das obras de Kardec, Herculano Pires, viu nela uma verdadeira adulteração dos originais da obra do mestre lionês. Herculano criticou ainda, veementemente, o "*plano de completa e total revisão de toda a Codificação Doutrinária de Allan Kardec*, pela Federação Espírita do Estado de São Paulo *(como se houvesse, na atualidade, algum ser humano capaz de `revisar´ ou `atualizar´ as obras básicas da Codificação*[695])". Godoy, no entanto, se defendeu dizendo que a ideia toda partira de Chico Xavier, o que não era bem assim, embora ele realmente gostasse de simplificar o entendimento da obra quando fazia comentários públicos. O médium, porém, procurou não polemizar nem acusar Godoy e se desculpou por carta com o jornalista amigo[696]. Herculano, todavia, não deixou de se posicionar sobre essa edição adulterada em sua coluna no *Diário de S. Paulo*. Resultado, a Feesp se viu obrigada a tirar de circulação o restante da edição, sem mais publicá-la.

No dia 24 de setembro, Chico esteve na cidade de Mirassol, para ser padrinho de casamento de uma irmã de Adelino da Silveira. No dia 3 de outubro, em homenagem ao nascimento de Allan Kardec, Chico compareceu à Câmara Municipal de Santos (SP), para receber mais um

---

[694]Disponível em: <https://pt.wikipedia.org/wiki/O_Evangelho_segundo_o_Espiritismo> Acessado em: 3/8/2018.

[695]XAVIER, F. C./Emmanuel. *Na Hora do Testemunho*. São Paulo: Paideia, 1977. Conteúdo resumido.

[696]BACCELLI, Carlos A. *100 Anos de Chico Xavier*. Uberaba: Leepp, 2010. "Na Hora do Testemunho", p. 310-312.

título de cidadania, o de Cidadão *Emérito* dessa cidade. Nesse mesmo dia, o médium finalizou também o livro *Instrumentos do Tempo* (CEC), de Emmanuel, que trata das "*elucidações da verdade para o caminho de progresso e aperfeiçoamento que fomos trazidos a percorrer*[697]". Um dos muitos instrumentos do tempo assinalado nessa obra, pelo guia de Chico, é (Cap. 2): "*Nunca estimular o mal onde o mal apareça, mas reconhecer que não adianta condenar-lhe as vítimas a pretexto de corrigi-las.* (...) *Não existem criaturas nas quais não consigamos identificar o lado nobre, o ângulo mais claro, o tópico da esperança ou a boa parte. Em todas as formações do mal, valorizemos os germes do bem e* prestigiar *os restos do bem onde estiverem, abençoando sempre todas as criaturas, a fim de que possamos ganhar a paz na guerra dos problemas de cada dia, de vez que condenar será sempre o melhor processo de perder.*"

Ainda nesse mês de outubro, o médium participou de uma reunião pública no Centro Espírita Perseverança, em São Paulo, dirigido por Guiomar Albanesi. Na oportunidade, ele abriu a reunião psicografando mensagem da poetisa Maria Dolores e respondeu a perguntas ao público presente, conduzidas por dona Guiomar.

No dia 6 de novembro, desencarnava, em Pedro Leopoldo, o irmão mais novo de Chico Xavier, João Cândido Filho, na clínica São João Batista. Ele teve uma queda[698] e depois sofreu um AVC[699]. Joãozinho, como o chamavam, era filho do segundo casamento do pai com Cidália Batista e, desde jovem, entregara-se ao alcoolismo, sendo motivo de constantes preocupações na família[700].

Dois dias após o desencarne desse irmão, e de Chico tê-lo visitado no cemitério da cidade natal[701], Chico recebeu mais um título de cidadania: o de Cidadão Honorário de Belo Horizonte, capital de Minas Gerais

---

697 XAVIER, F. C./Emmanuel. *Instrumentos do Tempo*. Brasília (DF): IDE, 1974. Introdução.

698 Idem.

699 Cf. Atestado de óbito.

700 DE CARVALHO, Antonio Cesar Perri; DE MELO, Oceano Vieira (Orgs.). *Depoimentos sobre Chico Xavier*. Brasília (DF): FEB, 2010. 2.1 – Cidália Batista, p. 21.

701 Cf. depoimento de Marta Xavier, nora de Geny Pena, à Célia Xavier – set./2018.

e segundo estado de maior importância no Brasil, na época. Homenagem concorrida, com a presença dos vereadores, gente do público, autoridades municipais, estaduais e federais, jornalistas e inúmeros convidados e representantes de federações e centros espíritas de outros estados. No discurso do médium, mais evidências de sua capacidade mnemônica e mediúnica, com muitas referências e agradecimentos históricos[702].

Neném Aluotto[703] (Maria Philomena Aluotto), então presidente da União Espírita Mineira – UEM – e muito amiga de Chico desde os tempos de Pedro Leopoldo[704], em meio a tantas preocupações durante o evento, acabou se esquecendo de apresentar Chico a um amigo, como havia prometido. Assim, desgostosa consigo mesma, retornou para casa inconsolável, chegando a perder o sono. Mas, por volta das duas da manhã, o telefone tocou. Para surpresa de dona Neném, era Chico ao telefone, pedindo para que a amiga não se preocupasse com sua falta involuntária, pois ele já havia feito contato com o amigo em questão[705]. Esse era o médium Chico Xavier, sempre ligado também com os amigos do coração.

No dia imediato a essa homenagem da edilidade em Belo Horizonte, Chico visitou a União Espírita Mineira – UEM –, de grandes amizades e recordações, desde os tempos de Pedro Leopoldo, como a do saudoso professor Cícero Pereira (desencarnado em 1948), Martins Peralva e a própria Neném Aluotto, entre outros. Nessa ocasião, aconteceu ainda um fenômeno inusitado, de bicorporeidade, com participação do médium. Ocorre que, depois de "*sete horas de atendimento aos que o procuravam, com a bondade de sempre, fomos surpreendidos com ruidosa manifestação em um grupo de pessoas que vinham em nossa direção*[706]" – disse dona Neném. Um homem, visivelmente desequilibrado, e empunhando

---

[702]LEMOS NETO, Geraldo. *Chico Xavier*: mandato de amor. 5ª ed. Belo Horizonte: UEM, 2007. A mensagem do homenageado, p. 214-222.

[703]Disponível em: <http://www.vinhadeluz.com.br/site/noticia.php?id=2782> Acessado em: 4/8/2018.

[704]ALVES, Elifas. *Chico, as origens*. São Paulo: Aliança, 2015. "Propriedade da FEB", cansaço, mais trabalho e Evangelização infanto-juvenil, p. 244.

[705]GERMINHASI, Rubens Silvio. *Luz Bendita*. São Paulo: Ideal, 1977. Maria Philomena Aluotto Beruto, p. 155-156.

[706]Ibidem, p. 155.

uma arma, entrou no recinto e bradou: "*Ninguém vai tocar em Chico Xavier. Eu o defenderei de qualquer um. Ele é um santo*[707]*!*". A movimentação virou então alvoroço, com algumas pessoas saindo correndo e outras buscando controlar o homem perturbado. Chico, porém, vendo isso tudo, se afastou por instantes do grupo, mas permaneceu no recinto. Não demorou muito, chegou uma viatura da polícia, falando o policial responsável a uma Neném apavorada: "*Não tem nada não... O senhor Chico Xavier foi nos chamar na estação rodoviária, onde nos encontrávamos em serviço de ronda. Viemos logo atender o chamado*[708]*!*".

No início de dezembro de 1974, Chico foi ao Rio de Janeiro, para participar de uma gravação para o especial de Natal da TV Globo, sob a direção de Augusto César Vanucci – o mesmo que, quando jovem, em 1961, conheceu o médium na mesma Uberaba, sua terra natal. Agora, porém, era diretor da linha de show´s dessa importante emissora. Por essa participação no especial da TV Globo, o médium recebeu um cheque no valor de 9.116,04 cruzeiros, que transferiu imediatamente, e na integralidade, aos amigos Suzana Maia Mouzinho, fundadora do Lar Espírita André Luiz, em Petrópolis, e ao casal Galves, do Centro Espírita União, em São Paulo, a fim de que aplicassem esse valor nas tarefas assistenciais e no Natal de suas respectivas instituições[709].

Chico atendia a todos os compromissos com dedicação e empenho, apesar de, nesse ano, ele ter sentido uma dor no peito, que o médico e amigo dr. Eurípedes Tahan diagnosticou como sendo angina, ou seja, um enfraquecimento da musculatura do coração e obstrução das coronárias[710], e passando dela a tratar.

Ainda nesse ano, Ramiro Gama, autor de *Lindos Casos de Chico Xavier*, voltou a publicar, pela Lake, mais um livro de sua autoria: *Chico Xavier na Intimidade*, no qual revive novos e lindos casos do médium e querido amigo.

---

[707]Idem.

[708]Idem.

[709]GALVES, Nena. *Até Sempre Chico Xavier*. São Paulo: CEU, 2009. cap. 6, Item 20, p. 87-89.

[710]XAVIER. F. C./ Emmanuel. *Entender Conversando*. Araras (SP): IDE, 1984. cap. 8, item 89.

Mudanças extremas, porém explicáveis: a construção da casa própria, a saída da CEC e a formação do GEP. Complicações na saúde

A sequência de homenagens e participações do médium nos eventos em geral, divulgando a doutrina e favorecendo instituições beneficentes – como IDE, CEU, Geem, Perseverança, o chá de Mercedes Sponda... –, eram constantes, e cresciam a cada ano. Por isso mesmo, a diretoria da CEC acabou tendo um mal-estar com Chico, pois entendia que ele não vinha atendendo, com regularidade, às necessidades rotineiras da instituição. O médium, contudo, tinha ciência de suas responsabilidades públicas, e atendia a todos sem comparação e sem o medo de "cair". Na verdade, ele tinha consciência do que lhe fora determinado, pela espiritualidade superior, depois de completar os sessenta livros, em 1958: "que a sua vida, desde então, estava desapropriada[711]"!

Não havia dúvidas de que a intensa produção mediúnica e a constante exposição pública que estava vivendo, sobretudo após o *Pinga Fogo*, tinha tudo a ver com essa desapropriação. Aliás, se tudo isso não era para acontecer, óbvio que Emmanuel já teria tomado alguma providência para impedir. Portanto, a ausência temporária nas atividades da CEC não era algo de inteira responsabilidade sua; seguia apenas o que lhe determinava a espiritualidade superior.

Dessa forma, aumentou dentro de si o desconforto de estar morando em casa de usufruto, nas dependências da CEC. Mas, quando isso aconteceu, em 1959, a realidade era bem outra, dividindo o espaço da casinha humilde com Waldo Vieira, nos fundos da instituição. Aliás, com respeito a essa realidade, o médium disse à época: "*Não verdade que eu pretenda morar em qualquer de nossas instituições doutrinárias. Isso equivaleria dizer que eu, junto delas, iria prestar serviço o que, no momento presente de minhas forças, não poderia prometer, de vez que enquanto for essa a vontade do Alto, não pretendo afastar-me da tarefa mediúnica e, devendo*

[711] LEMOS NETO, Geraldo. *Chico Xavier*: mandato de amor. 5ª ed. Belo Horizonte: UEM, 2007. p. 253.

essa ser livre, é justo que eu viva fora de nossas instituições beneficentes[712]*"*. Outra instrução de Emmanuel, também dessa época, era de que *"tudo quanto sobrasse do caixa da CEC deveria ser distribuído aos mais carentes*[713]".

Com o passar do tempo, a CEC cresceu, tanto do ponto de vista estrutural e organizacional, embora continuasse ainda com ideias de expansão[714] – o que muito desagradava o médium, que não via motivos para isso. Na verdade, foram a sua fama e o reconhecimento público que sempre trouxeram para a instituição muitos e abundantes recursos, além de colaboradores.

Por causa disso tudo, Chico resolveu, então, buscar um cantinho somente seu para viver, sem precisar depender da instituição que o acolhia e sem sentir-se também acossado pelas cobranças de diretoria. E, comentando o assunto com uma amiga de São Paulo, Maria Eunice Luchesi, esta teve logo a ideia de ajudá-lo nesse empreitada. Sem demora, contatou um grupo de amigos, mais chegados ao médium e em condições de ajudá-lo. Esse grupo se cotizou e conseguiu auxiliá-lo a adquirir um terreno na Rua Dom Pedro I, em frente a casa que morava de usufruto, começando imediatamente a construção da casa própria. A princípio, Chico admitia que algum parente seu de Pedro Leopoldo pudesse vir morar com ele[715] – estava então com sessenta e dois anos de idade –, provavelmente seu irmão André Luiz, que vivia em São Paulo e o visitava com alguma regularidade, levando-lhe cartas e pedidos de terceiros. Mas isso não aconteceu.

Para maior clareza, os amigos que colaboraram com Chico nessa empreitada da casa própria foram:

- Horácio Sabino Batista, residente em São Paulo, capital: cinquenta mil cruzeiros.

---

[712]SCHUBERT, Suely Caldas. *Testemunhos de Chico Xavier*. 4ª ed. Brasília (DF): FEB, 2010. Mudança para Uberaba, 22/4/1959.

[713]NOBRE, Marlene. *Chico Xavier*: meus pedaços de espelho. São Paulo: Fe. cap. 2, p. 37.

[714]BACCELLI, Carlos A. *100 Anos de Chico Xavier*. Uberaba: Leepp, 2010. Da "Comunhão" ao "Grupo Espírita da Prece", p. 315.

[715]LEMOS NETO, Geraldo. *Chico Xavier*: mandato de amor. 5ª ed. Belo Horizonte: UEM, 2007. p. 226-228.

- Jorge Manuel Gaio e sua esposa, Nair Gaio, residentes no Rio de Janeiro: cinquenta mil cruzeiros.

- Francisco Galves e sua esposa, Encarnação Blasques Galves, residentes em São Paulo, capital: quarenta mil cruzeiros.

- Pedro Arthur Luchesi e sua esposa, Maria Eunice Luchesi, residentes em São Paulo, capital: dez mil cruzeiros.

- Walter Castro Rocha e sua esposa, Ciloca Rocha, residentes em São Paulo, capital: quinze mil cruzeiros.

- Manuel Fernandes e sua esposa, Aurora Fernandes, residentes em São Paulo, capital: cinco mil cruzeiros.

- Ruth Pitombo, residente em São Paulo, capital: seis mil e quinhentos mil cruzeiros.

- José da Fonseca e sua esposa, Eugênia da Fonseca, residentes em Santos: vinte mil cruzeiros.

- Oswaldo de Castro e sua esposa, Terezinha de Castro, residentes em São Paulo, capital: dez mil cruzeiros.

- Elias Barbosa e sua esposa, Cândida Barbosa, residentes em Uberaba: dez mil cruzeiros.

- Jaime de Castro e sua esposa, Therezinha de Castro, residentes no Rio de Janeiro: cinco mil cruzeiros.

Total: duzentos e vinte e um mil e quinhentos cruzeiros[716].

A propósito também de Chico ter morado com Waldo em casa de usufruto, o ex-parceiro de mediunidade se casou esse ano com Elizabeth, a Lisa, filha adotiva de Erna Belian Wenisdorf, proprietária e herdeira imediata da Companhia Antártica Paulista, de forma um tanto atípica. Depois de desfeita a parceria com Chico Xavier, continuava ele com as mesmas ideias estranhas, de ser, exclusivamente, um homem do “esclarecimento” – muito embora Lisa e a própria Erna (citada por Chico na recepção do título de cidadania paulistana) serem pessoas voltadas inteiramente à assistência social[717].

---

[716] Idem.

[717] Disponível em: <https://www.youtube.com/watch?v=4muEN6KR48A> Acessado em: 7/8/2018.

A forma atípica do casamento de Waldo pode assim ser explicada: depois de ele ter perdido um irmão epilético, com mais de vinte anos, e por serem bastante ligados, começou a vê-lo do seu lado. Num determinado momento, um amigo espiritual propôs que Waldo o adotasse como filho. Mas como faria isso, se não tinha a menor intenção de se casar? Pensou, pensou, e decidiu: "precisaria achar uma `fêmea´ para isso". Mas, antes, essa "fêmea parideira" teria de fazer um acordo com ele. Casariam de papel passado, a fim de assegurar um bom futuro ao irmão reencarnado, porém nada de relacionamento sexual e afetivo garantido. Waldo pretendia estar ao lado da mãe e do filho, prestando-lhes assistência, apenas. E assim foi. Achou a sua candidata nos relacionamentos da *high society*: a filha adotiva de Erna Belian, Lisa. De fato, Lisa era amiga de Waldo havia algum tempo, e gostava muito dele, tendo, inclusive, conhecido seu irmão epilético, Walter. A princípio, ela pediu um tempo para se decidir, mas acabou aceitando o acordo[718]. Uma vez, porém, realizada essa união, os dois amigos passaram a viver como um casal, de forma harmoniosa[719].

O ano de 1975, portanto, começou com uma prioridade para Chico: a construção de sua casa própria. Um repórter, num determinado momento, questionou o médium se o dinheiro dessa construção teria alguma relação com recursos advindos dos direitos autorais de suas obras. Chico, então, se viu obrigado a publicar, na íntegra, no jornal *Lavoura e Comércio*, de Uberaba, a relação dos benfeitores que o favoreceram nessa empreitada, a fim de não restarem dúvidas sobre o assunto[720].

Nesse meio tempo, um fato, considerado grave pelo médium, aconteceu, azedando a sua relação com parte da diretoria da CEC. Ocorre que Chico, desde maio do ano passado, recebia a visita de um confrade de Goiânia (Go), José Henrique da Veiga, tendo-o prestigiado também em sua cidade[721]. Sempre que este confrade ia a Uberaba, Chico o convidava

---

[718]Idem.

[719]PASCALE, J. Entrevista com Waldo Vieira. *Jornal Espírita*, São Paulo, nº 89, nov. de 1982.

[720]LEMOS NETO, Geraldo. *Chico Xavier*: mandato de amor. 5ª ed. Belo Horizonte: UEM, 2007. p. 228.

[721]Vide o livro *Chico Xavier em Goiânia* (Geem, 1977).

a fazer parte da mesa. José Henrique era advogado[722] e amigo de Consuelo Caiado, também espírita e esposa do ex-senador Antônio Ramos Caiado. Certa feita, sabendo Consuelo que o médium estaria novamente em Goiânia, pediu a José que apresentasse Chico a ela, "*para que ela pudesse resolver um assunto de muita seriedade e interesse*[723]".

E esse "*assunto de muita seriedade e interesse*" era uma doação que Consuelo pretendia fazer ao médium de, nada mais, nada menos, do que cem alqueires de terra[724] (portanto, uma fazenda avaliada em, aproximadamente, dois milhões de cruzeiros, na época[725]). Consuelo fez isso porque reconhecia em Chico "uma alma boa, que trabalhava com absoluto desinteresse em favor da humanidade[726]". Os trâmites dessa transação, no entanto, demoraria ainda alguns meses, porque dependia de documentação legal. A diretoria da CEC, dessa forma, tomando ciência do que estava acontendo, começou a pensar nessa doação, pela qual o médium jamais se interessou, com vista a seus projetos de expansão[727]. Tanto assim que o Chico chegou a ser "*pressionado por alguns diretores a receber* essa *doação que ele, absolutamente, não queria aceitar*[728]". Em surdina, porém, Chico orientou José Henrique e a própria Consuelo que fundassem em sua cidade o Lar da Fraternidade[729], a fim de que ele pudesse também dividir os cem alqueires com essa instituição.

A situação da CEC, no entanto, focada na expansão de suas atividades, deixou o médium bastante incomodado, a ponto de ele tomar uma decisão radical: romper em definitivo com a CEC, "*para que não houvesse dúvida nenhuma quanto ao seu envolvimento como beneficiário,*

[722]BACCELLI, Carlos A. *100 Anos de Chico Xavier*. Uberaba: Leepp, 2010. Da "Comunhão" ao "Grupo Espírita da Prece", p. 317.

[723]XAVIER, F. C./Espíritos diversos. *Amor e Luz*. São Paulo: Ideal, 1977. Um elemento ímpar.

[724]BACCELLI, Carlos A. *100 Anos de Chico Xavier*. Uberaba: Leepp, 2010. Da "Comunhão" ao "Grupo Espírita da Prece", p. 317.

[725]GERMINHASI, Rubens Silvio. *Luz Bendita*. São Paulo: Ideal, 1977. Maria Eunice Meirelles, p. 137.

[726]XAVIER, F. C./Espíritos diversos. *Amor e Luz*. São Paulo: Ideal, 1977. Um elemento ímpar.

[727]BACCELLI, Carlos A. *100 Anos de Chico Xavier*. Uberaba: Leepp, 2010. Da "Comunhão" ao "Grupo Espírita da Prece", p. 315.

[728]Ibidem, p. 321.

[729]Idem; Ibidem, p. 317-319.

mesmo que de forma indireta, desses bens materiais[730]". Lembre-se o leitor amigo que, no passado, Chico também se desfez da fortuna do empresário e amigo Frederico Figner, em favor da FEB. Os diretores mais antigos da CEC, todos amigos seus, até tentaram demovê-lo dessa ideia radical, mas em vão. O médium já tinha tomado a decisão. "*A certa altura, indagado como a instituição haveria de se haver sem a presença dele, principalmente no que tange à manutenção das obras assistenciais, o médium respondeu: — A tarefa não pertence a mim e a nenhum de vocês, mas a Jesus... Enquanto vocês se mantiverem fieis, nada há de faltar para que o trabalho não se interrompa*[731]".

No dia 19 de maio de 1975, enfim, Chico oficializou o seu desligamento da CEC, em carta dirigida à diretoria. Nela, os argumentos que apresentou justificam a sua decisão:

"*1) inevitável desgaste orgânico aos 65 janeiros de idade física, completados no mês de abril findo, com 48 de atividades mediúnicas sem pausa, isto é, desde 1927 até agora;*

2) processo de hipotensão com característcas inquientantes, surgido em 1973, dificilmente sustado por tratamento constante, mas não extinto;

3) dificuldades crescentes na visão, por motivo de moléstia no olho esquerdo, desde 1931;

4) ausências semanais para tratamento de saúde;

5) reconhecida incapacidade orgânica, impossibilitando-me trabalhar em regime de compromissos instituicionais, embora deva, de minha parte, continuar abraçando os serviços escassos de que possa me incumbir no âmbito de minhas estreitas possibilidades pessoais, incluindo as viagens frequentes, em que, por força das circunstâncias, sou constrangido a variadas tarefas doutrinárias[732]."

Como já foi dito, Chico não se sentia à vontade tendo de morar dentro de uma instituição de grande porte, com muitos recursos e ainda mais

[730]NOBRE, Marlene. *Chico Xavier*: meus pedaços de espelho. São Paulo: Fe. cap. 35, p. 283.

[731]BACCELLI, Carlos A. *100 Anos de Chico Xavier*. Uberaba: Leepp, 2010. Da "Comunhão" ao "Grupo Espírita da Prece", p. 315.

[732]Ibidem, p. 316.

prestando serviços a ela. Mas, ainda assim, colocou-se à disposição em continuar doando à CEC, caso fosse de seu interesse, os direitos autorais de obras que viesse a produzir mediunicamente, embora a designação de qual seria essa obra não fosse de responsabilidade sua, e sim dos benfeitores espirituais.

Dias após desligar-se da CEC, o médium finalizou o livro *Respostas da Vida* (Ideal), pelo Espírito André Luiz, que reunia respostas voltadas à iluminação interior e à melhoria espiritual, como essas:

" Este dia

Este dia é o seu melhor tempo, o instante de agora.

Se você guarda inclinação para a tristeza, este é o ensejo de meditar na alegria da vida e de aceitar-lhe a mensagem de renovação permanente.

Se a doença permanece em sua companhia, surgiu a ocasião de tratar-se com segurança.

Se você errou, está no passo de acesso ao reajuste.

Se esse ou aquele plano de trabalho está incubado no seu pensamento, agora é o momento de começar a realizá-lo.

Se deseja fazer alguma boa ação, apareceu o instante para promovê-la.

Se alguém aguarda as suas desculpas por faltas cometidas, terá soado a hora em que você pode esquecer qualquer ocorrência infeliz e sorrir novamente.

Se alguma visita ou manifestação afetiva esperam por você, chegou o tempo de atendê-las.

Se precisa estudar determinada lição, encontrou você a oportunidade de fazer isso.

Este dia é um presente de Deus, em nosso auxílio; de nós depende aquilo que venhamos a fazer com ele."

Aliás, a recepção desse livro, *Respostas da Vida*, marca a história do nascimento de uma nova editora para os livros do médium, a Ideal. Acontece que este livro fora, a princípio, doado ao Centro Espírita União – CEU –, sob a responsabilidade do casal Galves. O CEU, todavia, na época, não tinha estrutura para editá-lo – possuía apenas uma livraria própria[733] –, e Francisco Galves achou, então, melhor entregá-lo à responsabilidade de pessoas capazes disso. No caso, essas pessoas foram os confrades e amigos Carlos Moreno, Oswaldo de Godoy Bueno, Rubens Silvio Germinhasi e o sr. Rufino, que fundaram, pouco antes de esse livro vir a lume, a editora Ideal – Instituto de Divulgação Espírita André Luiz, no dia 2 de maio do corrente mês e ano[734].

A retomada da tarefa do livro pelo médium esse ano deu-se também de forma relativamente tardia, próximo à metade do ano, devido ao que passou e que ainda vinha passando, com a decisão de deixar a CEC. Naturalmente, Chico estava com o coração partido. "*Aqui deixei metade da minha vida*[735]", disse ele após o ocorrido.

Em junho, Chico foi a Goiânia para encontrar-se com o advogado de Consuelo Caiado, José Henrique da Veiga. E, lá chegando, José perguntou ao médium "*se poderia convidar alguns amigos para recebê-lo* (em sua residência)*, no que* foi *autorizado. Às 8 horas da noite encontravam-se* na *casa cerca de vinte senhores.* Foram todos apresentados ao médium *sem dizer quem eram, omitindo os seus cargos na vida pública e profissional. Alguns deles estavam acompanhados de suas respectivas esposas. À exceção de três pessoas, quase todos formados em direito, dentre eles desembargadores, procuradores de Estado etc.* Chico *chamava todos pelos nomes e respectivos títulos. Realmente,* José Henrique *não havia trocado qualquer palavra com* ele. *Conversou com todas essas pessoas, sofrendo verdadeira chuva de perguntas. Nesse meio havia espíritas, católicos e até um casal que se dizia descrente, ateu. Assim que terminou a palestra,* passava *das 22 horas, quando* o anfitrião falou *da possibilidade de se fazer uma pequena reunião,* no que obteve *resposta afirmativa.* Feitos *os pre-*

---

[733]GALVES, Nena. *Até Sempre Chico Xavier*. São Paulo: CEU, 2009. cap. 5, p. 40.

[734]Disponível em: <http://www.editoraideal.com.br/grupo-ideal-editora/> Acessado em: 9/8/2018.

[735]NOBRE, Marlene. *Chico Xavier*: meus pedaços de espelho. São Paulo: Fe. cap. 37, p. 299.

parativos, o médium *sentou-se à cabeceira da mesa e foi convidando um por um para tomar parte do trabalho. Chamou logo dra. Amália, esposa do desembargador Maximiano,* que sentou-se *perto dele e junto do desembargador. Continuou chamando até completar os lugares. O trabalho foi iniciado com prece feita pela sra. Maria Antonieta, do Centro Espírita que* José Henrique frequentava. *Transcorria normalmente o trabalho. Chico psicografando e dra. Amália Hermano passava as páginas psicografadas do bloco de papel.* José Henrique notou *que o desembargador não desviava seu olhar um instante sequer daquela máquina espiritual. Terminada a psicografia, deu-se a leitura. A mensagem era do coronel Eugênio Rodrigues Jardim, que foi governador do Estado de Goiás, nascido em Goiás no dia 6/10/1856 e desencarnado em 27/7/1926, quando senador da República, vitimado por um desastre no Rio de Janeiro*[736]*".* Depois disso, o desembargador Maximiniano se tornou grande adepto do espiritismo. No dia seguinte, José Henrique levou Chico a Goiás, onde havia desencarnado um primo de Consuelo, o dr. Lincoln Caiado de Castro.

Ainda com respeito à saída de Chico da CEC, Marlene Nobre conta que o médium comentou com ela, e diversos outros amigos, que o seu sonho, na verdade, era "*completar suas tarefas terrenas em ambiente simples e modesto, como aquele do seu começo*[737]". E esse sonho não se fez por esperar, até porque os amigos mais próximos estavam sempre atentos a suas aflições. Mas, deixando a CEC, onde o médium iria atender às pessoas necessitadas e ao grande público? Onde daria sequência à tarefa da psicografia pública?

Antes que um conflito dessa natureza, no entanto, tomasse corpo, Weaker Batista fez uma doação ao médium: um terreno na av. João XXIII[738], distante apenas quatro quadras da CEC, a fim de que desse continuidade ao seu trabalho mediúnico[739]. Faltava, porém, algo fundamental: onde iria desenvolver suas atividades sem nenhuma sede

---

[736]XAVIER, F. C./Espíritos diversos. *Amor e Luz*. São Paulo: Ideal, 1977. Um elemento ímpar.

[737]Ibidem, cap. 35, p. 283.

[738]BACCELLI, Carlos A. *100 Anos de Chico Xavier*. Uberaba: Leepp, 2010. Da "Comunhão" ao "Grupo Espírita da Prece", p. 320.

[739]BACCELLI, Carlos A. *A Trajetória de um médium*. Uberaba: Leepp, 2011. cap. 4, p. 40.

ou construção? E mais: com que recursos faria isso? Rapidamente, porém, o casal Galves juntou-se a Jorge e Nair Gaio, do Rio de Janeiro, e doaram-lhe os recursos necessários a fim de levantar uma casinha simples e modesta, em terreno doado por Weaker. Assim nasceu o Grupo Espírita da Prece, de propriedade de Francisco Cândido Xavier[740].

Enquanto a nova instituição, porém, estava em construção, Chico mantinha o seu trabalho de correspondências e organização das mensagens psicografadas em sua própria residência. E tinha sempre alguém a ajudá-lo nessa tarefa. Na oportunidade, estava a auxiliá-lo Therezinha de Castro, fundadora do Grupo Espírita Seara de Amor e Luz, no Rio de Janeiro. Normalmente, quando ela ia a Uberaba, fazia comentários sobre *O Evangelho segundo o Espiritismo* e *O Livro dos Espíritos* nas reuniões públicas da CEC. Foi quando, então, um dia, auxiliando o médium na organização das mensagens, e estando a sós com ele, Therezinha lembrou-se de uma passagem de *Óbras Póstumas*, que falava sobre a reencarnação de Allan Kardec, e disse ao médium, à queima-roupa: — *Chico, eu tenho certeza que você é Kardec reencarnado!* Chico fitou-a de soslaio, algo matreiro, e respondeu-lhe: — *Ah, Therezinha! Os Espíritos dizem isto, mas eu não acredito*[741]*!*

Essa era, pois, a segunda vez que Chico se via obrigado a recomeçar suas tarefas espirituais em um novo grupo, sendo que o nome escolhido para essa nova casa foi Grupo Espírita da Prece – GEP –, que abriu suas portas ao público no dia 4 de julho de 1975. O jornal *A Flama Espírita*, de Uberaba, deu notícias desse acontecimento, informando toda a sua programação[742].

No início, estiveram com Chico nessa transição "*somente uns oito gatos pingados*[743]", como o casal Weaker e Zilda Batista, Eurípedes Higino dos Reis, Vivaldo e o jovem casal de namorados, Carlos Baccelli

---

[740]GALVES, Nena. *Chico Xavier*: luz em nossas vidas. São Paulo: CEU, 2012. Cartas do coração, p. 253-254.

[741]BACCELLI, Carlos A. *Chico Xavi r*: a reencarnação de Allan Kardec. Uberaba: Leepp, 2005. Chico e Kardec – um depoimento, p. 49-51

[742]Ibidem, p. 319.

[743]NOBRE, Marlene. *Chico Xavier*: meus pedaços de espelho. São Paulo: Fe. cap. 37, p. 299.

e Márcia, que acompanhava o seu pai, José Thomaz, amigo do médium desde os primeiros momentos em que ele pisou em Uberaba. Chico, inclusive, frequentara a casa de Thomaz e de seu pai, este também médium receitista de excelentes recursos[744]. Carlos Baccelli permaneceria ainda como Secretário da CEC por um tempo, preferindo, depois, permanecer somente ao lado de Chico Xavier[745].

Não havia dúvidas de que o médium precisava de um tempo para reorganizar tudo a sua volta, depois que deixou a CEC. Mas tudo aconteceu tão rapidamente, que nem deu para pensar nisso. Nas sextas-feiras, continuou Chico com o trabalho de receituário mediúnico, em ambiente fechado, que durava até à noite. Por volta das 20h, além dos passes, que ocorria em sala contígua, iniciavam-se os comentários evangélicos com aqueles que se encontravam à mesa. Esses comentários prosseguiam desde a entrada do médium no recinto, repleta de gente sentada, de pé e se acotovelando nas janelas abertas, até o final do serviço de psicografia – recepção pública das cartas de desencarnados e mensagens enviadas pelos benfeitores espirituais. Finda a psicografia, encerravam-se os comentários evangélicos e o médium fazia a leitura das citadas cartas e mensagens. Depois, muita prosa, autógrafos de livros, chá e cafezinho pela madrugada afora[746].

Aos sábados, por volta das 14 horas, as pessoas seguiam a pé três quadras de onde se localizava o GEP, até a Vila da Matinha, para a chamada peregrinação, idealizada por Chico desde os tempos de Pedro Leopoldo. Ali havia distribuição de gêneros alimentícios às famílias pobres. Depois, a peregrinação se transferiu para a Vila dos Pássaros, na rua Tangará, onde havia um imponente pé de abacate e se fazia, à sombra de seus frondosos galhos, comentários evangélicos ao ar livre[747].

No Grupo Espírita da Prece, o médium voltou, pois, a ter, como nos velhos tempos do Centro Espírita Luiz Gonzaga, em Pedro Leopoldo, inteira liberdade de gerir o seu tempo, tanto nos compromissos

---

[744]BACCELLI, Carlos A. *A trajetória de um médium*. Uberaba: Leepp, 2011. cap. 6, p. 67.

[745]Ibidem, cap. 4, p. 40-41.

[746]BACCELLI, Carlos A. *100 Anos de Chico Xavier*. Uberaba: Leepp, 2010. Da "Comunhão" ao "Grupo Espírita da Prece", p. 319-320. Cf. também vivência pessoal do autor deste livro.

[747]BACCELLI, Carlos A. *A Trajetória de um Médium*. Uberaba: Leepp, 2011. cap. 4, p. 41-42.

pessoais e públicos como também dentro e fora do grupo. Foi quando Vivaldo da Cunha Borges, que vivia na casa de Chico como um segundo filho adotivo[748], sem ter conseguido concluir o curso de Medicina, devido a problemas de saúde[749], resolveu ajudar seu benfeitor de alguma forma. E a forma encontrada foi catalogar as mensagens recebidas pelo médium, organizando-as por autores, datas e locais de recebimento. Além disso, Vivaldo passou também a datilografar e diagramar as mensagens, de acordo com os projetos editoriais[750].

Parte desse trabalho dos livros, agora realizado por Vivaldo, era feito antes pelo dr. Elias, excetuando-se alguns serviços específicos e o de diagramação. Com a mudança do médium para o GEP, dr. Elias, que trocava ideias, semanalmente, com o médium, referentes à edição de seus livros, desde 1959[751], se viu desobrigado desse trabalho, deixando Vivaldo inteiramente livre. Mas continuou frequentando normalmente a casa de Chico, tanto assim que tinha uma cópia da chave de sua casa, e não deixou também de prestar assistência aos necessitados da CEC, como médico e colaborador. Além disso, dr. Elias era um homem muito ocupado: pela manhã, dava aulas na faculdade; à tarde, trabalhava no Sanatório e em seu consultório, chegando em casa por volta das 21h, para a convivência familiar com a esposa e duas filhas[752].

Dois dias após a inauguração do GEP, o médium finalizou o livro *Jovens no Além* (Geem), por Espíritos diversos. Esse livro tem um quê de ineditismo e peculiaridade por trazer a público cartas de quatro jovens recém-desencarnados (dois de 17 e dois de 25 anos de idade), com suas gírias e maneirismos, próprios da idade, mas conduzidas pela fé, pelo otimismo e sob a responsabilidade orientada dos benfeitores espirituais.

---

[748]SOUTO MAIOR, Marcel. *As Vidas de Chico Xavier*. São Paulo: Planeta, 1994. "Morre um capim, nasce outro", p. 17.

[749]GALVES, Nena. *Chico Xavier*: luz em nossas vidas. São Paulo: CEU, 2012. Cartas do coração, p. 259.

[750]LEMOS NETO, Geraldo. *Chico Xavier*: mandato de amor. 5ª ed. Belo Horizonte: UEM, 2007. Um trabalho de amor, p. 187; Disponível em: <http://www.vinhadeluz.com.br/site/noticia.php?id=1714> Acessado em: 11/8/2018.

[751]Disponível em: <https://www.youtube.com/watch?v=ui4YUOxqjBc>; <http://radioboanova.com.br/artigos/depoimento-dr- -barbosa-sobre-chico-xavier/> Acessados em: 11/8/2018.

[752]Disponível em: <https://www.youtube.com/watch?v=I1dWMNidJXI> Acessado em: 11/8/2018.

Até o final do mês de julho, mais dois livros seriam finalizados: *Conversa Firme* (Geem), de Cornélio Pires, e *A Terra e o Semeador* (IDE), que reúne entrevistas concedidas pelo médium no período de 1958 a 1975. Seguem-se a esses, os livros *Chão de Flores* (Ideal), finalizado no final de agosto, trazendo quase uma centena de trovas por Espíritos diversos, e *Caminhos de Volta* (Geem), de Emmanuel, finalizado no final de outubro. Esse último livro, inicia cada capítulo com breves comentários do médium sobre o tema central, tratado na reunião da noite, e baseado nas obras de Kardec.

O médium esteve ainda esse ano em Foz do Iguaçu (PR), acompanhado pelo casal Galves e Joaquim Alves, para uma noite de autógrafos no Centro Espírita Os Mensageiros. Visitou também as cataratas do Iguaçu e outros pontos turísticos da cidade. Foi quando os Galves manifestaram o desejo de ir a um cassino na fronteira com o Paraguai – no Brasil, os cassinos eram proibidos por lei desde 1946[753]. Chico gentilmente os acompanhou. O casal colocava moedas uma após outra, e nada. Então, Nena sugeriu ao médium que ele colocasse também moedas. E qual não foi a surpresa quando, na primeira, a máquina despejou um monte delas para fora. Chico havia tirado a sorte! Mas ele não ficou com elas. Distribuiu-as entre os amigos e pediu-lhes, em seguida, que as mesmas fossem devolvidas às máquinas. Feito isso, ninguém mais tirou a sorte com elas. E o médium avisou que já estava na hora de partirem, pois aquilo "*era dinheiro de jogo e ao jogo pertencia*[754]".

Por conta ainda da grande audiência de Chico na televisão, desde o *Pinga Fogo*, a TV Tupi resolveu levar ao ar, em 1º de outubro desse ano (1975), a primeira novela baseada em uma de suas obras (*E a Vida Continua...*): *A Viagem*, de Ivani Ribeiro, que prometia ser também um sucesso[755].

---

[753]Disponível em: <https://pt.wikipedia.org/wiki/Proibi%C3%A7%C3%A3o_dos_jogos_de_azar_no_Brasil> Acessado em: 11/8/2018.

[754]GALVES, Nena. *Até Sempre Chico Xavier*. São Paulo: CEU, 2009. cap. 6, item 15, p. 74-76.

[755]Disponível em: <https://pt.wikipedia.org/wiki/A_Viagem_(1975)> Acessado em: 13/8/2018; *A Viagem*, de Ivani Ribeiro, que teve o seu remake entre abril e outubro de 1994, na TV Globo. Disponível em: <https://pt.wikipedia.org/wiki/A_Viagem_(1994)> Acessado em: 13/8/2018.

Na metade de dezembro, o médium foi surpreendido com uma doação no valor de cinquenta mil cruzeiros, oferecida por uma senhora de Santa Rita do Passa Quatro (MG), dona Margarida Magnabosco, como presente de Natal. O médium, porém, "*conquanto agradecesse essa elevada importância, pediu que a mesma fosse confiada a uma comissão de espíritas da aludida cidade, para a criação da `Cantina Dalila, em que cada criança aí pudesse tomar diariamente um copo de leite*[756]".

No dia 27 de dezembro, por iniciativa de Gilberto Aiello, responsável pelo Núcleo Espírita O Semeador do Evangelho, e com a participação também de dedicados companheiros de tarefas sociais, como Marlene Nobre[757] e Joaquim Alves, o Jô, Chico esteve na Penitenciária de São Paulo para uma visita fraterna. Na verdade, Jô foi quem o convidou primeiramente a fazer essa visita[758].

O auditório estava lotado e os reeducandos cantavam em coro a música de Roberto e Erasmo Carlos: "*Irmãos*, vamos seguir com fé tudo que ensinou o homem de Nazaré...". Após a prece e as considerações iniciais, "*os reeducandos dirigiram perguntas ao médium, que falou de esperança, fé, reencarnação, amor materno, amor de Deus, felicidade, ressaltando a nossa condição de reeducandos na Terra*[759]".

O médium também fez um pedido ao diretor dessa instituição, para que as celas fossem abertas, uma por vez, a fim de que ele pudesse ter acesso direto ao preso. Foi uma emoção muito grande, mas nada de anormal aconteceu. Pelo contrário. Um deles chegou, inclusive, a sussurrar no ouvido do médium, dizendo, entre lágrimas, "*que sabia estar perdido, e sua alma estava sem salvação, pois havia tirado a vida de seis pessoas. Por certo Deus o puniria. Após ouvi-lo Chico, abraçando-o, disse: `Meu querido irmão, não perca a fé, Deus tem recursos para permitir a redenção e não a punição a seu Espírito. Reze e peça a oportunidade na reencarnação futura de tê-los como filhos em seu futuro lar. Deus o atenderá´. O homem sentiu paz e esperança em seu coração. Seu olhar passou a ser*

---

[756]GERMINHASI, Rubens Silvio. *Luz Bendita*. São Paulo: Ideal, 1977. Maria Eunice Meirelles, p. 137.

[757]NOBRE, Marlene. *Chico Xavier*: meus pedaços de espelho. São Paulo: Fe. cap. 35, p. 284.

[758]Disponível em: <https://www.facebook.com/mensageirosgrupo/photos/a.639199269454589.1073741828.639175912790258/961613210546525/?type=1&theater> Acessado em: 13/8/2018

[759]Ibidem, 284-285.

de consolo e gratidão ao médium, que, beijando-lhe as mãos, continuou: `Não perca a fé, Jesus estará sempre contigo[760]'". Sensibilizado com tudo que aconteceu, Chico incentivou Joaquim Alves a dar continuidade a essa tarefa doutrinária e evangelizadora junto aos presos, levando-lhes roupas e alimentos, como ele já o fazia[761].

Iniciado 1976, Chico trouxe a lume mais uma obra mediúnica, em dez curtos capítulos, por Francisco V. Lorenz, o fenômeno poliglota, que falava, escrevia e se comunicava em mais de cem línguas (inclusive línguas mortas), desencarnado em 1957, em Porto Alegre[762] (RS): *O Esperanto como Revelação* (IDE). Nesta obra, Lorenz explica como se dá a comunicação nos vários planos da vida e a importância da linguagem unificada do Esperanto. Ainda nesse mês, o médium foi a Araxá (MG) para a inauguração do Centro Espírita Caminho do Bem, dirigido por Sylvia de Almeida Barsante, onde distribuiu três mil rosas e recebeu ali um poema de Maria Dolores[763]. De modo geral, contudo, buscava não sair muito de Uberaba, provavelmente até que a nova casa se mostrasse bem estabelecida.

Em fevereiro, dois de seus iluminados mentores, de grande importância na produção lítero-mediúnica de Chico, Emmanuel e André Luiz, se uniram para transmitir-lhe o livro *Busca e Acharás* (Ideal). Nele, Emmanuel escreveu, de forma simples e direta, no capítulo inicial:

"Para a frente

Por mais sofras,
Jamais desanimes.

O problema aparece
Carregando a lição.

---

[760]ELOÍSA. Joaquim Alves, "Jô". Seareiro: órgão de divulgação do Núcleo de Estudos Espíritas "Amor e Esperança". ano 7, nº 51, jan./2006, p. 8.

[761]Ibidem, p. 4.

[762]Disponível em: <http://g1.globo.com/rs/rio-grande-do-sul/noticia/2015/05/conheca-historia-do-agricultor-que-sabia-falar-mais-de-100-idiomas.html > Acessado em: 14/8/2018;

[763]NOBRE, Marlene. *Chico Xavier*: meus pedaços de espelho. São Paulo: Fe. cap. 35, p. 285.

Surge a crise
Revelando a verdade.

Provações no caminho
Somam experiência.

Deus sabe o que precisas
Para seres feliz.

Segue à frente e não temas
Escorando-te em Deus."

No mês seguinte, Chico foi novamente favorecido com uma doação de vulto, no valor de cento e quarenta mil cruzeiros, por dona Ilda Góes, residente no Rio de Janeiro. Sem perda de tempo, e como de costume, o médium transferiu o valor recebido para o Lar da Caridade (ex-Hospital do Pênfico), dirigido por Aparecida Conceição, da qual era benfeitor permanente[764].

Aliás, essa característica de desprendimento do médium era conhecida de todos os que conviviam com ele mais de perto. Por exemplo, não fazia muito tempo Nena e Francisco Galves foram testemunhas oculares de vê-lo se desfazer de um luxuoso Gálaxie que um amigo de doutrina do casal lhe presenteou. Chico acariciou o carro, elogiou, e depois disse amorosamente ao seu doador: "*Meu filho, eu agora não posso ficar com o carro, presente maravilhoso que você me deu! Mas eu vou pedir a você que o guarde para mim. Quando eu precisar, prometo a você que vou te procurar para que possa me emprestá-lo. E devolveu as chaves ao doador com toda a sua delicadeza*[765]".

---

[764]GERMINHASI, Rubens Silvio. *Luz Bendita*. São Paulo: Ideal, 1977. Maria Eunice Meirelles, p. 1136-137.

[765]Entrevista de Nena Galves no programa *Transição* nº 99 (1/2). Disponivel em: < https://www.youtube.com/watch?v=ygL1rn3D_fI> Acessado em: 15/8/2018.

Entre tantos outros casos, há também o do Fuscão – último modelo, de luxo, zero quilômetro – que ele ganhou de um doador desconhecido, em 1971. Horas depois de ganhá-lo, chegou o dono do estabelecimento comercial que fornecia verduras e produtos alimentícios para a sopa dos pobres, e Chico convidou-o gentilmente para ver o carro que acabara de ganhar, falando:

"— *Que tal? Gostou?*

— *Magnífico! Extraordinário! Que Linda cor! – exclamou o visitante entusiasmado.*

— *Leve-o. – falou mansamente o irmão de todos os sofredores e desvalidos. – Você me paga em macarrão para as minhas sopas e sacolas*[766]".

Os livros *Amanhece* (Geem) e *Recanto de Paz* (Fundação Marietta Gaio), ambos por Espíritos diversos, aconteceram a seguir, no mês de abril. O primeiro, à semelhança de *Caminhos de Volta*, inicia cada capítulo com breves comentários de Chico, seguido da mensagem do autor espiritual. O segundo, reune trovas e poemas recebidos pelo médium quando de suas visitas à Fundação Marietta Gaio, em momentos diversos – essa fundação, desde a década de 1940, amparava pessoas necessitadas e em situação de risco. Na época, o próprio médium foi amparado por ela. Em junho, Emmanuel enviou a obra *Deus Sempre* (Ideal), espargindo mais de sua sabedoria cristã:

"Momentos de Luz

Alguém Ofendeu-te?
Esse é o ensejo de desculpar.

Alguém não te entende a dedicação?
Essa é a oportunidade de amar e servir ainda mais."

---

[766]Disponivel em: <http://www.vinhadeluz.com.br/site/noticia.php?id=1715> Acessado em: 15/8/2018.

Em junho de 1976, Chico fez nova visita à Penitenciária de São Paulo, desta feita para inaugurar a "*sala Bezerra de Menezes, um recanto de meditação e estudo em meio aos livros* de uma *biblioteca espírita; um convite permanente de renovação. Durante esses colóquios fraternos, a receptividade* era *muito grande por parte dos reeducandos, mais de quatro centenas, interessados em recolher os ensinamentos do médium*[767]." Ainda no dia 24 desse mês, desencarnou em São Paulo, de acidente automobilístico, o dr. Lauro Michielin, amigo de Chico desde os anos 1950, primeiro presidente do Sanatório Espírita Antonio Luiz Sayão e um dos principais responsáveis pela criação do Anuário Espírita e também do Instituto de Divulgação Espírita – IDE –, de Araras[768].

No mês seguinte, o médium finalizou o livro *Somos Seis* (Geem), dos mesmos autores de *Jovens no Além*. Somente que agora, nesse livro, eram seis jovens, sendo dois estreantes e tendo um deles desencarnado no espantoso incêndio do Edifício Joelma, em fevereiro de 1974, em São Paulo. Era este o caso da jovem Volquimar, de 21 anos de idade, que apareceu em Espírito a sua mãe, algumas horas após o sinistro, confirmando que havia desencarnado. Isso certamente aconteceu porque seu irmão mais novo, Álvaro, de 19 anos, havia visitado a irmã no IML, mas omitiu isso à mãe, com receio de ela sofrer um abalo maior. Álvaro trabalhava na mesma empresa que Volquimar, porém conseguiu deixar o prédio antes de o incêndio tomar proporções assustadoras. Eis alguns trechos da primeira carta de Volquimar a sua mãe e parentes:

"*Querida mãezinha, meu querido Álvaro* (irmão). *Primeiro a bênção que peço a Deus em nosso auxílio e a bênção que rogo à querida mamãe para que as forças não faltem, agora que tomo o lápis com o auxílio de meu avô* (avô materno, Álvaro de Carvalho) *para escrever.*

(...)

Quando recebi o impacto da notícia do fogo, o tumulto fora da sala não era pequeno. O propósito de fazer com que o trabalho rendesse, ha-

[767]NOBRE, Marlene. *Chico Xavier*: meus pedaços de espelho. São Paulo: Fe. cap. 35, p. 284.

[768]Disponível em: <www.autoresespiritasclassicos.com/biografias%20espiritas/L/Lauro%20Michielin.doc> Acessado em: 15/8/2018.

bitualmente, nos isolava dos ruídos exteriores. E o tempo de preservação possível havia passado. Atendi automaticamente ao impulso que nascia nos outros companheiros – descer à pressa. E fizemos isso. Elevadores não mais podiam aguardar-nos. A força elétrica sofrera a queda compreensível. Esforcei-me por atingir algum meio para a descida, mas isso se fazia impraticável. Com alguns poucos que me podiam ouvir, subimos apressadamente para os cimos do prédio. A esperança nos helicópteros estava em nossa cabeça, mas era muito difícil abraçar tantos para o regresso à rua com recursos tão poucos. Entendi tudo e orei.

(...)

Mais tarde com algumas horas de liberação do corpo, é que despertei ao seu lado. Aquele amigo certo que hoje sei nele o meu avô e benfeitor de todos os dias, estava a postos, reconfortando-me.

(...)

De minha parte, estou melhorando. Agradeço as suas preces e as orações de Volnéia e de Volnelita, do Álvaro (irmãos) *e dos nossos todos, sem esquecer a nossa querida Célia* (amiga de cursinho*) e outras amigas. Todos os pensamentos de paz que me enviam são preciosos agentes de auxílio em meu favor.*

(...)

Nossas irmãs e os cunhados José e Wilson sempre amigos, nosso Álvaro, nossos queridos Flávio e Cristiano(sobrinhos), com a sua imagem materna em meu coração, prosseguem comigo, como não podia deixar de ser.

(...)

Meu avô e nossos amigos Augusto e José Roberto (amigos desencarnados) *estão aqui conosco. Agradeço as nossas queridas amigas Yolanda e Helena, Acácia* (mãe dos amigos desencarnados) *e outras irmãs, pelo incentivo à confiança em Deus que estamos recebendo. O amor é um milagre permanente. Por ele as afeições se multiplicam e os nossos corações sempre se escoram em novas esperanças para a vitória na vida.*

(...)

Nossos amigos Augusto e José Roberto, já treinados com o intercâmbio na escrita, estão me amparando. Queridas irmãs Yolanda, Helena e Acácia, agradeço muito. Querida mamãe, meu querido Álvaro, irmãos e irmãs do coração, Deus os recompense. Mamãe, ouça-me dando notícias e recorde aqueles recados: Mãezinha, fique tranquila; mãezinha, estou bem; mamãe, já cheguei do trabalho; mamãe, chegarei um pouco mais tarde. E esteja certa, querida mãezinha, de que com o beijo de todos os dias e carinho de todos os momentos, continua sendo sua, sempre sua, a filha que lhe entrega o próprio coração. Hoje e sempre a sua

Volquimar"

Para se ter uma ideia de como esse livro, *Somos Seis*, acenava ser um *best seller*, na época, certamente devido ao caso Volquimar e sua linguagem jovial, mais adiante, no mês de setembro, Chico participaria de uma tarde de autógrafos, em Ribeirão Preto, com cerca de cinco mil pessoas com o *Somos Seis* na mão, esperando pelo autógrafo do médium[769]. Aliás, como se sabe, após o *Pinga Fogo*, esse fenômeno tornou-se comum a todos e quaisquer eventos de que o médium participasse.

Nos meses de agosto, setembro e outubro desse ano[770], a médium paulistana Zíbia Gasparetto, que estava em seu terceiro romance mediúnico[771], acompanhou seu filho, o jovem Luiz Gasparetto, que manifestava uma modalidade pouco comum de mediunidade: a psicopictografia[772]. Menos comum ainda era o fato de os esboços e pinturas mediúnicas desse jovem médium virem assinadas por nomes conhecidos no mundo da pintura, tais como os impressionistas Toulouse Lautrec, Van Gogh, Monet, Manet, Renoir e os modernistas Picasso, Modigliani, Tarsila do Amaral etc. Luiz Gaspareto pintava com as duas mãos e os pés, fazendo esboços em questão de segundos ou poucos minutos, com imensa celeridade. Chico

---

[769] SOUTO MAIOR, Marcel. *As Vidas de Chico Xavier*. São Paulo: Planeta, 1994. A vida desapropriada, p. 215-216.

[770] Ibidem, p. 213; NOBRE, Marlene. *Lições de Sabedoria*: Chico Xavier nos 23 anos da Folha Espírita. São Paulo: Fe, 1997. Oitava parte, caps. 42, e Décima parte, cap. 102.

[771] Disponível em: <https://pt.wikipedia.org/wiki/Z%C3%ADbia_Gasparetto> Acessado em: 17/8/2018.

[772] Desenho e pintura mediúnicos.

endossou a mediunidade do filho de Zíbia, mas o advertiu também sobre a necessidade de disciplinar os Espíritos, dando a eles um tempo adequado para se manifestarem[773].

Quem presenciou também a visita de Luiz Gasparetto a Chico Xavier, num de seus encontros esse ano, foi o escritor, jornalista e historiador Fernando Worm, que anotou a conversa entre eles, guardando-a para futura publicação em órgão de imprensa. Na ocasião, voltou a entrevistar Chico Xavier, fazendo-lhe uma série de perguntas:

"— *Chico, você confirma que seu mentor espiritual Emmanuel é o mesmo que, sob tal nome e no anonimato da Equipe espiritual, elaborou com Allan Kardec não só* O Evangelho segundo o Espiritismo, *como as demais obras da Codificação grafadas a partir de 1856?*

— *Creio, que sim,* respondeu o médium. *Conservo para mim a certeza de que ele terá participado da Equipe que colaborou na Codificação da Doutrina Espírita. A mensagem intitulada `Egoísmo', no capítulo XI, nº 11, de* O Evangelho segundo o Espiritismo, *em que se faz referência a Pilatos, é de autoria do nosso benfeitor espiritual. Não tenho dúvidas a esse respeito*[774]."

A propósito, Fernando foi o primeiro a se interessar em anotar entrevistas do médium com seus consulentes, como a de uma senhora grisalha, vincada pela sombra do sofrimento:

"— *Chico, que deve fazer uma esposa que após trinta anos de dedicação ao marido, de repente este lhe confessa ter encontrado outra companheira mais nova e com mais saúde, pega as malas e nunca mais envia notícias sequer?*

— *Minha irmã,* disse-lhe o médium, *na vida amei entranhadamente pessoas que se afastaram de mim sem ao menos dizer o porquê. Se eu tivesse perdido essas pessoas por morte, talvez eu não resistisse a tão preciosas perdas. Mas como os motivos foram outros, na própria naturalidade com que se despediram serenamente, fui encontrar razões para*

---

[773]WORM, Fernando. *A Ponte*: diálogos com Chico Xavier. 2ª ed. Guaíba: Lie, 1982. II – A porta estreita da mediunidade, p. 19-22.

[774]Ibidem, p. 25.

minha própria restauração. Na vida há encontros que são reencontros e há encontros que são amargos desencontros[775]."

Outro caso foi o de uma educadora de São Paulo, que perguntou sobre o grave problema dos vícios e das drogas, que já se insinuava na sociedade daquele tempo:

"*— Entendemos, que, com esses jovens, está faltando um diálogo de amor,* opinou o médium. *Na base do problema, porém, há falta de apoio familiar com raízes na religiosidade. Também sou a favor que se diga a verdade aos jovens, mas, para exemplificar, estamos numa reunião, o moço envolvido em tóxicos vem aqui, ouve a verdade sobre as consequências previsíveis do que está fazendo, percebe que tal prática realmente é um malefício, mas, depois, sai daqui, chega em casa e encontra o mesmo ambiente de incompreensão e falta de apoio. Teria valido somente o saber da verdade? Não nos esqueçamos de que temos responsabilidades nos problemas afetivos que tenhamos suscitado neles. Todos somos filhos e, ao mesmo tempo, sócios de Deus. Quando disse a Escritura: "Crescei-vos e multiplicai-vos" não foi só em sentido reprodutivo, do ponto de vista físico, mas também com vistas ao desenvolvimento das qualidades e realizações espirituais. A paternidade e a maternidade são oportunidades evolutivas que Deus concede às criaturas.*

Uma jovem propôs-lhe ainda *outra questão:*

— Você concorda em que o sexo é um dos principais problemas da vida? Como devo encarar o ato da sedução?

— Sendo o sexo uma força criativa, respondeu o médium, *eu diria que talvez quem não tiver problemas de sexo estará doente. Somos seres sexuados, esta é uma das realidades humanas.*

Aquele que nada sente nesse sentido, no mínimo está com os centros genésicos ocultos. Não somos anjos e, se o fôssemos, nosso lugar não seria aqui... Saibamos porém que os anjos podem ser ingênuos. Eles passaram com certeza por nossas experiências. Frequentemente, os Espíritos orientadores nos esclarecem que devemos evitar a promiscuidade. Isso

[775]Ibidem, p. 33.

é tão importante. Não se deve usar um corpo usado por outrem, assim como não se mora em duas casas concomitantemente. Conscientizemo-nos também de que o problema da sedução irresponsável, egoística, é muito grave, de vez que contraímos séria dívida com a pessoa seduzida. Tem ocorrido caso de sedutores assassinados por suas vítimas que chegam no Além na condição de assassinos de si próprios, pois que, por reações indébitas, provocam o próprio fim. Nunca nos cabe o direito de saquear ou dilapidar a vida do próximo. Cada um pode e deve administrar o próprio corpo como melhor lhe parece. Devemos contudo discernir o que nos convém daquilo que significa sementeira amarga.

— E a permissividade sexual hoje existente, irá perdurar por quanto tempo?

— Talvez uns 200 anos ou mais. Sabemos o que aconteceu: durante séculos as manifestações sexuais estiveram reprimidas dentro de um círculo muito restrito por alguns que tinham interesse na repressão de suas expressões e anseios. Isso foi possível até determinado tempo[776].

Por essas e outras, é possível entender o motivo de Chico ter trazido Fernando para o seleto grupo de seus amigos. Com certeza, ele sabia o que cada um carrega dentro de si. Com Fernando não foi diferente: era uma alma boa, que, em pouco tempo, se interessou pela divulgação da doutrina espírita, tendo visto em Chico um foco disseminador de luz. Como tantos outros amigos do médium, que moravam distantes de Uberaba, Fernando passou a visitá-lo com alguma frequência, feliz em colher dele os novos frutos do espiritismo cristão.

Dois livros foram também finalizados em setembro desse ano (1976) pelo médium: o livro infantil *Tintino... O Espetáculo Continua* (Geem), por Francisca Clotilde e *Auta de Souza* (IDE), pelo próprio Espírito de Auta de Souza. No mês seguinte, mais um livro inédito, *Crianças no Além* (Geem), marca a estreia do garoto Marcos Hideo Hayashi, de apenas 12 anos de idade, atuando como interlocutor do mundo maior, com pesquisas elaboradas por Caio Ramacciotti, provando que criança desencarnada também pode se comunicar com seus pais e parentes que ficaram. Mas,

[776] Ibidem, p. 33-34.

nesses casos, evidentemente, elas recebem sempre a ajuda de um adulto para isso. No caso de Marcos Hideo, ele teve a ajuda de seu avô materno, Joaquim Diogo Oliveira, para se comunicar. Mas o mais importante é que, embora muito criança, o objetivo da espiritualidade nesse caso foi aplacar a dor familiar, uma vez que um acidente automobilístico ceifara não apenas a vida de Marcos, mas também a de dois irmãos seus menores ainda, João Batista Hayashi, de 11 anos, e Sheila Tieko Hayashi, de 7 anos, mais a tia, Maria Prestes de Oliveira. Um drama familiar dos mais inquietantes, não fosse a psicografia de Chico ter levado, mais uma vez, consolo e equilíbrio espiritual ao coração despedaçado dos pais. Eis alguns trechos da primeira comunicação de Marcos, explicando, em especial, como ele e os irmão foram recebidos e tratados no mundo maior:

"*Querida Mamãe, a senhora pede notícias e rogou tanto, mas tanto, perante as orações, que me vejo aqui para trazer a esperança ao seu coração e fortalecer em meu pai a confiança na vida. Não sei como fazer isso direito: escrever falando o que se passa. Meu avô está me auxiliando, mas, por dentro de mim, estou como quem traz o pensamento tropeçando na vontade de chorar.*

(...)

Sei tudo o que tem acontecido. Sei, Mãezinha, que a senhora, está sendo considerada uma pessoa em perturbação mental. Mas nós entendemos daqui as suas aflições. Três filhos esmagados quase ao chegarem em casa ... E a nossa separação de repente. Isso transtornaria o cérebro de um gigante, quanto mais os nossos corações sempre ligados pelo carinho. Desde que acordei aqui, ouço os seus gritos do coração, suas palavras que não são faladas, suas preces de aflição no silêncio e suas lágrimas que aí na Terra ninguém vê... Mas peço à senhora, em nome da nossa Sheilinha, do João Batista e em meu nome, para viver e viver com fé em nosso reencontro. Mamãe, se não fosse a falta que a gente experimenta de casa, se não fosse a voz da senhora e do papai por dentro de mim, eu diria que tudo está bem. Mas posso dizer agora que tudo melhorará, quando melhorarem na paciência e na confiança. Estamos num parque de crianças que vieram para cá apressadamente. Temos tratamentos, exercícios lições e muito carinho. Muitos meninos já crescidos ajudam os menores e são auxiliares de enfermeiras queridas que nos amparam, como sendo filhos do coração. Temos repouso, mas o repouso é atravessado pelas recordações que se fazem tão vivas como se fossem relâmpagos coloridos e parados em nossas lembranças. Nessas telas da alma, vemos o que se passa à distância e, além disso, suas vozes, Mãezinha, nos alcançam por todos os meios. Peço a você – a você que é nosso querido anjo da guarda – entregar a Deus os acontecimentos de fevereiro (de 1975, quando ocorreu o acidente). *Não chore mais com desânimo e aflição."*

Aparentemente, as justificativas de Chico, quando deixou a CEC (maio/75), com respeito a sua saúde e também à impossibilidade de trabalhar em regime institucional, pode ter soado meio que forçado, para alguns, uma vez que logo assumiu responsabilidades públicas na nova agremiação, o GEP. Mas um acontecimento inesperado, ocorrido no dia 12 novembro[777], veio a corroborar o que ele havia dito.

Ocorre que uma mulher, presente à reunião no GEP, estava desesperada em razão de um filho seu ter se suicidado. Ela e o marido eram "*materialistas, comunistas, e ocupavam cargos de destaque na vida universitária do país*". Mais ainda: tinham a consciência pesada por que haviam impedido, com certa violência, que ele se tornasse padre, como era do desejo dele. Então, "*o jovem entrou para o seu quarto e tirou a própria vida*". A mãe do rapaz aguardava mensagem do filho naquele momento, mas, ao final da reunião, nada de mensagem, porque, como todos sabem, "*o telefone toca de lá pra cá*[778]", não tendo o médium nada que ver com isso.

A mãe, porém, estava bastante perturbada e não compreendia os motivos do porque "o telefone toca de lá pra cá". Após a sessão e em voz alta, "*destratou o médium de forma cruel. Afirmou que ele estava ali a serviço tão somente das pessoas ricas e poderosas, era interesseiro, bajulado e outros adjetivos impróprios.*

---

[777]WORM, Fernando. *A Ponte*: diálogos com Chico Xavier. 2ª ed. Guaíba: Lie, 1982. II – A porta estreita da mediunidade, p. 27.

[778]NOBRE, Marlene. *Chico Xavier*: meus pedaços de espelho. São Paulo: Fe. cap. 36, p. 289-290.

Chico não reagiu, manteve-se silencioso e calmo, mas foi para casa, de certa forma, combalido, e naquela madrugada teve um infarto agudo do miocárdio[779]".

O dr. Eurípedes Tahan Vieira, amigo desde os primeiros momentos na CEC, foi quem prestou os primeiros socorros ao médium, passando a cuidar dele dali em diante[780]. Ficou vinte dias em repouso absoluto, imediatamente após o infarto, sendo cuidado por Dinorá Fabiano[781], que cozinhava para ele desde 1971[782]. "*Era proibida a visita dos encarnados, mas não dos desencarnados. E Chico passou a recebê-las de tarde e à noite*[783]". Após esse repouso, foi liberado para voltar às atividades no GEP, com a compreensível restrição de horários. Por exemplo, as reuniões, que não tinham hora para terminar, entrando madrugada adentro, agora obedeciam a um horário rígido, em conformidade com a orientação médica: das 16 às 22h[784]. Segundo Weaker Batista, Chico era muito dócil aos conselhos médicos e tomava os medicamentos por eles prescritos sem qualquer reclamação[785].

Com as restrições apontadas, o médium conseguiu retomar as atividades no Grupo Espírita da Prece normalmente, até porque os visitantes e os pedidos de assistência espiritual eram constantes, quase intermináveis, sem dizer que ele era alvo ainda de cobranças descabidas. Quanto aos livros, porém, praticamente não houve interrupção da produção nem na quantidade de cartas que ele expedia, semanalmente: em torno de 500, mais cerca de 140 mil mensagens. Chico era quem fazia o endereçamento delas e Weaker Batista o seu empacotamento, sendo que o médium ficava até as 3 ou 4 horas da manhã trabalhando nisso[786].

---

[779]Ibidem, p. 290.

[780]Idem.

[781]Ibidem, p. 293.

[782]Disponível em: <https://www.terra.com.br/istoegente/101/reportagem/capa_chico2.htm> Acessado em: 21/8/2018.

[783]NOBRE, Marlene. *Chico Xavier*: meus pedaços de espelho. São Paulo: Fe. cap. 36, p. 293.

[784]Ibidem, cap. 37, p. 297.

[785]Idem.

[786]Ibidem, p. 295-296.

Ainda em novembro, mais precisamente no dia 21, Fernando teve um sonho com o médium – sonho real, em desdobramento –, reparando que ele "*estava muito emagrecido, a roupa parecia folgada demais no corpo,* dando a impressão *de que estava adoentado*[787]". Depois teve a confirmação pelo próprio médium, que disse, na oportunidade, estar abatido fisicamente e *num pequeno descanso*, devido a sucessivas gripes, que o impediram, inclusive, de comparecer a duas cidades, Araçatuba (SP) e São Bernardo do Campo[788] (SP). Desde criança, era comum ao médium ter desdobramentos, mas, depois do infarto, é possível que a propensão ao repouso o tenha colocado diante de uma maior predisposição ao fenômeno, além de, como é sabido, ser para ele também normal ouvir o pensamento das pessoas.

Dois dias após esse sonho-desdobramento de Fernando, Chico tomou uma decisão, preventivamente: fez uma declaração escrita à mão, uma espécie de testamento, caso ele viesse a desencarnar, na qual expunha a sua vontade sobre uma série de questões, como a destinação futura de suas mensagens e seus livros mediúnicos, aos cuidados de Vivaldo da Cunha Borges, entre outras coisas. Assinaram essa declaração, como testemunhas, Francisco Galves, Weaker Batista, Zilda Costa Batista, Fúlvio Márcio Fontoura e Ivone Costa Nunes Fontoura.

Nesse ano casaram-se também dois dos colaboradores mais assíduos e dedicados no trabalho do GEP, os jovens Carlos Baccelli e Márcia Thomaz[789], que haviam se transferido juntamente com o médium da CEC para a nova casa. Baccelli e Márcia vinham se destacando como oradores de temas evangélico-espíritas nas reuniões públicas, além de outras atividades comuns e necessárias no atendimento ao público[790].

---

[787]WORM, Fernando. *A Ponte*: diálogos com Chico Xavier. 2ª ed. Guaíba: Lie, 1982. I – Introdução, p. 1; Ibidem, II – A porta estreita da mediunidade, p. 27.

[788]Idem.

[789]BACCELLI, Carlos A. *A Trajetória de um Médium*. Uberaba: Leepp, 2011. cap. 2, p. 25

[790]Ibidem, cap. 3, p. 31.

Cinquenta anos de mediunidade e novas homenagens. Proteção à saúde, reencontro com Divaldo e continuidade dos trabalhos

Começando o ano de 1977, Chico estava em São Paulo com os Galves, e numa oportunidade, como era de hábito, foi com Francisco Galves até a Livraria Espírita Boa Nova, do confrade Stig Roland Ibsen[791], localizada próximo à praça da República – Stig foi o primeiro a elaborar e publicar um catálogo das obras do médium, juntamente com sua esposa, Edith Nóbrega Ibsen, em 1970[792]. Adentrando na livraria, eis que alguém pergunta ao médium:

"— *O senhor é mesmo Chico Xavier?*

— Sim, sou um seu criado, respondeu Chico.

O senhor deu-lhe um abraço e disse:

— Dizem que O senhor está completando cinquenta anos de mediunidade ininterrupta e também cento e cinquenta livros mediúnicos, isto é verdade?

— É, sim.

— O senhor é um privilegiado do Céu! – exclamou o senhor com muito entusiasmo. Diga-me, Chico, quais são os seus privilégios perante os Céus?

Chico responde calmamente:

— Meu amigo, não sei quais são os meus privilégios perante os Céus! Fiquei órfão de mãe aos cinco anos de idade. Fui entregue à proteção de uma senhora que durante quase dois anos, graças a Deus, me favorecia com pelo menos uma surra diária com vara de marmelo. Aos oito anos de idade, empreguei-me numa fábrica de tecidos e nela trabalhei quatro anos seguidos à noite, para poder ir à escola primária durante o dia.

---

[791] Disponível em: <http://espiritualidades.com.br/NOT/Not_2016/2016_05_31_Stig_videos.htm > Acessado em: 22/8/2018

[792] IBSEN, Stig Roland; IBSEN, Edith Nobrega Canto. *Catálogo Geral das 100 Obras de Chico Xavier*. São Paulo: Edigraf, 1970.

Empreguei-me como auxiliar de cozinha, balcão e porta num pequeno empório durante quatro anos, mais ou menos. Em seguida, empreguei-me numa repartição do Ministério de Agricultura, na qual trabalhei trinta e dois anos, começando na limpeza da repartição, até chegar a escriturário, quando me aposentei. Na infância sofri de uma moléstia de pele, fui operado no calcanhar devido a um tumor que ali cresceu, dos doze aos quinze tive o mal da Coréia ou mal de São Guido. Perdi a visão de um dos olhos com uma queda de retina, muito cedo, ainda jovem. No ano de 1951, fui operado de uma hérnia estrangulada. Acompanhei a desencarnação de irmãos que me eram particularmente queridos na família. Em 1944, sofri um processo público de muitos lances difíceis e amargos por receber mensagens do grande escritor Humberto de Campos. Em 1958, passei por escandalosa perseguição com muitos noticiários infelizes da imprensa; a perseguição foi tão intensa que me obrigou a sair da reconfortante vida familiar em Pedro Leopoldo, onde nasci, transferindo-me para Uberaba, em 1959. Fiz isso para a tranquilidade de meus familiares que não tinham culpa de eu haver nascido médium. Em 1968, fui internado no Hospital Santa Helena, aqui em São Paulo, para ser operado, numa cirurgia de muita gravidade e, agora, no princípio deste ano do cinquentenário de minhas pobres faculdades mediúnicas, agravou-se em mim um processo de angina que começou em novembro do ano passado, com a qual estou lutando muito.

E terminou para o confrade espantado:

— Se tenho privilégios, como o senhor imagina, devo tê-los sem saber!"

A propósito do estado de saúde do médium, O *Jornal Espírita*, em sua edição de janeiro, publicou em sua manchete de capa: "Estafa: Chico Xavier está parando[793]". Ranieri também esteve em Uberaba, preocupado com essa notícia, e com outra, de uma "clarividente", que saiu em alguns jornais não espíritas, afirmando que o médium iria morrer nos próximos três anos. Perguntou ao Weaker Batista sobre isso, companheiro mais

[793] PASCALE, J. Estafa: Chico Xavier está parando. *Jornal Espírita*, São Paulo, nº 19, jan. de 1977.

próximo de Chico, que riu delas e afirmou que, apesar dos pesares, Chico estava bem de saúde e pretendia chegar aos duzentos livros[794].

Dessa forma, mesmo convalescente, Chico apresentou, no início desse mês, seu mais recente trabalho, de Cornélio Pires: *Baú de Casos* (Gemm). No mês seguinte, foi a vez de Meimei com o livro *Amizade* (IDE). A razão desse título? Disse Jesus a seus discípulos, antes de partir: "*Já não os chamarei servos, porque o servo não sabe o que faz o seu senhor, mas os tenho chamado de amigos, porque tudo quanto ouvi de meu Pai tenho feito vocês saberem* (João, 15:15)". Portanto, um livro baseado nesse ensinamento de Jesus.

O ativo companheiro do movimento espírita de unificação em Uberaba, Jarbas Leone Varanda, que tinha como lema a frase emitida por Bezerra de Menezes "Unificação, serviço urgente mas não apressado", se abriu com o médium também nesse começo de ano, preocupado com as diferenças no movimento espírita, e ouviu dele o seguinte:

"*— Jarbas, precisamos conversar desapaixonadamente sobre o nosso movimento. É preciso que nós, os espíritas, compreendamos que não podemos nos distanciar do povo. É preciso fugir à elitização no seio do movimento espírita. É necessário que os dirigentes espíritas, principalmente os ligados ao órgãos unificadores, compreendam e sintam que o Espiritismo veio para o povo e com ele dialogar. É indispensável que a doutrina espírita junto com as massas, que amemos todos os companheiros, mas sobretudo aos espíritas mais humildes social e intelectualmente falando, e deles nos aproximarmos com real espírito de compreensão e fraternidade. Se não nos precavermos, daqui a pouco teremos em nossas casas espíritas, apenas falando e explicando o Evangelho de Cristo, as pessoas laureadas por títulos acadêmicos ou intelectuais e confrades de posição social mais elevada. Mais do que justo evitarmos isso, a eletização do espiritismo, isto é, a formação do "espírito de cúpula", com a vocação de infabilidade, em nossas organizações*[795]."

---

[794]RANIERI, R. A. *Recordações de Chico Xavier*. 2ª ed. Guaratinguetá: Edifrater, 1986. João Cândido, cap. 26, p. 81.

[795]LEMOS NETO, Geraldo. *Chico Xavier*: mandato de amor. 5ª ed. Belo Horizonte: UEM, 2007. p. 253.

Em março, Emmanuel encaminhou um novo livro de mensagens para Chico, só que, desta feita, a pedidos, tratava-se um livro de bolso: *Companheiro* (Geem). Como sempre, as mensagens de Emmanuel eram curtas, diretas e objetivas, fazendo levantar o ânimo dos caídos, como a mensagem "Anotações de amigo": "*Aceita-te como és e aceita a vida em que deves estar, na condição em que te vês, a fim de que faça em ti o burilamento possível. Seja qual seja o montante das provas, na conta das obrigações que assumiste, levanta-te do chão de qualquer tristeza e faze o bem que puderes, trabalhando e servindo sem reclamar, porque se te achas no uso da razão é que Deus conta contigo para que auxilies a ti mesmo, doando à vida o máximo de tudo aquilo que já possuas de melhor.*"

Ainda nesse mês de março, Marlene Nobre visitou o médium em Uberaba, "*que obedecia ao regime de recuperação de forças físicas*". "*Vi as pastilhas sublinguais que ele carregava no bolso para uma emergência*[796]", relatou ela. Estava dez quilos mais magro e tinha o horário reduzido nas atividades do centro. "*Às sextas-feiras e sábados, por volta das dez horas da noite, um auxiliar o retirava da multidão e ele seguia para casa*[797]". Todavia, havia aqueles que não entendiam a nova situação do médium e protestavam; outros vociferavam lamúrias e incompreensões[798]. Foi quando Fernando Worm perguntou a ele sobre sua saúde:

"*Estou melhorando* – disse Chico –, *mas lentamente. Ainda não posso permanecer em reuniões públicas senão de 4 horas da tarde às 9h30 da noite. Devo usar vários medicamentos com muita pontualidade e não consigo fazer muito esforço ou algum esforço maior. Sem atender a esses requisitos do corpo físico, a dor aparece, à feição de alguém que veio morar comigo, por dentro do peito, e, então, essa dor é uma espécie de enfermeira invisível que me obriga a deitar-me. Mas estou observando a mim mesmo com muito otimismo e paz e creio que, com os medicamentos em pauta e com as inevitáveis reduções de trabalho, ainda poderei usar minha máquina física da atualidade, se Jesus permitir, por muito tempo*[799].'

---

[796]NOBRE, Marlene. *Chico Xavier*: meus pedaços de espelho. São Paulo: Fe. cap. 36, p. 291.

[797]Idem.

[798]Idem.

[799]NOBRE, Marlene. *Lições de Sabedoria*. São Paulo: Fe, 1997. Primeira parte, cap. 4, (FW, abril de 1977).

Em abril, a bondosa e abnegada Maria Dolores, que adotara cinco filhas enquanto encarnada, enviou o livro intitulado *Maria Dolores* (Ideal), com muitos poemas inspiradores e encorajando à conquista da elevação e do amor, quais os versos seguintes, em Lema da felicidade: "*Alma querida, escuta. / Quando a tribulação te agrave a luta, / Flagelando-te o ser / Tanto quanto desejas elevar-te, / Recorda a Lei de Deus, em toda parte: / — Trabalhar e esquecer*". Passado mais três meses, e uma semana antes do médium completar 50 anos de mediunidade, a espiritualidade deu por encerrado o livro *Momentos de Ouro* (Geem), por Espíritos diversos. As seguintes observações de André Luiz nesse livro podem ser considerado um desses momentos de ouro:

"Anotações de paz

Ninguém adquire paz sem aceitar a luta incessante pela segurança do bem.

Felicidade é o outro nome da consciência tranquila.

Trabalho é capital que não se desvaloriza.

Muito difícil amparar a multidão, quando não se aprende a ser útil na própria casa.

Estudo é aquisição de responsabilidade.

Quem não perdoa carrega peso desnecessário.

Azedume é o caminho para a solidão.

Observar tudo que se vê, assinalar os erros e corrigi-los, em cada um de nós, por nossa própria conta.

Admitir que é muito difícil lidar com os outros mas cultivar a obrigação de auxiliar aos outros, quanto nos seja possível, sem nunca afastar-nos dos outros e reconhecer que sem os outros nenhum de nós seguirá para frente."

Na primeira dezena de maio de 1977, Chico foi até o Guarujá (SP), na Comunidade Espírita, e lá recebeu uma extensa carta-mensagem do Espírito Marivaldo Ferreira a seus familiares. Marivaldo era piloto de avião e desencarnara dois meses antes, juntamente com o José Carlos Pace, campeão automobilístico brasileiro, e Carlos Roberto de Oliveira Dois, pilotando um Cessna, que caiu num matagal na serra de Mairiporã[800] (SP).

Para alegria de Aparecida, ainda nesse mês, Chico visitou o Lar da Caridade e todas as equipes que atendiam nesse nosocômio, inclusive os pacientes. Conforme Cida do Pênfico, o médium fazia essas visitas frequentemente, e chegava sempre de forma espontânea e inesperada. "*Nesta última visita,* ele *demorou-se entre nós por mais de duas horas*, disse a fundadora. *Esteve em cada uma das enfermarias, conformou os doentes, principalmente os que apresentavam maiores deficiências de saúde, orou em todas as dependências do hospital.* Pareceu-me por vez *muito pensativo, olhando significativamente para esta ou aquela enfermaria, este ou aquele enfermo com dificuldade de comunicar-se. Minha intuição me diz que Chico Xavier é uma estrela de Deus, vinda até nós para alumiar as trevas do sofrimento humano*[801]".

Na data em que Chico completou, efetivamente, 50 anos de mediunidade, 8 de julho de 1977, a editora Ideal, através de seu diretor, Rubens Silvio Germinhasi, publicou o livro *Amor e Luz*, onde muitos depoentes falam sobre o Chico Xavier que conheceram, exaltando a sua abnegação, o seu amor, o seu desprendimento, a sua grandeza e sua mediunidade incomum e fenomenal, amenizando a angústia dos que perderam entes queridos e consolando e amparando todos que buscavam, por meio dele, esclarecimentos sobre a doutrina dos Espíritos. Com o mesmo objetivo também publicou o livro *Luz Bendita*, com inúmeros depoimentos e matérias extraídas de diversos órgãos de imprensa. Esse livro faz uma retrospectiva de importantes momentos vividos pelo médium, desde a década de 1940 até aquele momento. Além disso, expõe, graficamente, na capa, uma infinidade de outras obras do médium. O Geem editou também, na mesma época, o livro *Chico Xavier em Goiânia*, tornando pública a visita memorável do médium à As-

[800]WORM, Fernando. *A Ponte*: diálogos com Chico Xavier. 2ª ed. Guaíba: Lie, 1982. cap. 6, p. 93.

[801]Ibidem, cap. 7, p. 106.

sembleia Legislativa de Goiânia, em maio de 1974, já citada, na qual respondeu a uma série de perguntas sobre situações diversas. Além dessas obras, o Clarim publicou ainda *Coisas deste Mundo*, do Espírito Cornélio Pires.

Foram tantas as homenagens recebidas esse ano, da passagem dos 50 anos de mediunidade, de amigos e pessoas de outras religiões, de instituições e órgãos de imprensa, espírita e não espírita, que seria repetitivo expô-las todas aqui[802]. O jornal *Lavoura e Comércio*, de Uberaba, por exemplo, publicou uma matéria na ocasião, dizendo o que o médium representava para a cidade, o que era também extensivo a todo o país, e até fora dele:

"*Uberaba, com a presença de Chico Xavier, transformou-se na Meca do Espiritismo, ponto de atração nacional e internacional dos discípulos de Allan Kardec.*

Através de Francisco Cândido Xavier e de sua doutrina espírita, a cidade ganhou também novas dimensões no plano assistencial. Cresceu, tornou-se mais adulta e, sobretudo, mais animada de solidariedade humana.

O que o médium espírita tem feito, nesse terreno, não pode ser registrado em uma simples nota de jornal, mas já está escrito no coração de milhares e milhares de pessoas que receberam benefícios de seu luminoso espírito[803]."

No começo de outubro, Divaldo Pereira Franco esteve no Tênis Clube de Uberaba, realizando palestra para um público superior a mil pessoas. Chico aí compareceu junto de amigos, para prestigiar o médium soteropolitano, sem mais as amargas recordações do início dos anos 1960, em que a FEB, companheiros da CEC e também a imprensa espírita mencionavam plágios do jovem Divaldo a mensagens de André Luiz. "*Terminada a palestra, Chico Xavier conversou animadamente com Divaldo e pessoas presentes (...). No dia seguinte, além de almoçar com Chico Xavier, Divaldo assistiu e participou de atividades no Grupo*

---

[802]BACCELLI, Carlos A. *100 Anos de Chico Xavier*. Uberaba: Leepp, 2010. 50 anos de mediunidade, p. 329-342.

[803]Ibidem, p. 342; Chico Xavier. *Lavoura e Comércio*, Uberaba, 8 ju l. 1977.

Espírita da Prece, cabendo-lhe também dissertar sobre a página lida numa das noites. Nas reuniões, Chico atendeu a mais de cento e vinte pessoas, individualmente, recebeu orientações para mais de seiscentos interessados e psicografou duas novas mensagens de jovens recém-desencarnados, vitimados por desastres. Foi inaugurado, na oportunidade, o novo local do Culto da Assistência aos Necessitados[804]".

Nessa época, e passados já dois anos do funcionamento do GEP, eram muitos os colaboradores do médium nessa casa, assinalados pelo próprio e de forma regular: "*Weaker Batista e a esposa, Zilda Batista, Elza Fontoura Calixto, Otoniel Calixto, dr. Eurípedes Humberto Higino dos Reis e sua mãe, Carmen Higino das Reis, dr. José Ramos, Davidson Andrade, prof. José Thomaz da Silva Sobrinho, dr. Carlos Baccelli e sua esposa, Márcia da Silva Baccelli, Vivaldo da Cunha Borges, Agnello da Silva, Gema da Silva, Maria de Souza, dr. Alaor Ribeiro e sua esposa, Adélia Ribeiro, dr. Fúlvio Márcio Fontoura e sua esposa, Ivone Fontoura, Haydée Nunes, Antônio Ribeiro da Silva e sua esposa, Irma da Silva, Antônio Simões, Eurípedes de Melo (o `cabo Xexéu'), o soldado Darcy, Carlos Alberto Guimarães, Maurita de Castro, Joana D'Arc Napoli, os irmãos Eurípedes Alan e Alan Eurípedes de Napoli, Doris de Araújo Cipriani, Antônio Corrêa de Paiva, Terezinha Pousa de Paiva, Maria Alice Palis, Jamila Palace, Euclides Moacir Valtrik, Alaor de Souza Ramos*[805]", entre outros.

Ainda em outubro, Chico esteve em São Paulo, no evento organizado pelo casal Galves, em homenagem a Kardec[806]. Esse evento era realizado, desde 1973, no Clube Atlético Juventus. Desta feita, porém, ele aconteceu na sede própria do Centro Espírita União[807]. Como se sabe, o médium participava, anualmente, de inúmeros eventos beneficentes de instituições amigas. E, sempre que vinha à capital paulista, e cidades circunvizinhas, era hóspede dos Galves. Nena Galves observou, então, que Chico, além

[804]Chico e Divaldo em Uberaba (MG). *Reformador*: órgão de divulgação da FEB, Rio de Janeiro, jan. de 1978, p. 28. Disponível em: <http://divaldofrancoembaixadordapaz.blogspot.com/2011/12/chico-e-divaldo-em-uberaba-mg.html> Acessado em: 27/8/2018.

[805]XAVIER. F. C. *Encontros no Tempo*. Araras (SP): IDE, 1979. cap. 10, item 97.

[806]GALVES, Nena. *Até sempre Chico Xavier*. São Paulo: CEU, 2009. cap. 13, p. 206.

[807]Ibidem, p. 203-204.

de disciplinado, se preparava com muita responsabilidade para quaisquer atividades públicas. "*Tinha o hábito de comer pouco e ficar muito tempo em orações. Dizia que essas festividades eram oportunidades de rever amigos e de partilhar os ensinamentos e as boas vibrações do plano espiritual com os companheiros encarnados.*

Representantes de grupos espíritas e pessoas com responsabilidade doutrinária no movimento espírita vinham de várias cidades e outros estados do Brasil, com a finalidade de prestigiar a homenagem a Kardec. Jornalistas aproveitavam o momento para entrevistá-lo, como Saulo Gomes e outros. Chico recebia também políticos, artistas, empresários e admiradores seus, espíritas ou não. Em média, mais de 1.500 pessoas esperavam durante horas para cumprimentar o amado médium, nos salões do Centro e em fila na rua[808]".

Na ocasião, "*houve a projeção de um audiovisual realizado por um grupo de trabalho do CEU*[809]", relativamente aos 50 anos de mediunidade e os 150 livros até então publicados pelo médium.

Todavia, Chico não conseguiu honrar com um de seus últimos compromissos no ano, especificamente no dia 4 de dezembro, em benefício do Grupo Espírita Emmanuel (Geem), em São Bernardo do Campo, devido a problemas de saúde. O aviso chegou de última hora, deixando os organizadores do evento aflitos, porém conformados, uma vez que não tinham como remediar a situação[810].

Em razão do estado de saúde do médium, que sofria de angina desde 1974[811], e também vinha se tratando de problemas circulatórios[812], o GEP solicitou, no novo ano (1978), o auxílio da PM, justamente a fim de protegê-lo, e também prevenir alvoroços, dentro e fora da instituição – pessoas que insistiam em se aproximar do médium, sem respeitar a sua

---

[808]Ibidem, p. 204-205.

[809]Ibidem, p. 205.

[810]PASCALE, J. Estafa: Chico Xavier está parando. *Jornal Espírita*, São Paulo, nº 19, jan. de 1977.

[811]XAVIER. F. C./Emmanuel. *Entender Conversando*. Araras (SP): IDE, 1984. cap. 8, item 89.

[812]BACCELLI, Carlos A. *As bênçãos de Chico Xavier*. Uberaba: Leepp, 1998. item 61, p. 59.

fragilidade física. Foram, assim, destacados dois policiais com esse fim[813]. De fato, a movimentação no entorno do GEP era bem grande, especialmente nos dias de consulta e psicografia. Para se ter uma ideia, além dos hotéis e pensões, que cresceram em número elevado desde a chegada do médium na cidade, em 1959, as casas vizinhas ao GEP, e também nas imediações dele, passaram a oferecer pousada aos visitantes. Isso sem falar da ampliação do comércio, sobretudo de comestíveis, e até de pessoas interessadas em tirar proveito da situação, ludibriando leigos e visitantes com falsas promessas em nome do médium[814].

Ainda assim, Chico não deixava de dar suas escapadinhas até o centro da cidade, para buscar cartas no correio (centenas delas semanalmente), tirar o dinheiro da aposentadoria e apreciar lançamentos na banca do livro espírita. Felizmente, um empresário local, que tinha uma frota de táxis, lhe oferecia esses deslocamentos gratuitamente[815].

Em janeiro, Chico terminou o livro *Amor Sem Adeus* (IDE), de Walter Perrone, o filho amado de Maria e Murilo Perrone. O desencarne repentino de Walter, em 1974, com 23 anos de idade, levara sua mãe a ficar internada no Hospital Santa Helena, em São Paulo, com o diagnóstico de estresse crônico. Mas, depois de ir ao Chico e dele receber inúmeras cartas e recados do filho, Maria renovou suas esperanças na vida. Em razão disso, Emmanuel escreveu no prefácio desse livro, organizado por Hércio Arantes: *"a sublime certeza de que acima da lágrima e da prova, que* muitos atravessam, *nos caminhos do mundo, reina sempre, à maneira de sol varando as nuvens, a imortalidade sem fronteiras, na vida permanente sobre o amor sem adeus*". *Amor Sem Adeus* contém todas as cartas de Walter a sua mãe e familiares.

No mês seguinte, o jovem Augusto Cezar reapareceu no livro *Augusto Vive* (Geem), trazendo mensagens especialmente dirigidas aos jovens – e também a seus familiares –, falando sobre relacionamentos,

---

[813]SOUTO MAIOR, Marcel. *As Vidas de Chico Xavier*. São Paulo: Planeta, 1994. A vida desapropriada, p. 221.

[814]Tudo testemunhado pelo autor deste livro, à época.

[815]SOUTO MAIOR, Marcel. *As Vidas de Chico Xavier*. São Paulo: Planeta, 1994. A vida desapropriada, p. 221.

drogas etc., numa linguagem "tranquila" e de muitas gírias, Ainda nesse mês, Emmanuel enviou o livro *Recados do Além* (Ideal) com mensagens de inestimável valor, qual a que segue:

"Serve e segue

Sofres porque talvez hajas perdido valores que consideravas essenciais.

Tiveste prejuízos de vulto;

Varaste acidentes que te feriram;

Alguém te arrebatou as oportunidades de promoção e melhoria;

Foste alvo de críticas indébitas;

Suportas acusações que nada fizeste por merecer;

Conheceste, sem esperar a ingratidão ou o menosprezo de pessoas queridas...

Entretanto, ergue a fronte, esquece as provações do caminho e segue, adiante, no trabalho que Deus te deu, agindo para o bem e servindo sempre, porque a Divina Providência, jamais nos abandona e amanhã será outro dia."

Afora essas obras, as mensagens recebidas e o vasto serviço assistencial realizado, Chico não deixava também de incentivar e orientar os amigos do coração em suas iniciativas literárias. É o caso, por exemplo, da biografia de Eurípedes Barsanulfo, que Corina Novelino, da cidade de Sacramento (MG), estava prestes a terminar[816].

Em abril, foi a vez de *Enxugando Lágrimas*, livro também de cartas-mensagens aos familiares, por Espíritos diversos, com pesquisas e comentários feitos pelo dr. Elias Barbosa, caso a caso. Ainda nesse mês, Maria Dolores trouxe a lume o livro *Coração e Vida* (Ideal), com seus inspirados versos.

---

[816]Vide o livro *Eurípedes*: o homem e a missão, de Corina Novelino (IDE, 1978)

O livro seguinte, *Caridade* (IDE), finalizado em junho, nasceu da iniciativa de Emmanuel, que ouvira um comentário, numa reunião entre encarnados e desencarnados, de que essa palavra, "caridade", talvez estivesse perdendo a sua significação e importância, naquele momento. De pronto, o guia e mentor do médium, preparou uma resposta desmistificando essa ideia: "*estaria o Sol diminuindo em grandeza, por mostrar-se diariamente, de hemisfério a hemisfério? que palavra diferente inventaríamos para a luz, unicamente porque seja ela um prodígio infinitamente rearticulado para os nossos olhos?*".

Também, Emmanuel apresentou em junho outro livro ao medianeiro: *Assim Vencerás*, reafirmando os princípios de Jesus à luz da doutrina espírita, como a mensagem nele contida:

"Pelo amor

Não te esqueças da riqueza encerrada em teu auxílio no próprio corpo.

Reflete no tesouro da fala e ajuda ao próximo com as boas palavras.

Recorda o patrimônio das mãos e planta uma árvore amiga ou socorre a esse ou aquele doente, enquanto as horas voam, em derredor de tua permanência na Terra.

Não menosprezes a fortuna dos ouvidos e guarda o ensinamento útil ou dignificante, esquecendo quanto seja ruinoso ou sem proveito no caminho diário.

Não olvides a preciosidade dos olhos e enriquece-te de luz, fixando os quadros do Bem.

Medita nos dons da inteligência e aprende a raciocinar exclusivamente no melhor a fazer na obra da elevação. Não é preciso bolsa recheada para atender à verdadeira fraternidade.

O amor não depende de ouro para servir.

Sem qualquer recurso monetário, Jesus transformou a Terra, trazendo-nos ensinamentos inolvidáveis cuja grandeza cresce para nós todos no transcurso dos séculos.

Pelo amor nascemos, pelo amor nos desenvolvemos, através da morte, para renascer de novo, até a perfeição final. Essa é a Lei."

Pesquisado pela Nasa, particularidades dos consulentes, justificativas à proteção policial e Chico materializado

No dia 3 de julho desse ano (1978), o *Metrô News*, de São Paulo, publicou uma matéria informando que a Nasa (National Aeronautics and Space Administration), interessada em estudos com inteligências extraterrestres, entrara em contato com o médium Chico Xavier, a fim de fazer medições de seu campo magnético (ou aura), por meio do engenheiro e cientista Paul Hilds. Este, por sua vez, mostrou-se surpreso com a medição do seu equipamento: o magnetismo ou aura espiritual do médium fora sentido a dez metros de distância (!), sendo que o comum eram dois metros[817].

Além das obras mediúnicas publicadas, o IDE também teve a iniciativa de editar esse ano o livro *A Terra e o Semeador*, que traz importantes entrevistas realizadas com o médium, desde a sua chegada em Uberaba até o ano de 1975, em cento e sessenta e cinco temas distintos, com índice remissivo por assuntos.

Com respeito às pessoas sem critério e respeito à condição de saúde do médium, ocorreu ainda esse ano um lamentável episódio, que o obrigou a tomar uma posição mais firme diante do despudorado acontecimento. Um quase desconhecido, Luciano Napoleão da Costa, utilizando-se de muitas fotos que conseguira, inadvertidamente, com parentes de Chico, dizendo ter autorização dele para isso, escrevera um livro como se fosse alguém próximo e íntimo do médium (*Nosso Amigo Chico Xavier*, Nova Mensagem, 1977), e montara também uma gráfica com o intuito de editar mensagens suas psicografadas. Na verdade, o relacionamento de Chico com Napoleão não passou de um episódio breve, como muitos que fazia, atendendo com generosidade à multidão que o procurava, com pessoas oriundas de diversas partes do Brasil.

---

[817]BACCELLI, Carlos A. *100 Anos de Chico Xavier*. Uberaba: Leepp, 2010. Pesquisado pela "Nasa" – médium de cura, p. 203-204.

Dessa forma, foi necessário tomar providências imediatas, o que Chico fez, inicialmente, por meio de carta, dirigida a Napoleão, datada de 9 de julho de 1978, e sem meios termos: "*Você, apesar de seu entusiasmo pela Doutrina Espírita, que eu compreendo, não poderia colocar nossos nomes juntos na capa de seu livro* (*Nós Partimos Para o Além*) *sem qualquer entendimento comigo, porque todos os livros, em dupla autoria, sob minha responsabilidade, são previamente examinados por Emmanuel. Não poderia usar meu nome, dando ao público a idéia de que estou de acordo com você, quando não tenho a menor ciência do que você está fazendo, ainda mesmo que o seu intuito de cooperar na assistência a instituições respeitáveis, possa ser alegado em seu favor, como acontece no caso do livro que você está lançando. Não peça às famílias em meu nome mensagens psicografadas, porque eu não confirmaria uma situação dessas. Este é um momento em que, com todo o apreço a você, preciso dizer-lhe que não concordo com sua intromissão, mesmo que bem-intencionada, no trabalho respeitável dos nossos benfeitores espirituais, que perdura há mais de meio século, com toda a veneração e sinceridade de minha parte. Deus nos ajude para sermos sinceros e prudentes, firmes e tranquilos em nossas consciências*[818]".

Depois, "*Chico foi ao Cartório do 20º Ofício, em novembro de 1978, e passou um documento afirmando que as obras literárias, mensagens, avulsos, retratos, entrevistas, gravações, promoções, folhetos, discos, livros e outras formas de comunicação, tinham seus direitos autorais cedidos – mesmo após a sua morte – às entidades filantrópicas*[819]".

E tudo isso veio à tona, quando circulou a notícia de que Chico Xavier iria depor a favor de Luciano Napoleão e a esposa, Mirtes de Carvalho Sergi, num processo que os envolvia em contrabando de uísque. Quanto a esta outra falsa investida de Napoleão, o filho Eurípedes foi muito claro: "*Chico Xavier não poderá prestar declarações favoráveis ao comportamento de Luciano Napoleão, seria faltar com a verdade e Chico jamais faria isso*[820]".

[818]NOBRE, Marlene. *Lições de Sabedoria*. São Paulo: Fe, 1997. Vigésima-segunda parte, cap. 142.

[819]Idem.

[820]Idem.

Agora, o realmente amigo de Chico, Fernando Worm continuava anotando entrevistas do médium com seus consulentes, a fim de torná-las públicas, na hora oportuna e como jornalista, além das cartas-mensagens, receituários e notícias de interesse geral. Esses sim com a devida autorização do médium, evidentemente, e resguardadas a verdadeira identidade dos consulentes. Fernando acumulou um número admirável dessas entrevistas, quais as que seguem:

"*Miriam (38 anos) – "Depois de 18 anos, meu marido mudou de atitude comigo, passou a sofrer crises em que se torna agressivo, eu não sei se é obsessão ou caso psiquiátrico.*

Juan – "Sou chileno, estou com 48 anos e dez de Brasil, e sofro dessa alergia que me surge nos braços, pescoço e face, sempre que como carnes, principalmente a de porco. Se tomo álcool? Não, não tomo mais".

José (60 anos) – "Sofro deste tremor geral nas pernas, o médico vem me receitando estes remédios escritos aqui na receita, mas eu estou piorando".

Maria (46 anos) – "Chico, desta vez não vim tirar receita, eu só queria ver-te, queria tocar em ti. Eu sentia saudades sabe?".

Lourdes (41 anos) – "Desculpe, estou nervosa ao falar com o senhor. Vim pedir notícias de meu esposo falecido há 8 anos, a quem não consigo esquecer. Com a morte dele não pude refazer minha vida".

Cesário (28 anos) – O rapaz olha para Chico Xavier, os olhos marejados de lágrimas, não consegue articular uma única palavra. Permaneceu na fila desde a noite de quinta-feira, irradia de si um halo de sofrimento manso e reprimido, O médium insta-o a falar, mas ele apenas cobre a face com as mãos.

Diz-lhe Chico Xavier: doutor Bezerra está dizendo que quando você conseguir falar o que está sentindo já estará melhor. O rapaz é encaminhado à sala de passes..

Sônia (22 anos) – "Tenho sinusite desde menininha, agora estou tomando estes remédios da receita, veja". O médium diz-lhe: Continue com essa medicação e passes.

Júlia (58 anos) – "Estou entrevada há quase um ano. Só ando apoiada em outras pessoas, os remédios não têm adiantado. Não posso falar muito, vim pedir ajuda".

Matsu (60 anos) - "Vim como imigrante japonês quando tinha seis anos. Operei-me de câncer no estômago, e só melhorei quando vim aqui pela primeira vez, há cinco meses. Voltei para melhorar.

Nisei (38 anos) – "Meus problemas de coluna estão se acentuando, apesar dos tratamentos que tenho feito". O médium sugeriu-lhe que experimentasse a acupuntura.

Valdir – "Detesto minha mãe desde criança, principalmente depois que ela se casou pela segunda vez. Tenho 27 anos, não consegui concluir o básico, não consegui emprego fixo. Sempre me saio mal no relacionamento com mulheres.

Pergunta de Chico: Sua mãe maltratou você alguma vez? Resposta: Não muito. Dê-me então seu nome e endereço e o da sua mãe. Vou orar por ambos. Você deve perdoar para sair deste campo negativo do sentimento.

Mirta (21 anos) – "Sou muito nervosa, a vida lá em casa é muito perturbada, meu irmão menor toma tóxicos. Dois parentes próximos são alcoólatras. Venho pedir preces e alguma forma de ajuda espiritual".

Loiva (24 anos) – "Ouvi falar muito no senhor, queria conhecê-lo. Meu pai enfermou do coração faz dois anos, e daí para cá em sonho ou em vigília me parece que caminho à beira de abismos. Preciso de uma orientação".

Dinarte (29 anos) – "Estou com dois problemas: o primeiro é que sofro de um mal na próstata. O segundo é com meu pai. Não gosto de estudar e ele quer que eu seja professor. Me sinto melhor em outras profissões que não exijam tanto esforço mental".

Chico faz a seguinte observação: Em algumas existências nós vimos para enriquecer a inteligência. Em outras, para enriquecer o coração. Seu desenvolvimento atual é o do coração.

Maria (40 anos) – "Chico, faz algum tempo que quero trabalhar na caridade, mas minha família é pudica, sei lá, ela é contrária. Não quer que eu faça o bem".

Minha irmã, responde Chico, às vezes sinto que o bem transita em mim como uma água límpida que corresse sobre um leito de lama. No início das minhas tarefas na mediunidade, Emmanuel me disse: `Na prática do bem não disputamos com ninguém. Buscamos fazer o bem. Se as pessoas, ou algumas pessoas não o querem, o que importa é o bem que se fez´.

(...)

Às 3h30 da madrugada de sábado, quando o médium terminou o trabalho de receituário, recebeu psicograficamente três mensagens de filhos e pais desencarnados para três dos que pediram notícias de entes queridos desencarnados.

(...)

Eugênia (66 anos) – "Fui operada deste pé direito, agora o médico quer operar novamente. Sinto dores mas, com alguma dificuldade, consigo andar".

O médium indaga: A senhora sente que poderia viver com essa dor? "Acho que sim, um pouco." Chico: Às vezes, sendo possível, suportar certas dores é o melhor.

Ana Amélia (50 anos) – "Sou mãe de Maria Amélia, ela desencarnou com o esposo e cinco filhos num acidente automobilístico. Esta aqui é a foto da minha filha com a sua família. Peço notícias dela, é a quinta vez que venho aqui".

Chico Xavier, após olhar a foto: Está aqui um Espírito que diz chamar-se Francisco. "É meu pai", exclama Ana Amélia. O avô Francisco diz que socorreu Maria Amélia, o esposo e os netos no instante do acidente. Maria Amélia, apesar de grávida do sexto filho quando desencarnou, agora está em boa recuperação. Uma outra pessoa, também aqui presente, que diz ser tia Leonor, pede que a senhora se tranquilize. Seus familiares estão bem na espiritualidade, é preciso que a irmã ore e tenha confiança sem mágoas nem revolta. Transforme em preces a sua saudade.

Judite (40 anos) – "Este é meu filho Carlos, de seis anos, ele sofre dos nervos e tem dificuldades para andar. As pessoas dizem que é Espírito.

Palavras do médium: Ter um filho ou filhos sem problemas é um privilégio de Deus. Ter filho com problemas é um super-privilégio para o nosso espírito. Redargue dona Judite: "Antes de Carlos nascer, algo me fazia sentir que ele não nasceria perfeito", ao que o médium acrescenta: A irmã já estava sendo informada pelos mentores. Este menino vai ser um companheiro muito querido da senhora. Vamos orar por ele.

(...)

Mário (30 anos) – "Tenho uma inibição cerebral, não consigo completar meu curso de rádio-técnico, que é o que gosto".

Resposta de Chico Xavier: O irmão não tem nada. Busque concentrar-se. Busque concentrar-se, nem que tenha que recorrer a um gravador para gravar as lições no seu subconsciente. Estude, meu filho, você é inteligente e deve aproveitar a oportunidade.

(...)

Todas essas pessoas encaminharam suas consultas ao receituário mediúnico de Chico Xavier e tiveram respondidas, por escrito, as suas indagações[821]."

Na verdade, Chico continuava se dedicando ao público com afinco – eram cerca de 300 consultas numa só noite –, como se nada lhe tivesse acontecido, no campo da saúde, o que fez com que Fernando o questionasse sobre isso: "*Após o abalo orgânico que sofri em novembro de 1976* – disse o médium –, *venho rogando aos benfeitores espirituais que me concedam renovadas forças para a manutenção dos serviços que me tocam, até o fim*[822]".

Certa feita, ele disse à Márcia Baccelli "*que a passagem que achava mais bonita no Evangelho é quando Jesus afirmava que tinha compaixão da multidão, e que ele ainda mantinha esse contato com o público porque ele também tinha compaixão da multidão. Acreditamos que este foi um dos ensinamentos mais bonitos, porque ele poderia, realmente, ficar recluso em sua residência, recebendo através da psicografia os seus livros, no*

[821]NOBRE, Marlene. *Lições de Sabedoria*. São Paulo: Fe, 1997. Primeira parte, cap. 1 (FW, novembro de 1978).

[822]NOBRE, Marlene. *Lições de Sabedoria*. São Paulo: Fe, 1997. Primeira parte, cap. 2.

entanto, ele sai e permite que, através do trabalho desenvolvido no Grupo Espírita da Prece, possam as outras pessoas ter contato com ele[823]".

No final de setembro, o médium finalizou o livro *Falou e Disse* (Geem), de Augusto Cezar. Ele que já havia participado do livro *Jovens no Além* (IDE, 1975) e *Somos Seis* (Geem, 1976), com sua inconfundível característica de falar em gírias. A primeira carta-mensagem de Augusto a mãe, Yolanda Cezar, e seus familiares se dera em janeiro de 1974, através da mediunidde de Chico Xavier[824]. Após esse primeiro contato, Yolanda Cezar passou a se dedicar, de corpo e alma, aos serviços sociais, colaborando ativamente com as peregrinações de Natal do GEP[825], e assumindo o compromisso de levar outras mães, que também haviam perdido seus filhos, até o médium[826].

Em outubro, mais três livros foram concluídos pelo médium: *Inspiração* (Geem), de Emmanuel, e *Tempo de Luz* (FMG), por Espíritos diversos, onde André Luiz abre com a seguinte mensagem:

"Seguindo em frente

Seja qual seja o seu problema, conserve fé em Deus e fé em você mesmo, sem desistir de trabalhar.

Ninguém progride sem dificuldade a vencer.

A luta é condição para a vitória.

Não abandone os seus encargos no bem.

Não perca tempo, lembrando episódios tristes.

Desculpe qualquer ofensa.

---

[823]NOBRE, Marlene. *Lições de Sabedoria*. São Paulo: Fe, 1997. Décima-quinta parte, cap. 97, julho de 1990.

[824]Vide o livro *Jovens no Além* (IDE, 1975).

[825]BACCELLI, C. A. *Na Oficina da Fé*. Uberaba: Leep, 2016. 8-10-86, p. 203.

[826]Cf. mensagens de Augusto Cezar. Disponível em: <http://www.correiofraterno.com.br/index.php?option=com_content&view=article&id=1260:a-historia-de-augusto-cezar-netto&catid=23:literatura&Itemid=2> Acessado em: 1/9/2018; Vide também mensagem de Bezerra de Menezes, no livro *A Volta* (IDE, 1993).

Esqueça ressentimentos, venham de onde vierem.

Auxilie aos outros, como puder e tanto quanto puder, no clima da consciência tranquila.

Não procure defeitos nos semelhantes.

Se você está num momento considerado talvez como sendo o pior de sua vida, siga adiante com o seu trabalho, na certeza de que, se hoje o céu aparece toldado de nuvens, a luz voltará no firmamento e o dia de amanhã será melhor."

Em seguida a essas obras, a inspirada poetisa Maria Dolores apresentou seu novo livro de poesias, em outubro: *Somente Amor* (Ideal), seguido, por *Calma* (Geem), no mês seguinte, de Emmanuel, em que o guia de Chico destaca a necessidade de uma postura desse tipo frente às dificuldades de entendimento e agitação da vida, permeadas pelo conflito de gerações e os impactos que o progresso naturalmente traz.

A peregrinação natalina para Chico Xavier se iniciava nos primeiros dias de dezembro. Mas, antes da grande distribuição de Natal no Grupo Espírita da Prece, na véspera do dia 25, ele se deslocou a instituições e localidades diversas, a fim de prestigiar o Natal de outros irmãos em situação de carência afetiva, como os presos do Carandiru, em São Paulo[827] (visitava também os presos da cadeia de Uberaba, todavia, esses no Dia das Mães[828]). No caso da visita ao Carandiru esse ano, quinhentos e quarenta e dois detentos se inscreveram para ouvir o médium falar. Muitos traziam à mão um de seus últimos lançamentos, o livro *Falou e Disse*. "*Durante* sua *palestra, um dos presidiários reclamou de ser tratado como um número*":

"*— Pois é, Chico Xavier, nós somos tratados por números. Muitos são os presos e os cárceres, então têm que colocar número, nº 3, nº 14, isso dá muito desgosto.*" Mas Chico o consolou:

[827]BACCELLI, Carlos A. *100 Anos de Chico Xavier*. Uberaba: Leepp, 2010. Fenômeno humano, p. 234-235.

[828]5ª mensagem de Augusto Cesar a sua mãe. Disponível em: <http://www.correiofraterno.com.br/index.php?option=com_content&view=article&id=1260:a-historia-de-augusto-cezar-netto&catid=23:literatura&Itemid=2> Acessado em: 1/9/2018.

— *Meu filho, quem de nós hoje que não é tratado por número? É número de telefone, de carro, de casa, do CEP, não sei de que, do CIC, nós ainda estamos com mais números que você. Só que agora estamos na cela ambulante e vocês estão na fixa*".

Todos riram muito. "*Há muita gente boa presa, nós temos que compreender a situação deles...*[829]", completou o médium.

Após a palestra, Chico pediu ao diretor do presídio para abraçar e beijar todos os detentos presentes. Este, constrangido, informou ao médium que o que pretendia era algo extremamente perigoso, pois ali havia presos de alta periculosidade e um guarda, de 23 anos, tinha sido assassinado não fazia muito tempo. Chico, porém, insistiu, e, com a proteção do Alto, nada de ruim aconteceu. Ele abraçou e beijou a cada um, sendo que uns revelavam a ele coisas pessoais[830].

No Natal desse ano no GEP, além da concorrida presença de assistidos, estava também presente na casa o conhecido orador, escritor e fundador de algumas instituições espíritas, Jerônimo Mendonça. Apesar dessa ficha dinâmica do confrade, Jerônimo era tetraplégico, movimentava só a cabeça e viajava o Brasil numa cama ortopédica adaptada para ele numa Kombi[831].

Ainda, no dia 28 de dezembro, Chico esteve, como espectador, na Fraternidade Espírita Irmão Kamura[832], em São Paulo, assistindo a materializações de benfeitores espirituais (padre Zabeu, Meimei, Atanásio e irmã Josefa) que ali se manifestaram, através do médium Benedito Cosme, com finalidades terapêuticas e curativas. Com respeito a isso, lembre-se o leitor amigo que o Chico se interessava muito por esse trabalho[833], tendo ele próprio servido a esse tipo de mediunidade, entre 1952 e 1953, quando Emmanuel o afastou dela, para priorizar a sua missão do livro[834]. Os efei-

---

[829]XAVIER. F. C./Emmanuel. *Entender Conversando*. Araras (SP): IDE, 1984. cap. 3, item 38.

[830]SOUTO MAIOR, Marcel. *As Vidas de Chico Xavier*. São Paulo: Planeta, 1994. A vida desapropriada, p. 223-224.

[831]Vide foto de Jerônimo Mendonça no Natal do GEP desse ano, na Suíte fotográfica 4, ft. 84.

[832]Cf. declaração do próprio Chico, em carta manuscrita, disponível ao público nessa instituição.

[833]RANIERI, R. A. *Recordações de Chico Xavier*. Guaratinguetá: Edifrater, 1976. cap. 54, p. 148.

[834]ALVES, Elifas. *Chico, as origens*. São Paulo: Aliança, 2015. Novas amizades, novos trabalhos e materializações com Chico, p. 340-359.

tos físicos sempre estiveram na mediunidade de Chico, desde criança[835]. Não há muito, também, ele esteve em uma sessão experimental de efeitos físicos no Centro Espírita União, na companhia do casal Galves. Os presentes a essa reunião oravam, cantavam, "*mas os Espíritos não se faziam presentes. Chico permanecia sentado em uma poltrona*". De repente, ele, de paletó aberto, "*começou a irradiar uma luz intensa*". Podia-se ver "*o seu coração pulsando, o sangue correndo pelas veias de modo semelhante como é visto em uma ultrassonografia*[836]".

"— *Olhem o Chico!*" – exclamou Nena Galvez. O médium , então, de imediato, e discretamente, fechou o seu paletó, como não desejando se destacar perante os demais médiuns presentes.

Nesse mês ainda, desencarnavam dois companheiros queridos do médium, do tempo de Pedro Leopoldo: Lino Batista, que fundou a editora Lake, em 1936, e o professor Rubens Romanelli, da União Espírita Mineira, de acidente automobilístico. A Lake publicaria também esse ano o livro *O Prisioneiro de Cristo*, de R. A. Ranieri, onde este apresenta novas recordações com o médium, do passado em Pedro Leopoldo e de tempos recentes.

Por essa época, Suzana Mouzinho e sua amiga Therezinha de Castro, ambas do Rio de Janeiro, foram testemunhas também de um fenômeno que lembra os momentos iniciais da passagem de Jesus no Tabor (Mt 17:1-2). A história é a seguinte: ambas costumavam viajar juntas para visitar o médium em Uberaba. Mas, chegando o momento de retornarem ao Rio, Chico convidou-as a participar antes de uma assistência fraterna, na periferia de Uberaba. Nessa assistência, além das duas convidadas e do médium, estavam também Eurípedes dos Reis e Elza Calixto. Chegando ao local pretendido, de extrema pobreza, pararam em um descampado, no sopé de um pequeno morro. Chovia fininho e, aos poucos, o chão de terra vermelha ia se transformando em lama. O grupo levava consigo sacas de pão. De repente, desceu a encosta do morro um grupo de crianças e adultos, batendo latinhas com paus e gritando: — *Viva Jesus! Viva Jesus*!

---

[835]Vide o livro *Chico, as origens*, de Elifas Alves (Aliança, 2015).

[836]GALVES, Nena. *Até sempre Chico Xavier*. São Paulo: CEU, 2009. cap. 8.3, p. 135.

Chico deu alguns passos à frente e seu corpo se iluminou todo, como a luz brilhante do Sol[837].

Apesar dessa dedicação toda ao próximo e de sua extensa produção lítero-mediúnica, de notável valor moral, o médium continuava a ser alvo de críticas. No ano que se iniciava, 1979, por exemplo, surgiram muitas reclamações pelo fato de ele estar recebendo o apoio da PM, desde o ano passado, que o protegia dos idólatras sem consideração. Sobre isso, Chico prestou alguns esclarecimentos ao amigo Fernando Worm, por meio de carta: "*Prosseguimos no esquema de organização mantido sob a proteção da Polícia Militar. Muita gente estranha isso, mas que fazer? Depois de mais de cinquenta anos de contato com o público, os médicos amigos expressaram o desejo de ver-me fora das reuniões públicas, atendendo ao meu problema coronariano, sempre suscetível de agravar-se com qualquer aumento de carga emotiva, com o que não pude concordar. Nossos cardiologistas aconselharam, então, que as nossas atividades públicas se processem sob o amparo policial, porquanto, desde muito, não disponho de voz para conversação alta. Acontece que o nosso grupo recebe a média de sessenta a oitenta porcento de amigos sem nenhum conhecimento espírita e, em meio a estes, encontram-se irmãos drogados ou obsedados, carinhosamente trazidos ao nosso modesto recanto de orações, com os quais não tenho, por enquanto, as forças precisas para dialogar com segurança, quando se mostram agressivos ou desditosos.*

Em vista disso, a cobertura policial, para mim especialmente é uma bênção, que não posso estranhar e sim agradecer[838]".

E acrescentaria, ainda: "*Atualmente, observo o meu corpo físico em desgaste natural, à maneira do trabalhador que registra o desgaste da enxada que se utiliza no trato do solo. (...) embora, de minha parte, se meu corpo vai cedendo à lei do desgaste com o tempo terrestre, meu espírito se vê cada vez mais interessado e contente, absorvendo ensinamentos e*

---

[837]BACCELLI, Carlos A. *Chico Xavier*: a reencarnação de Allan Kardec. Uberaba: Leep, 2005. Chico, apóstolo do Cristo. p. 147-149; NOBRE, Marlene Rossi Severino. *Chico Xavier*: meus pedaços de espelho. 2ª ed. São Paulo: Fe, 2015. Terceira parte - Epílogo, p. 449.

[838]WORM, Fernando. *Janela Para a Vida*. Porto Alegre (RS): Fergs, 1979. cap. VII, p. 107-108.

orientações dos Espíritos amigos[839]*...*". Aliás, o médium já havia dito em entrevista a Fernando, dois anos antes, que "*a iniciação da verdadeira felicidade está em fazer os outros felizes. Em doar alegria e paz, bom ânimo e segurança ao próximo, encontramos a fonte de energia que nos fará constantemente motivados para a sustentação da felicidade para nós mesmos*[840]". Certa feita, um homem empreendedor pediu conselhos a Emmanuel de como preencher o vazio enorme que sentia em sua alma, mesmo vivendo uma vida confortável como ele vivia. Emmanuel passou, então, esse recado ao médium:

"— *Fale a ele, Chico, que o que lhe falta é a alegria dos outros*[841]."

Um dia também o médium entrou no GEP alegre e sorridente, e Baccelli perguntou-lhe o motivo de tanta alegria:

"— *Ah, meu filho... Estou rindo de mim mesmo. Emmanuel sempre me ensinou que, quando não nos for possível encontrar alegria nos outros, devemos procurá-la em nós mesmos*[842]*!...'*

Na boca do povo, porém, dizia-se que Chico estava a ponto de desencarnar. É possível que sim, uma vez que tinha feito aquela declaração de cuidados que gostaria de receber caso viesse a desencarnar, logo após ter sofrido o infarto, em 1976. Sua recuperação, contudo, foi estupenda, apesar de continuar sob os cuidados médicos de seus cardiologistas – tomava cerca de doze medicamentos, diariamente[843]. Essa recuperação, em parte, também poderia ser explicada por uma moratória de cinco anos que ele recebeu, no ano anterior, conforme declaração do próprio Chico[844]. Assim, prosseguiu ele na mesma operosidade de sempre.

Na metade de janeiro, o médium finalizou o livro *Sinais de Rumo* (Geem), por Espíritos diversos, que traz respostas a uma série de indaga-

---

[839]Ibidem, cap. IV, p. 58-59.

[840]Nobre, Marlene. *Lições de Sabedoria.* São Paulo: Fe, 1997. Décima-primeira parte, cap. 69.

[841]BACCELLI, Carlos A. *Chico e Emmanuel*. Votuporanga: Didier, 1996. p. 77.

[842]BACCELLI, Carlos A. *As Bênçãos de Chico Xavier*. Votuporanga: Didier, 1998. item 53.

[843]NOBRE, Marlene Rossi Severino. *Chico Xavier*: meus pedaços de espelho. 2ª ed. São Paulo: Fe, 2015. cap. 37, p. 297.

[844] BACCELLI, C. A. *As Bênçãos de Chico Xavier*. Votuporanga (SP): Didier, 1998. Item 61, p. 59-60.

ções humanas, como por exemplo: Como se dá a conquista da tranquilidade no mais além, uma vez que muitos continuam ainda ligados a paixões e problemas terrenos? No mês seguinte, foi a vez de *Marcas do Caminho*, por Espíritos diversos, com expressivas orientações à prática cristã. No final de março, *Encontros no Tempo* (IDE) livro de entrevistas com o médium, extraídas de diversos órgãos de imprensa, em vários momentos. Numa delas, Márcia Elizabeth, do *Jornal Goiás Espírita*, perguntou a Chico se Divaldo Franco estaria mediunizado ao psicografar, da mesma forma que quando fala às multidões. Chico respondeu:

"*– Encontrei Divaldo em novembro último* (de 1978) *e achei-o muito bem animado. Se ele recebe os Espíritos enquanto fala – e Divaldo tem estrelas na ponta do verbo – por que não haveria de estar mediunizado também enquanto psicografa? O que acho notável em Divaldo é sua perseverança no trabalho. Enquanto muitos desistiram a meio caminho, ele prossegue imperturbável há mais de um quarto de século. Ele não parou nunca, e isto é uma beleza, não é?... Impossível esquecer isso*".

Já o jornalista Alfredo Neto, da revista *Destaque*, de Uberaba, ainda nesse livro, pediu ao médium que revelasse nomes de políticos e artistas que o visitava e conhecia. Sobre os políticos, no entanto, Chico disse que seria pedantismo de sua parte revelar o nome deles. Mas sobre os artistas, citou uma infinidade, os mais conhecidos na época – cerca de setenta –, da TV e do teatro, pelos quais tinha enorme admiração. Roberto Carlos, por exemplo, ele conhecia desde 1973. Diversas outras questões foram levantadas e tiveram o esclarecimento do médium, como as que se referem a algumas atividades ligadas ao GEP:

"P — *Nós sabemos que você expede diariamente mensagens de seus amigos espirituais para diversos pontos do Brasil. Qual a média de mensagens impressas que são expedidas por dia, ou por semana?*

Chico — *A média de 20.000 por dia e 120.000 por semana, porque expedimos com exceções dos domingos. O Correio de Uberaba pode dar testemunho.*

P — *Chico, se você não recebe direitos autorais dos livros por você psicografados, com que verba pode você manter um intercâmbio postal assim tão grande?*

Chico — *Como é razoável, não temos remuneração absolutamente para qualquer atividade espiritual. Mas, muitos amigos nossos espontaneamente nos oferecem selos e recursos outros com os quais nós sustentamos essa tarefa. Mas é preciso esclarecer que esses recursos são sempre enviados a nós, espontaneamente, sem qualquer constrangimento, apenas com muita gratidão de nossa parte, para aqueles que se lembram de que estamos trabalhando dentro de uma causa em que não há sentido monetário para pessoa alguma.*

P — *E os discos que você já lançou trazendo mensagens espirituais? Você também os cede gratuitamente?*

Chico — *Os discos que foram lançados sob minha responsabilidade, até hoje, pertencem à Comunhão Espírita Cristã de Uberaba. A essa instituição, entreguei os discos com muito prazer, para fins beneficentes. Pertencem a CEC e não a mim.*"

(...)

P — *Chico Xavier, o Grupo Espírita da Prece, além das reuniões públicas em que são recebidas as mensagens, tem alguma tarefa assistencial?*

Chico — *Sim, os Espíritos nos ensinam que todo Grupo Espírita deve ter alguma tarefa assistencial. Nós temos a nossa tarefa assistencial nas tardes de sábado no chamado bairro Mata do Carrilho da periferia de Uberaba, onde são distribuídos 3.500 pães em média e 500 a 600 litros de leite em dinheiro, à viúvas, crianças necessitadas e famílias absolutamente desvalidas de recursos, especialmente criaturas necessitadas, de passagem por Uberaba, com destino a São Paulo e Rio de Janeiro, em busca de trabalho e uma condição de vida melhor.*"

No mês de maio, saiu o livro *Janela para a Vida* (Fergs), organizado por Fernando Worm, no qual ele divulga os diálogos que vinha anotando entre o médium e seus consulentes, citados anteriormente, além de outras entrevistas e mensagens. Chico finalizou também o livro *Amigo* (CEU), de Emmanuel, com mensagens de levantar o ânimo. Esse livro, aliás, marcou o nascimento do departamento editorial do Centro Espírita União, incentivado pelo próprio Chico – a editora CEU. A primeira edição foi de

10.000 exemplares e a renda do departamento, desse e de outros livros, serviria tanto para a manutenção da editora quanto aos múltiplos serviços assistenciais mantidos pelo centro espírita[845].

A popularidade de Chico levou-o também, nesse mês, a conceder sua primeira entrevista ao programa *Fantástico*, da Rede Globo de Televisão, desmentindo novos boatos de que estaria para desencarnar. O repórter Ney Gonçalves Dias abordou o assunto numa longa reportagem, e ouviu ainda do médium que, apesar da angina no peito e das restrições médicas, ele continuava trabalhando com amor, não sentia dores e se sentia feliz em servir à causa. Afirmou igualmente o médium nessa reportagem que ele não nasceu para gerar filhos, os livros eram os seus filhos[846].

O médium recebeu ainda nesse mês de maio, no GEP, a segunda carta-mensagem de um jovem desencarnado, três anos antes, em Goiânia, Maurício Garcez Henrique, 15, exatamente um ano após ter enviado a sua primeira carta aos pais. Nela, Maurício reafirma a inocência do amigo José Divino, 18, isentando-o de qualquer responsabilidade pela sua morte. Tudo não passara de um mero acidente, cujo depoimento colhido pela Justiça dizia exatamente o mesmo:

"(...) *no dia que se deu o fato, ambos estavam no quartinho de despensa que fica anexo à cozinha, e após 25 minutos deu vontade de fumar na vítima, sendo que ele pediu ao declarante que desse um cigarro e que por motivo do mesmo não tê-lo, a vítima foi até onde estava a pasta do pai do declarante para tirar cigarro. Pois os mesmos estavam acostumados a pegar cigarros naquele objeto, mas não encontrando-os a vítima pegou o revólver que o pai do declarante sempre guardava na pasta, quando não a usava em seu serviço de Oficial de Justiça. Em seguida, na presença do declarante, a vítima manejou o revólver de maneira que o seu tambor caiu para a esquerda, havendo a queda dos cartuchos dentro da pasta. Pensando que a arma se encontrava vazia, a vítima puxou o gatilho em direção do declarante por duas vezes. Neste momento, o declarante disse à vítima que seu pai não gostava que mexesse nas coisas dele e*

[845]GALVES, Nena. *Até sempre Chico Xavier*. São Paulo: CEU, 2009. cap. 5, p. 40-42.

[846]Disponível em: <https://globoplay.globo.com/v/1028850/> Acessado em: 31/8/2018.

que lhe entregasse a arma, sendo que o declarante tomou a mesma da mão dele. Em seguida, a vítima saiu para a cozinha para buscar cigarros, que fica à esquerda do local onde estavam. No quartinho existe um espelho grande do guarda-roupa, que fica ao lado da porta que dá para a cozinha e o declarante olhava para ele, brincando com aquela arma, e quando sintonizava uma estação no aparelho de rádio, colocado sobre o guarda-roupa, puxou o gatilho no exato momento em que a vítima, vinda da cozinha, entrava pela porta. A arma detonou, indo o projétil atingir a vítima, que gritou, sendo socorrida pela mãe do declarante, juntamente com ele, e a seguir levada, de táxi, ao Hospital mais próximo."

Já o esclarecimento de Maurício para o ocorrido se deu em de 27/5/78, na primeira carta de Maurício aos pais:

"*É preciso nos lembremos de Deus, nos acontecimentos da Terra.*"

"*Querida Mamãe, meu querido pai, querida Maria José e querida Nádia.*

Estou em oração, pedindo para nós a bênção de Deus. Não posso escrever muito; venho até aqui, com meu avô Henrique, só para lhes pedir resignação e coragem.

É preciso nos lembremos de Deus, nos acontecimentos da Terra. Não sei bem falar sobre isso, estou aprendendo a viver por aqui, embora já saiba que saí daqui mesmo para nascer com meus entes queridos, na Terra.

Peço-lhes não recordar a minha volta para cá, criando pensamentos tristes. ***O José Divino e nem ninguém teve culpa em meu caso.*** *Brincávamos a respeito da possibilidade de se ferir alguém, pela imagem no espelho; sem que o momento fosse para qualquer movimento meu, o tiro me alcançou, sem que a culpa fosse do amigo, ou minha mesmo. O resultado foi aquele.*

Hospitalização de emergência, para deixar o corpo longe de casa.

Se alguém deve pedir perdão, sou eu, porque não devia ter admitido brincar, ao invés de estudar.

Mas meu avô e outros amigos me socorreram e fui levado para Aná-

polis, para ser tratado por uma enfermeira que dirige uma escola de fé e amor ao próximo, que nos diz ser a irmã Terezona, amiga das crianças.

Soube que ela conhece meu avô e nossa família, sendo agora uma benfeitora, que preciso agradecer e mencionar.

Quanto ao mais, rogo à Nádia e à Maria José, minhas queridas irmãs, para não reclamarem e nem se ressentirem contra ninguém.

Estou vivo e com muita vontade de melhorar.

Queridos pais, tudo acontece para o nosso bem e creio que seria pior para mim se houvesse enveredado pelos becos dos tóxicos, dos quais muita pouca gente consegue voltar sem graves perdas do espírito.

Estou com saudades, mas estou encarando a situação com fé em Deus e com a certeza de um futuro melhor.

Recebam, querido papai e querida mamãe, com as nossas queridas Nádia e Maria José, e com todos os nossos, um abraço de muito carinho e respeito, do filho que lhes pede perdão pelos contratempos havidos.

Prometendo melhorar, para fazê-los tão felizes quando eu puder, sou o filho e o irmão saudoso e agradecido,

Maurício Gardez Henrique."

Esse caso teve muita repercussão. E de tão inusitado que foi, seria levado à TV esse ano, no programa *Linha Direta*, da Rede Globo de Televisão, e também no programa de Flávio Cavalcanti, da Rede Tupi de Televisão, chegando, inclusive à impresa internacional. Os jornais *Diário da Noite,* de São Paulo, e *O Globo*, do Rio de Janeiro, publicariam ainda, no mês de setembro, matérias com as seguintes manchetes: "*Chico Xavier salvou inocente da cadeia*" e "*Juiz absolve com base em carta psicografada*". O juiz responsável pelo caso, no entanto, Orimar Bastos, afirmou que havia evidências da inocência de José Divino, independentemente da carta mediúnica, anexada pela defesa ao processo[847].

Em junho, Chico finalizou o livro *Claramente Vivos* (IDE) e a obra infantil *Antologia da Criança* (Ideal), por Espíritos diversos. Já, no mês seguinte, Fernando Worm, inspirado em tudo que vinha aprendendo com

[847]Todas as informações sobre este caso se encontram no livro *Lealdade* (IDE, 1982).

o médium , em termos espirituais e assistenciais, decidiu também fundar uma obra social, em Guaíba, o Lar Irmã Esther.

Em agosto, esteve no Grupo Espírita da Prece em busca de mensagem, Sonia e David Muzkat, pais de Roberto Muzkat, 19, desencarnado em março do corrente e vítima de choque anafilático, três dias após fazer uma cirurgia. A família Muzkat era de origem judia tradicional, sendo o pai médico ortopedista. Um de seus pacientes era o filho da atriz Nair Bello, que também havia desencarnado quatro anos antes, de acidente automobilístico. Em 1977, Nair havia recebido uma mensagem psicografada do filho, por meio de Chico Xavier[848]. Por isso, resolveu convidar o amigo médico para conhecer o afamado médium, levando-o até a tradicional reunião do Centro Espírita União, no mês de outubro do ano anterior. Na ocasião, David ganhou um livrinho autografado pelo médium, *Amigo* – lançamento editorial do ano. Depois, Nair fez questão também de levar o casal a Uberaba, para um novo contato com o médium. Mas, somente em agosto, a família Muskat obteve a primeira mensagem de Roberto, que rogou calma aos pais, diante da dor e sofrimento que eles vinham passando – faltavam dois dias para o "Dia dos Pais". Nessa carta-mensagem disse ao pai, com respeito a sua inconformação pelo acontecido: "*Lembrem-se, o papai e seu carinho maternal, que temos o Ricardo, o Renato, a Rosana, a Rachel e o Moisés* (irmãos) *por nossos queridos acompanhantes, e espero que deixem de lado a tristeza negativa, para facearmos a realidade com espírito de compreensão*[849]".

Em novembro, o médium disponibilizou o livro *Urgência* (Geem), de Emmanuel, que a seguinte mensagem nesse livro ilustra bem o pensamento do autor:

"Atitudes de urgência

Em favor da paz em ti e em torno de ti, não te esqueças das atitudes de urgência.

---

[848]Disponível em: <http://www.institutochicoxavier.org.br/mensagem-psicografada-por-chico-xavier-para-nair-bello-em-03junho1977/> Acessado em: 1/9/2018.

[849]Vide o livro *Quando se Pretende Falar da Vida* (Geem, 1983), primeira mensagem.

Cultiva a fé em Deus para que não te falte a tranquilidade de espírito. Age sempre, buscando servir. Lembra-te de que outros farão a ti o que fizeres dos outros e com os outros.

Espalha o bem que puderes, onde puderes e quanto puderes.

Não cobres tributos de gratidão. Abstém-te de procurar defeitos no próximo, recordando que todos nós - os Espíritos ainda vinculados à evolução da Terra - temos ainda o lado escuro do próprio ser por iluminar.

Evita o ressentimento para que o ódio não se te faça veneno na vida e no coração.

Esquece as ofensas, incondicionalmente, na certeza de que as agressões pertencem aos agressores. Já que nem sempre será possível viver sem adversários, não olvides o respeito que lhes é devido.

Se erraste, apressa-te a corrigir-te.

Na hipótese de haveres ferido a alguém, solicita desculpa a quem prejudicaste, reparando essa ou aquela falta cometida.

Cumpre o dever a que te empenhaste.

Não descarregues em ombros alheios as obrigações que te competem.

Guarda fidelidade aos compromissos assumidos para que os teus companheiros se te mantenham fiéis.

Não acredites em facilidades sem preço.

Conserva correção nas tarefas pequenas, para que essa mesma correção não se te faça pesada nas grandes tarefas.

Nos instantes de crise, não te suponhas a única pessoa em provação sobre a Terra para que a tua dor não se converta em perturbação.

Trabalha sempre e sê útil, sem transitar nos labirintos do tempo perdido, ainda mesmo quando te reconheças sem a necessidade de trabalhar.

Usa criteriosamente a vida e os bens da vida, reconhecendo que tudo pertence a Deus que, por amor, te empresta semelhantes recursos e a Quem, no momento oportuno, tudo precisarás restituir.

Nessas diretrizes, seguiremos tranquilos, estrada adiante, e, conquanto as imperfeições de que ainda sejamos portadores, estaremos, com a Bênção de Deus, na condição de obreiros da paz."

Também nesse mês, foi disponibilizado o livro *Gaveta de Esperança* (IDE), de Laurinho – desencarnado em 1976, com dezoito anos de idade, de acidente automobilístico –, trazendo cartas-mensagens desse autor espiritual a sua mãe, Priscilla Basile, que foi a organizadora do livro. Em dezembro, Emmanuel fechou o ano enviando o livro *Ceifa de Luz* (FEB), que completa a série de obras baseadas em trechos dos Evangelhos e com explicações à luz do Espiritismo cristão, em cinquenta e seis mensagens – os demais livros da série são: *Caminho, Verdade e Vida*, *Pão Nosso*, *Vinha de Luz* e *Fonte Viva*, todos recebidos no período de Pedro Leopoldo.

Uma semana após a recepção de *Ceifa de Luz*, desencarnava em São Paulo, o estimado amigo e colaborador de longa data Rolando Ramacciotti[850], precisamente no dia 13 de dezembro. Rolando, como se sabe, foi o fundador do Geem, localizado em São Bernardo do Campo (SP), cuja direção passaria a seu filho, dr. Caio Ramacciotti.

Chico esteve também, no dia 22 de dezembro, pelo segundo ano consecutivo, na Fraternidade Espírita Irmão Kamura, em São Paulo, para assistir, como espectador, às materializações da casa. Nesse dia, manifestaram-se materializados, pela ordem, os Espíritos padre Zabeu, André Luiz, um elevado mensageiro do plano maior, irmã Josefa, Atanásio, além de outros protetores em nome de Jesus. Chamou a atenção a maneira como André Luiz se apresentou a Chico, ajoelhando-se diante dele[851], o que, no mínimo, denotava com esse gesto, além do respeito pessoal à pessoa do médium, uma superioridade moral do mesmo.

A propósito dessas materializações na Fraternidade Espírita Irmão Kamura, o médium de Uberaba foi também objeto de fenômenos de bicorporeidade, que ocorreram consigo na cidade de Caratinga (MG). Gerson Simões Monteiro, partícipe desses fenômenos, conhecia Chico desde 1961, quando ocorreu o passamento de sua filha ainda criança[852]. Desde 1974, ele vinha frequentando as ses-

[850]Disponível em: <http://geem.org.br/homenagens/rolando-mario-ramacciotti/> Acessado em: 1/9/2018.

[851]Cf. declaração do próprio Chico, em carta manuscrita, disponível ao público nessa instituição.

[852]MONTEIRO, Gerson Simões. *Materializações de Chico Xavier e Outras Recordações*. Rio de Janeiro: Novo Ser, 2012. cap. 11, p. 73-74.

sões de materializações do Grupo Espírita dr. Dias da Cruz nessa cidade, para o tratamento das coronárias[853]. Tais sessões, como as do Irmão Kamura, tinham finalidades terapêuticas e de cura, sendo Antonio José Salles o médium e Ramiro Viana o dirigente delas[854].

"*Na primeira reunião em que estive com Chico materializado* (em 1975[855]) – *disse Gerson* –, *eu havia recebido tratamento para as minhas coronárias no biombo ao lado da cabine, em uma das duas macas em que eram atendidos os enfermos. Depois disso fui levado por um membro do Departamento Mediúnico para o salão, fora deste recinto. Devidamente sentado, em instantes ouvi a voz de Chico Xavier vinda da direção do biombo. Nisso, o vice-presidente do grupo, Ramiro Viana, solicitou que eu fosse até o local, pois o médium desejava me abraçar.*

Ao me aproximar dele tive de me curvar para abraçá-lo, pois ele era menor do que eu. E comecei a chorar, pois pensei que ele havia desencarnado e tinha vindo se despedir de nós. Ele emocionado também chorou. Depois de tê-lo abraçado, o Espírito Emmanuel (seu guia espiritual ao lado dele, igualmente materializado) tomou a minha mão e levou-a até seu queixo e, em seguida, passou a sua túnica de ex-senador romano até a altura do peito.

Ao fim de sua visita, ouvimos a voz do Espírito Bezerra de Menezes dizendo: `Chico, está na hora de irmos embora´.

É importante esclarecer que no dia em que eu o vi materializado, o seu corpo repousava em Uberaba, e ao mesmo tempo ocorria sua aparição tangível em Caratinga, a mais de 700 quilômetros de distância.

(...)

Na segunda vez..., eu me sentara numa cadeira de balanço, atrás do biombo... A porta se abriu, e Chico, ao passar por mim, bateu levemente na minha cabeça com a mão direita aberta, e disse: `Gerson, como es-

---

[853]Disponível em: <http://www.febeditora.com.br/autores/gerson-simoes-monteiro/> Acessado em: 1/9/2018.

[854]Ibidem, cap. 3, p. 20.

[855]NOBRE, Marlene. *Chico Xavier*: meus pedaços de espelho. São Paulo: Fe. cap. 43, p. 345.

tás?' Diante disso, tomei sua mão e a beijei no dorso, e ele imediatamente retribui meu gesto[856]".

Apesar das muitas limitações físicas, Chico conseguiu manter a sua agenda anual esse ano normalmente, prestigiando instituições amigas e participando de diversos eventos beneficentes como o chá de Mercedes Sponda, a Fundação Marietta Gaio, a homenagem a Kardec no CEU, o Centro Espírita Perseverança etc, além de consolar há muitos, nas comemorações de final de ano, qual os internos da Colônia Santa Marta, de portadores da hanseníase. Nessa instituição, ele ia, sempre, na companhia da amiga goiana Elba Consorte, que fundara o Centro Espírito Jésus Gonçalves, próximo à Colônia, por orientação espiritual do mesmo[857].

Um dos internos da Colônia Santa Marta, por exemplo, era dona Joana Conceição, a quem o médium ofereceu uma mensagem com os seguintes dizeres: "*À querida irmã Joana Conceição Mateus, com grande abraço do servidor seu conhecido, Chico Xavier*". "*Ela* sorriu *em gratidão ao homem que tanta diferença fez em sua vida e que lhe deu força para suportar numerosas perdas: dos nove filhos naturais e doze adotados que teve, ela perdeu dezenove*, só restando dois". Ocorre que um deles tinha problemas com bebida e, então, Joana chegou a escrever ao médium, que lhe enviou "*um livrinho, uma flor linda e uma carta, dizendo que a cura do meu menino estava próxima, que ele* iria *ficar bem, que era para* ela *ter amor e esperança*". "*Pouco tempo depois,* contou a interna, *parou um fusca branco... na Colônia e* lhe *entregaram um pacote de presente grande, que o Chico havia mandado.* Seu *marido queria abrir, mas* ela *não* deixou. *Um dia depois, ...* o *filho* dela *morreu.* Foi *ao IML pegar o corpo levando o pacote. Só o abri lá e dentro tinha um terno completo para enterrar* o seu *filho. Era paletó e calça azul escuro, meias azuis e uma gravata preta.* Seu *filho estava em paz*[858]".

---

[856]Ibidem, cap. 1, p. 16-17.

[857]Disponível em: <http://aprendizesdocaminho.blogspot.com/2010/03/> Acessado em: 1/9/2018.

[858]Idem.

O RECONHECIMENTO PÚBLICO NACIONAL

Como disse Nena Galves, logo após Chico Xavier ter se apresentado no *Pinga Fogo*, em 1971, o espiritismo no Brasil poderia ser dividido em "*antes e depois de sua participação nesse programa*".

De fato, como se viu, a repercussão de sua participação nesse programa foi enorme, tendo a mídia desencadeado, uma onda de entrevistas com o médium, a seguir, de tal forma que ele passou a ser requisitado também em inúmeros eventos, sem falar das homenagens e títulos de cidadania que passou a receber, de importantes capitais e inúmeras cidades brasileiras. Isso se deu de maneira constante, sobretudo na década de 1970.

Evidentemente, a causa disso foi, principalmente, as redes de televisão, que se disseminavam por todo o território nacional através de emissoras afiliadas. Do contrário, nada do que aconteceu ao médium teria ocorrido.

Por outro lado, se Chico não fosse também o fenômeno que era, mediúnico e humano, servindo com desprendimento aos mais necessitados, seja do ponto de vista espiritual, seja do ponto de vista material, independentemente de religião e condição social, a população brasileira jamais lhe teria dado o crédito que deu.

Portanto, o reconhecimento público nacional que ele alcançou, acima de tudo, foi mérito seu. Pela sua humildade, bondade, dedicação e operosidade sobre-humana na recepção dos livros mediúnicos e das cartas-mensagens por meio dos Espíritos desencarnados.

E, ainda que tenha sofrido incompreensões e atravessado dificuldades no curso de suas conquistas, elas não foram suficientes para desanimá-lo nem interrromper a sua força de trabalho.

Engana-se, porém, os que pensam que o reconhecimento público nacional de Chico Xavier tenha começado com o *Pinga-Fogo*. Não. Em 1932, quando do lançamento de seu primeiro livro mediúnico, *Parnaso de Além-Túmulo* (FEB), que trazia poemas psicografados dos mais afamados nomes da literatura nacional e portuguesa, o médium chamou a atenção dos maiores críticos literários da época e dos leitores em geral, que reconheciam como autêntico o estilo de cada autor "morto". A notícia se espalhou rapidamente pela imprensa escrita e, desde então, Chico passou a ser considerado um fenômeno a ser estudado. Depois desse primeiro livro, vieram muitos outros, causando sensação a leitores e críticos.

Em 1935, o jornalista Clementino de Alencar, de *O Globo*, jornal de grande circulação do Rio de Janeiro, e também fora dele, foi designado para acompanhar o dia a dia e as atividades mediúnicas do médium, *in loco*, por um período de dois meses e meio. O resultado disso foi nova projeção nacional do mesmo. Em 1944, o processo movido pela viúva de Humberto de Campos contra ele e a FEB, por suposto uso indevido do mais afamado escritor e jornalista da época, acabou por levá-lo novamente às manchetes dos jornais, pelo Brasil afora[859].

Não se tem notícia de outra personalidade, no mundo inteiro e também no curso da história, que tenha vivido semelhantes experiências quais as vividas por Chico Xavier, ao longo praticamente de toda sua existência.

---

[859]ALVES, Elifas. *Chico, as origens*. São Paulo: Aliança, 2015. O caso Humberto de Campos, o escândalo de *O Cruzeiro* e repercussões, p. 216-229.

ÍNDICE DE REFERÊNCIAS ICONOGRÁFICAS

Suíte fotográfica 1

1. Chico com Rômulo e a família Joviano: http://www.vinhadeluz.com.br/site/noticia.php?id=1743

2. Entrada da Fazenda Modelo: http://www.autoresespiritasclassicos.com/Chico%20Xavier/Biografia%20Gratis%20de%20Chico%20Xavier/Biografia%20Esp%C3%ADrita%20Gr%C3%A1tis%20de%20Francisco%20C%C3%A2ndido%20Xavier.htm

3. Pq. Fernando Costa, Uberaba, 1950: http://www.zebunarede.com/2013/03/uma-breve-historia-de-uberaba-parte-2.html

Suíte fotográfica 2

4. Vista aérea de Uberaba, déc. 1950: https://www.uberabaemfotos.com.br/2016/12/vista-aerea-de-uberaba.html

5. Reunião de estudo no início da Cec: https://www.youtube.com/watch?v=QpgBg5h7Vx4

6. Chico com visitantes e assistidos: https://www.youtube.com/watch?v=QpgBg5h7Vx4

7. Assistidos no início da Cec: https://www.youtube.com/watch?v=QpgBg5h7Vx4

8. O médium, Em Uberaba, com amigos paulistas: http://clotildes.tripod.com/chico_xavier.html

Suíte fotográfica 3

9. Eurípedes Vieira, Chico, Dalva, Waldo e Elias Barbosa: http://rosadaserra.blogspot.com/2015/07/drwaldo-vieira-em-uberaba.html

10. Assistidos da Cec: https://www.youtube.com/watch?v=QpgBg5h7Vx4

11. De boina, com visitantes:

https://www.youtube.com/watch?v=QpgBg5h7Vx4

12. Recepcionando visitantes em casa:

https://www.youtube.com/watch?v=QpgBg5h7Vx4

13. Na Peregrinação da Cec: https://www.youtube.com/watch?v=QpgBg5h7Vx4

14. Chico e Dalva na Peregrinação: http://irmanarcisa.blogspot.com/2011/07/cantinho-do-chico-xavierjulho11.html

15. Fila de atendimento em torno da Cec: https://www.youtube.com/watch?v=QpgBg5h7Vx4

16. Festival do livro na Cec: https://www.facebook.com/photo.php?fbid=10207544016183359&set=pcb.10207544036743873&type=3&theater

17. Frequentadores e visitantes da Peregrinação: https://www.youtube.com/watch?v=QpgBg5h7Vx4

18. Aparecida do Pênfico: http://choupanadeassis.blogspot.com/2005/10/mulher-coragem_21.html?m=1

19. Ranieri com Chico: http://www.irmaoaltino.com.br/imghistorico/1g.jpg

20. Chico, casal Galves, Waldo, Sylvio e Nair: http://www.vinhadeluz.com.br/site/noticia.php?id=1741

21. Dr. Madeira e dr. Waldo atendendo no ambulatório da Cec: https://www.youtube.com/watch?v=QpgBg5h7Vx4

22. José Gonçalves e Chico Xavier, Uberaba: Acervo da família Camargo Pinto (SP)

23. Conversando com frequentadores da CEC: https://www.youtube.com/watch?v=QpgBg5h7Vx4

24. Cec em construção: https://www.youtube.com/watch?v=QpgBg5h7Vx4

25. Chico com confrades do Ide na Cec, 1963: https://www.facebook.com/photo.php?fbid=10207544016183359&set=pcb.10207544036743873&type=3&theater

26. Cec em expansão. Prédio do Lar Espírita André Luiz: https://www.youtube.com/watch?v=QpgBg5h7Vx4

27. Exposição Espírita Permanente na Cec - 1:

https://www.youtube.com/watch?v=QpgBg5h7Vx4

28. Exposição Espírita Permanente na Cec - 2:

http://mapio.net/pic/p-22544413/

29. Material de construção para obras da Cec: https://www.youtube.com/watch?v=QpgBg5h7Vx4

30. Sopa fraterna na Cec: https://www.youtube.com/watch?v=QpgBg5h7Vx4

31. Capa de O Cruzeiro: 1 fev. de 1964

32. Chico, irmã Josefa materializada e Wanda Marlene: in RIZZINI, Jorge. Materializações de Uberaba. São Paulo: Nova Luz, 1964. Cap. II, O que eu vi em Uberaba através de Otília Diogo

33. Waldo e irmã Josefa materializada: https://www.facebook.com/photo.php?fbid=10207544016183359&set=pcb.10207544036743873&type=3&theater

34. Salomão Haddad, Chico, Waldo e Lauro Michielin - Pça Ramos, 1964: https://www.facebook.com/photo.php?fbid=10207544016183359&set=pcb.10207544036743873&type=3&theater

35. Waldo, Salomão Haddad e Chico - Santos, 1964: http://www.espiritbook.com.br/profiles/blogs/chico-xavier-haddad-e-o-primeiro-centro-esp-rita-dos-estados

36. Waldo, Jorge Rizzini e Chico, 1964: http://jorge-rizzini.blogspot.com.br/2010/07/tributo-de-jorge-rizzini-aos-pioneiros.html

37. Chico, Nena e Francisco, 1965: http://www.centroespiritauniao.com.br/nossa-historia/

38. Herculano Pires, Waldo e Chico, 1965: https://www.youtube.com/watch?v=CUJ-Hy0u29U

39. Chico, Freitas, Marlene e Waldo, 1965: https://blogdobrunotavares.wordpress.com/2015/07/06/homenagem-do-pesquisador-e-documentarista-espirita-oceano-vieira-de-melo-ao-dr-waldo-vieira/

40. Chico no aeroporto de Congonhas, 1965: https://www.facebook.com/photo.php?fbid=10207544016183359&set=pcb.10207544036743873&type=3&theater

41. Chico e Waldo, próximos do embarque: https://www.facebook.com/photo.php?fbid=10207544016183359&set=pcb.10207544036743873&type=3&theater

42. Waldo, Chico e Haddad - Nova Iorque, 1965: https://www.youtube.com/watch?v=Ocq76hcdC7k

43. Jorge Rizzini e Chico Xavier no Cemitério de Nova Yorque, 1965: http://jorge-rizzini.blogspot.com.br/2010/07/tributo-de-jorge-rizzini-aos-pioneiros.html

44. Chico e Waldo no túmulo de Kardec - Cemitério Père-Lachaise, Paris, 1965: https://www.facebook.com/photo.php?fbid=10207544016183359&set=pcb.10207544036743873&type=3&theater

45. Chico e Saulo Gomes, 1968: https://arquivoespiritadotorg.wordpress.com/category/documentos-diversos/

46. Lar Espírita André Luiz, 1968: https://www.youtube.com/watch?v=QpgBg5h7Vx4

Suíte fotográfica 4

47. Bazar na Cec: https://www.youtube.com/watch?v=QpgBg5h7Vx4

48. Dr. Elias medindo pressão de Chico: https://www.youtube.com/watch?v=I1dWMNidJXI

49. Evangelho em peregrinações do Gep: https://www.youtube.com/watch?v=ugbwhgUNhWs

50. Dr. Elias com esposa, filhos e crianças: https://www.youtube.com/watch?v=I1dWMNidJXI

51. Chico e Banerjee, 1970: https://www.youtube.com/watch?v=e7voxsRdg4w

52. Chico e Hernani Guimarães: https://www.youtube.com/watch?v=chT77r4E9KQ

53. Chico e Jarbas Varanda: https://www.youtube.com/watch?v=QpgBg5h7Vx4

54. Chico no Pinga Fogo, jul. 1971: https://www.youtube.com/watch?v=3sEICNucOwg

55. Chico no Pinga Fogo, dez. 1971: https://www.youtube.com/watch?v=qJqs7R7y8IE

56. Ranieri e Chico: http://www.irmaoaltino.com.br/imghistorico/2g.jpg

57. Chico na sopa fraterna da Cec: https://fbcdn-sphotos-f-a.akamaihd.net/hphotos-ak-snc7/s480x480/293148_279486002157347_445279231_n.jpg

58. Recebendo título de Cidadão da Guanabara, 1972: http://acervo.oglobo.globo.com/incoming/chico-xavier-21522856

59. Chico e Formiga, primeiro abraço, 1972: https://www.euricledesformiga.com.br/de-poeta-a-medium/

60. Formiga psicografando na Cec, 1972: https://www.euricledesformiga.com.br/de-poeta-a-medium/

61. Formiga , Guiomar Albanesi e Chico na Cec: https://www.euricledesformiga.com.br/de-poeta-a-medium/

62. Notícia: Roberto Carlos e Chico, jan. 1973: Lavoura e Comércio

63. Chico discursando em Título de Cidadão Paulistano, 1973: https://www.youtube.com/watch?v=Ds2VO4hoSS0

64. Zilda Batista auxiliando Chico psicografar na Cec: https://www.youtube.com/watch?v=QpgBg5h7Vx4

65. Reunião evangélica ao ar livre: https://www.facebook.com/photo.php?fbid=10207544016183359&set=pcb.10207544036743873&type=3&theater

66. Culto evangélico na Cec: https://www.youtube.com/watch?v=azc7uUYZR0Y

67. Recebendo Título de Cidadão Honorário de BH, 1973: https://www.em.com.br/app/noticia/gerais/2017/06/25/interna_gerais,878878/grande-bh-e-triangulo-mineiro-guardam-memoria-viva-de-chico-xavier.shtml

68. Chico, Peralva e Neném Aluotto (atrás), na UME, 1974: https://www.saberespiritismo.com/2013/11/podsaber-especial-recordando-chico.html

69. Evangelização infantil na Cec - externo: https://www.youtube.com/watch?v=QpgBg5h7Vx4

70. Evangelização infantil na Cec - interno: https://www.youtube.com/watch?v=QpgBg5h7Vx4

71. Livraria e editora espírita na Cec: https://www.youtube.com/watch?v=QpgBg5h7Vx4

72. Entrada do Gep: https://www.youtube.com/watch?v=ugbwhgUNhWs

73. Chico psicografando no Gep: https://www.youtube.com/watch?v=ugbwhgUNhWs

74. Carlos Baccelli e Chico psicografando no Gep: http://www.goticulasdeesperanca.com.br/2015/11/parabens-carlos-baccelli.html

75. Eurípedes, Chico, José Gonçalves no GEP: http://serventedepedreiro2.blogspot.com/2010/04/o-filho-do-coracao-que-nao-conversou.html

76. Recebendo proteção da guarda municipal no Gep, 1978: https://www.youtube.com/watch?v=oelF5BF1Xr0

77. Stig Ibsen cumprimentando Chico Xavier: http://www.expedienteonline.com.br/chico-xavier-2/

78. Oswaldo Cordeiro, Chico e Adelino: https://pt-br.facebook.com/notes/nuno-emanuel/-jorge-tonho-ti-chico-conta-para-eles-que-voc%C3%AA-%C3%A9-o-kardec-reencarnado-chico-xavi/1349901071691095/

79. Chico com Brinquinho e Fofinha: https://www.uberabaemfotos.com.br/2017/01/chico-o-amigo-dos-animais.html

80. Chico e o gato selvagem: https://debateanimal.com/2018/08/19/chico-xavier-e-o-gato-selvagem/

81. Chico e Divaldo na reunião do abacateiro, 1978: http://chico-xavier.net/index.php?/topic/234-chico-visita-divaldo-franco-durante-um-sonho/

82. Joaquim Alves, o Jô: http://www.espiritismoeluz.org.br/biografia/?id=4

83. Reunidos para a Peregrinação, após reunião no Gep: https://www.youtube.com/watch?v=ugbwhgUNhWs

84. Jerônimo Gonçalves no Gep, 1978: https://www.youtube.com/watch?v=0BEzcYQp1WM&t=12s

85. Multidão em frente o Gep, Natal 1978: https://www.youtube.com/watch?v=0BEzcYQp1WM&t=12s

86. Fernando Worm: http://anespbmovimento.blogspot.com/2010/03/visitantes-do-sistema-de-scorpius.html

Conheça também outras obras do mesmo autor: